C·H·Beck

PAPERBACK

Alexander Hagelüken

Das Ende des Geldes, wie wir es kennen

Der Angriff auf Zinsen, Bargeld und Staatswährungen

C.H.Beck

Mit 7 Grafiken

Originalausgabe
© Verlag C.H.Beck oHG, München 2020
www.chbeck.de
Umschlaggestaltung: Kunst oder Reklame, München
Satz: C.H.Beck.Media.Solutions, Nördlingen
Druck und Bindung: Druckerei C.H.Beck, Nördlingen
Gedruckt auf säurefreiem und alterungsbeständigem Papier
Printed in Germany
ISBN 978 3 406 75723 5

myclimate
klimaneutral produziert
www.chbeck.de/nachhaltig

Inhalt

Einleitung:
Eine neue Epoche bricht an

Sobald Zhang Liming ihren üblichen Supermarkt in Tianjin betritt, scannt eine 3D-Kamera ihr Gesicht. Was Zhang Liming einkauft, wird von ihrem Konto abgebucht, ohne dass sie je einen Yuan-Schein zückt. «Das ist bequem», sagt die Rentnerin aus der Millionenstadt im Nordosten Chinas. Werden Gesichtsfotos gespeichert, dienen sie aggressivem Marketing und ausgreifender Überwachung, sagen Datenschützer.

Mit den Verträgen von Tianjin öffneten die westlichen Staaten China 1858 gewaltsam für ihren Handel, auch mit Opium. Mit den Gesichtsscans öffnen chinesische Digitalkonzerne wie Alibaba und Tencent Bezahlwege, die das Einkaufen für immer verändern. Wie viel Gewalt damit den Menschen angetan wird, ist umstritten. Während hunderte Millionen Chinesen auf Bargeld verzichten, warnen Datenschützer wie Marit Hansen vor den Gefahren. Hansen rechnet damit, dass Zahlen per Gesicht auch für Digitalkonzerne wie Amazon oder Facebook zum Thema wird: «Wir sind auf dem Weg zu Welt-Datenbanken mit allen Gesichtern von allen Menschen.»[1] Zahlen per Gesicht statt Geldschein ist zweifellos das Ende des Geldes, wie wir es kennen. Das Scannen unserer Intimsphäre stellt nicht die einzige epochale Veränderung dar, die die Menschheit gerade erlebt. Facebook etwa, dessen soziale Netzwerke drei Milliarden Erdbewohner nutzen, rollt auch die digitale Währung Libra aus. Während Konzernchef Mark Zuckerberg weltweit bessere Bankleistungen verspricht, sehen Kritiker einen Angriff auf Staatswährungen wie Euro oder Yen.

«Neue Zahlungsmethoden wie Libra zwingen uns, über die Rolle des Geldes in der Gesellschaft neu nachzudenken», verkündet Jon Cunliffe, Vizechef der britischen Zentralbank. «Das passiert etwa

alle 100 bis 150 Jahre. Wir sind jetzt wieder an so einem Wende-
punkt. Geld ist nichts anderes als eine soziale Übereinkunft, die
sich im Laufe der Geschichte immer wieder verändert hat.»

Diese *soziale Übereinkunft* hat die Menschen stets fasziniert –
und abgestoßen. Dem einen bedeutet sie Hoffnung auf bessere Zeiten, auf Konsum, Bequemlichkeit und Sicherheit. Der andere ver-
dammt sie als Symbol der Habgier, Mittel zum Krieg oder wie Karl
Marx als «allgemeine Hure, Agent in der Schöpfung des Weltmarkts». Zwischen diesen Gegensätzen bewegt es sich.

Geld erwies sich in der Geschichte der Menschheit als Schmier-
mittel. Der ökonomische Fortschritt ist untrennbar damit verbunden, bis hin zum erstmaligen Wohlstand für breite Massen im
20. Jahrhundert. Die Mehrheit der Menschen strebt diesen Wohlstand an – und hält die Existenz von Geld daher für unverzichtbar.
Gleichzeitig stoßen Ausprägungen der monetär basierten Marktwirtschaft bis heute auf Kritik, oft zu Recht, ob es sich um Finanzkrisen, Gewinnmaximierung oder den Graben zwischen Arm und
Reich handelt. Klar ist auf jeden Fall, dass das Monetäre eine Aus-
nahmestellung erreicht hat, die Vergleiche mit sinnstiftenden Reli-
gionen provoziert: «Das Geld ist allgegenwärtig, allmächtig und
überwindet Zeit und Raum», formuliert der Historiker Gérard Vincent. «Deshalb haben manche in ihm die fetischisierte Gestalt Got-
tes gesehen.» Geld ist ein Symbol für alles, fasste sein Landsmann
Napoleon bündig zusammen.

Doch was passiert gerade mit diesem Geld? An diesem Wende-
punkt wie nur alle hundert Jahre? «Ich habe seit Wochen keine
Münzen und Scheine berührt. Das fundamentale Wesen des Geldes
verändert sich», diagnostiziert Neha Narula, Direktorin am Massachusetts Institute of Technology (MIT).

Was geschieht da? Wieso verschwinden überall auf den Bankkonten die Zinsen für Sparer? Warum verschwindet Bargeld? Gibt es
bald nur noch digitale Zahlungsmittel bis hin zu Konzerngeld wie
Facebooks Libra? Verliert der Euro das Endspiel um seine Zukunft?
Dieses Buch will untersuchen, was da passiert. Und wie sehr globale

Trends und mächtige Konzerne hinter dem Ende des Geldes stehen, wie wir es kennen.

Neue Digitalkonzerne wie Alibaba, Amazon und Google greifen das Bargeld an, das bisher Milliarden Menschen unverzichtbar fanden. Neue Digitalwährungen wie Bitcoin oder Libra greifen die Staatswährungen an, die seit Jahrhunderten den Alltag dominieren. Hunderte Millionen Sparer fühlen sich angegriffen, weil Sparprodukte keine Zinsen mehr abwerfen. Ja, manche Bank verlangt sogar eine Gebühr, ein *Verwahrentgelt,* wenn Kunden für die Zukunft sparen. Das erschüttert die kollektiven Überzeugungen zahlreicher Nationen.

Doch eröffnet das Ende des Geldes, wie wir es kennen, nicht vielleicht auch Chancen? Können sich die Sparer womöglich Anlagen suchen, die attraktiver sind, als es ihre traditionellen Zinsprodukte je waren? Erleichtert es das Leben, weniger bar zu bezahlen? Überwinden Digitalwährungen Schwächen des bisherigen Geldsystems, das zuletzt in immer kürzeren Abständen zu kollabieren drohte wie in der Finanzkrise 2008 und der Eurokrise 2010–2015?

All diese Fragen verschärfen sich durch einen Jahrhundert-Schock, den die Menschen so wenig erwartet hatten wie eine Rückkehr der mittelalterlichen Pest. Die Corona-Pandemie warf die Erdbewohner 2020 aufs Existenzielle zurück. Alleine mit ihrer Angst, besorgt um das Leben anderer, kaserniert in ihren Wohnungen, überfordert als arbeitende Eltern. Bald lähmte der Schock die Wirtschaft. «Zum zweiten Mal in 12 Jahren haben die entwickelten Länder keine andere Wahl, als 20 bis 50 Prozent ihres Bruttoinlandsprodukts gegen eine mächtige Erschütterung einzusetzen», staunte Nicolas Baverez in *Le Figaro.* «Niemals in der Geschichte der Wirtschaftspolitik wurde eine Summe in solchem Umfang und solchem Tempo mobilisiert.» Können sich Euro und Dollar angesichts der Corona-Schuldenberge halten? Schlägt die Stunde der Digitalwährungen von Bitcoin bis Libra? Verabschieden die Menschen das Bargeld, weil es das Virus überträgt? Bleiben die Zinsen im Keller und treiben noch mehr wütende Sparer den Populisten zu?[2]

Dieses Buch erkundet Chancen und Risiken des monetären Wandels. Die Geschichte lehrt, dass der Wandel meist beides mit sich brachte. Geld war in immer neuen Mutationen vom Silber-Schekel der Sumerer vor 5000 Jahren bis zur Risikoteilung bei riskanten Subprime-Immobilienkrediten ein Motor des Fortschritts. Aber Geld diente auch wie der Silber-Schekel als Werkzeug der Herrschaft und wie die Subprime-Kredite als Werkzeug von Spekulationen, die die Finanzkrise 2008 auslösten. Es ist blind gegenüber Ungleichheit und Gier. Das erlebten die Niederländer schon 1637 beim Spekulationswahn um die Tulpe, die sie – lange vor Marx – «große Gartenhure» schimpften.

Die Botschaft daraus ist, dass die Menschen den monetären Wandel zu ihrem Nutzen gestalten müssen. Ohne gesetzliche Kontrolle nährt das Werkzeug Geld Spekulationsexzesse. Ohne demokratische Kontrolle nährt es den Reichtum weniger, so dass die Masse im Elend verharrt, während Adlige oder Finanzbarone in Dekadenz schwelgen. Es ging in der Geschichte stets darum, ob die Bürger der *sozialen Übereinkunft* Geld in seiner aktuellen Form vertrauen konnten. Von den Münzen, deren Goldgehalt Fürsten gern manipulierten, bis zu den virtuellen Zahlenkolonnen unserer Ersparnisse auf der Bank. Im epochalen Wandel von heute brauchen die Bürger einen Kompass, um durch die Welt des neuen Geldes zu navigieren. Ist das Zahlen per Gesicht oder Handy problematisch oder nur bequem? Sollen die Bürger für Bargeld kämpfen? Müssen sie Digitalkonzernen misstrauen, die ihre Daten monetarisieren? Oder sind Plattformen mit Milliarden Nutzern solider als eine Eurowährung, die seit Jahren wackelt? Das Buch will helfen zu verstehen, was das neue – und das alte – Geld heute wirklich wert ist. Dabei versucht es vor allem, die komplexen Entwicklungen verständlich einzuordnen. Wer sich noch genauer für Details und Debatten interessiert, findet mehr in den Anmerkungen am Schluss.

1. Eine kurze Geschichte des Geldes:
Von Blutrache, Tulpenwahn und Fortschritt

Das Leben der alten Germanen war wild. Wer jemanden beleidigte oder verletzte, erlebte Vergeltung, die er oft nicht überlebte. Menschen und Tiere hausten unter einem Dach, Hunger war häufig. Der römische Chronist Tacitus schildert ein «dem Trunk und Würfelspiel» verfallenes Volk, das «Feiglinge und Kriegsscheue im Sumpf versenkt». Aber er berichtet auch von einer Entwicklung, die Leben bewahrte: Wer Leid angetan hatte, durfte sich mit einer Gegenleistung retten.

Geld, oder *gelt,* bedeutet Opfer. «Das Wergeld ist eine Sühne, die bei Totschlag an die Sippe des Getöteten zu leisten ist. Auf diese Weise wird die andernfalls notwendige Blutrache abgewendet, womit das Wergeld eine erhebliche pazifizierende und zivilisierende Wirkung entfaltet», notiert der deutsche Philosoph Otfried Höffe. «Da es oft ebenso bei körperlichen Verletzungen und Beleidigungen zu zahlen ist, bringt es im Vergleich zum grausamen Vergeltungsprinzip ‹Auge um Auge, Zahn um Zahn› einen großen Fortschritt.» Diese Lebensrettung findet sich in zahlreichen Kulturen. Als Mohammed seine Weltreligion gründete, übernahm er das Blutgeld der Beduinen, enorme hundert Kamele. Der Koran erwähnt Zahlungen an die Familie eines Menschen, den man unabsichtlich umgebracht hatte.[1]

Zahlen statt sterben: Das Blutgeld darf als früher Beleg gelten, wie Geld zivilisatorischen Fortschritt schuf. Es finden sich in der Geschichte viele Belege dafür, wie es als Fortschrittsmacher fungiert. Gesellschaftlich wie wirtschaftlich.

Nachdem der Mensch vor zwei Millionen Jahren auf dem Planeten aufgetaucht war, lebte er die längste Zeit ohne Geld. Ein kurzes, karges, bedrohtes Leben, ein schneller Tod. Kapitalismusgegner idealisieren die gemeinsame Wirtschaft von kleinen Gruppen oder die Tauschwirtschaft Gut gegen Gut. In Wahrheit war gerade der Tausch elend mühsam. Er wurde noch mühsamer, als die Jäger und Sammler vor 10 000 Jahren sesshaft wurden. Was, wenn der Bauer Hirse gegen Fleisch tauschen wollte, aber der Viehzüchter Schuhe brauchte und das Rind ohnehin erst später schlachten wollte?

Die Arbeit aufzuteilen, ist produktiver, als wenn jeder mit den eigenen Händen alles Lebensnötige produziert. Je mehr sich die Menschen spezialisierten, desto mehr erwirtschafteten sie – und desto mehr hatten sie zu tauschen. Wie viel Fleisch muss einer für Hirse oder Schuhe hergeben? Was, wenn er die Schuhe wegen des Winters jetzt braucht, das Rind aber erst nächsten Monat fett ist?

Erst mit Geld lässt sich alles umrechnen, direkt zahlen, und Zeitprobleme lassen sich lösen. Für Geld bekommt jeder Fleisch, Hirse, Schuhe und noch viel mehr – ein historischer Meilenstein.

«Geld ist die Wurzel des meisten Fortschritts», behauptet der britische Historiker Niall Ferguson in seinem Standardwerk *The Ascent of Money – a Financial History of the World*. Eine gute Währung erfüllt drei Funktionen: Sie ist Recheneinheit, Tausch- und Zahlungsmittel sowie Wertspeicher. Die antiken Großreiche, die erstmals richtig arbeitsteilig wirtschafteten, ließen sich nur durch Geld aufbauen, so der israelische Historiker Yuval Noah Harari.

Die Ära des Edelmetalls

Als Währung kann grundsätzlich jeder Gegenstand dienen, der sich zählen lässt. Die Hochkulturen der Ägypter und Chinesen verwendeten Reis, Weizen oder Bittermandeln als Zahlungsmittel. Andere zahlten mit Ochsen, Schafen, Ziegen. Homer referiert vor 2800 Jahren, die Rüstung des Atheners Diomedes sei neun Ochsen wert; jene des Glaukos hingegen, Sohn des letzten Trojaner-Königs Priamos, stolze hundert.

Doch ob Ochsen oder Bittermandeln, dieses Geld starb oder verdarb. Das ist, als ob sich das Geld auflöst. Gesucht wurde Haltbares.

Da waren die Steinräder auf Mikronesien ein Fortschritt, allein: ein rückenbrechender. *Userfreundlicher* erscheinen die harten Kauri-Schnecken, die jahrhundertelang rings um den Indischen Ozean als Währung dienten. Den Jackpot aber gewann das Volk der Lyder, als es vor 2700 Jahren in der heutigen Türkei Gold in Scheiben goss und darauf Bilder prägte. Diese wohl ersten Goldmünzen verbreiteten sich rasch. Die Münzerei trug den Lydern sagenhaften Reichtum ein, wovon ihr König Krösus zeugt – und Midas, dem angeblich alles zu Gold wurde, was er anfasste.

Die Münzen setzten sich durch, weil sie nicht nur haltbar und hübsch waren, sondern auch Vertrauen schufen. Sowohl durch den Eigenwert des seltenen Metalls, das aussieht wie die göttliche Sonne, als auch durch das Porträt des jeweiligen Herrschers. Ein epochaler Moment: Edelmetall wurde für 2000 Jahre zur dominanten Währungsform. Eine Zeitspanne, in der mehrere Weltreiche aufstiegen – und wieder zu Staub zerfielen.

Die Münzen nahmen den Menschen die Tauscherei ab. Sie beschleunigten das Wirtschaften ungeheuer. Adam Smith preist in *An Inquiry into the Nature and Causes of the Wealth of Nations* 1776, wie «die einzelnen Völker zu diesem Zweck verschiedene Metalle benutzten». Erst durch Geld wirkt die unsichtbare Hand des Marktes, der aus egoistischem Handeln Einzelner materielles Allgemeinwohl schafft.

Was der Gründervater der Marktökonomie nicht ahnte: Entwickelt hat sich das Geld zuerst aus anderen Zwecken, in den harschen Zeiten von Menschenopfern und Unterwerfung. Das Wort Geld kommt nicht von Gold, sondern vom angelsächsischen *gilt* oder *guilt*, Opfer-Schuld. Die Urwährungen waren Schlachtopfer, so der deutsche Philosoph Christoph Türcke. «Und weil sie schreckliche Währungen waren, waren sie stets vom Wunsch nach weniger schrecklichen begleitet. Kann man nicht ein Menschenopfer durch Rinder ersetzen? Lebendige Wesen durch Metallgebilde? Das Opfer wurde als Begleichung von Schuld interpretierbar: als Zahlung.» Opfertiere wurden zur Maßeinheit von Schuld und anderen Dingen. Das erklärt, weshalb das römische Wort für Geld *(pecunia)* von *pecus* (Vieh) stammt.[2]

Ebenso martialisch entstanden die lydischen Goldmünzen, nämlich als Sold für Soldaten. Geld diente immer wieder als Militärwerkzeug. Ab dem 11. Jahrhundert beschleunigten die Kreuzzüge das Finanzsystem, weil der Krieg gegen die Muslime bezahlt werden musste. Als im 14. Jahrhundert Feuerwaffen Ritterschwerter ablösten, warfen Fürsten die Münzpresse an, um ihre Arsenale zu füllen (und etablierten, wie damals die Lyder, Steuern).

Lässt sich deshalb sagen, dass Geld Kriege auslöst? Kaum. Blutige Auseinandersetzungen gab es auch in den zwei Millionen Menschenjahren *ohne Geld* zuhauf.

Geld wurzelt auch in der Abhängigkeit der Untertanen. Herrscher waren zugleich Götter, deren Tempeln man Tribut leistete. Die Sumerer entwickelten vor 5000 Jahren nicht nur den Tag mit 24 Stunden, sondern auch den Silber-Schekel, der einem Sack Gerste entsprach. «Die Tempelverwalter kalkulierten damit Pacht und Schulden, und das war faktisch Geld», schildert der amerikanische Anthropologe David Graeber. Mancher Bauer versank in Schulden, seine Kinder wurden Sklaven. Geld, folgert der anarchistische Bestsellerautor, drückt immer Unterdrückung aus.[3]

Aber das muss man nicht so sehen. 1215 erlaubte die englische Magna Carta Bauern, dem Grundherren Geld statt Naturalien zu geben. Das machte sie unabhängiger, zuvor durften sie auch kein Vieh verkaufen. Geld bedeutete für sie mehr Freiheit. Ebenso als die Zahlung von Brautgeld das *Ius primae noctis* ablöste – das angebliche Recht von Gutsherren, Frauen vor ihrer Hochzeit zu vergewaltigen. Im 19. Jahrhundert hielten Fabrikherren Arbeiter abhängig, indem sie sie mit überteuertem Essen und teuren Behausungen bezahlten; Löhne, die Gewerkschaften durchsetzten, bedeuteten mehr Freiheit.

Geld ist einfach ein Werkzeug. Es bricht Verhältnisse der Unterdrückung nicht von selbst auf. Doch wenn sich die Welt durch die Magna Carta oder Gewerkschaften demokratisiert, verstärkt es diese Entwicklung. Und es hilft, die Menschen aus den Ketten der Armut zu befreien. Erst durch Münzen statt Tauschen, dann durch Entwicklungen wie Kredite, Papiergeld, Aktien.

«Finanzinnovationen waren unverzichtbar für die Entwicklung vom elenden Bauern, der mit eigenen Händen alles Lebensnötige produzierte, bis zum heutigen Wohlstand», bilanziert Niall Ferguson. Und je besser es der Masse ging, desto mehr forderte sie bei Fürsten und Industriebaronen Rechte ein.

Italienische Kredite und chinesisches Papiergeld

Im 12. Jahrhundert kam das Finanzsystem durch norditalienische Kaufleute und Geldhändler in Schwung. Sie gingen ihren Geschäften auf Tischen unter freiem Himmel nach. Dabei saßen sie auf Bänken, *banchieri*. Daher kommt das Wort für Geldhäuser, das noch heute gilt. Die Kaufleute setzten auf personalisierte Kreditpapiere. Das war effizienter, als Truhen mit Münzen herumzuschleppen, die Räuber und Piraten anzogen. Diese Kredite breiteten sich massiv aus, sie ließen den Handel aufblühen. Und sie leiteten den Abstieg des Edelmetallgelds ein, der freilich hunderte Jahre andauerte, bis die USA 1971 endgültig aufhörten, den Dollar mit Gold zu decken.

Kredite sind flexibler als Münzen. Ein Kreditpapier lebt jedoch stärker vom Vertrauen der Bürger, als es die sonnengottgleiche Goldmünze nötig hat. Um dieses Vertrauen geht es bei jeder Währung: Um die Gewissheit, dass man für die Goldmünze, das norditalienische Kreditpapier oder den Euro Essen, Kleidung und Obdach erhält.

Und so waren die Jahrhunderte nach den *banchieri* unter freiem Himmel davon gekennzeichnet, dieses Vertrauen auszuloten, mit allen Höhen und Tiefen. So kam es zu einem Feuerwerk von Finanzinnovationen. Beispielhaft ist der Beginn moderner Banken bei den Medici in Florenz. Die Familie war zunächst wohl ein Gangster-Clan. Zwischen 1343 und 1360 wurden fünf Mitglieder wegen Kapitalverbrechen zum Tod verurteilt. Mit Giovanni di Medici entdeckte die Familie das legale Finanzkapital. Sie ließ Kredite aufblühen und sicherte sich durch Diversifikation ab, wo ihre Vorgänger kollabiert waren, weil sie einzelne Großschuldner hatten. Die Medici wurden unermesslich reich und finanzierten Kunst und Architektur, die man nach dem dunklen Mittelalter als eine Wiedergeburt feierte – französisch *Renaissance.*

Die Entwicklung des modernen Geldes sah immer wieder spektakuläre Pleiten. In den Niederlanden des 17. Jahrhunderts avancierte die aus Zentralasien stammende Tulpe zur Modeblume der Reichen und Schönen. Die sonst so nüchternen Calvinisten steigerten sich in einen Wahn. Eine Zwiebel kostete in kurzer Zeit 10 000 Gulden, so viel wie ein Haus in bester Amsterdamer Lage.

Normale Bürger konnten damals von 14 Stunden harter Arbeit an sechs Tagen die Woche kaum die Miete in den überfüllten Häusern bezahlen. Jetzt glaubten sie, leicht Geld zu verdienen. Es gab sogar Tulpen-Derivate. 1637 crashte die «große Gartenhure», wie sie Skeptiker tauften. Anleger verloren alles. Im *Ellendigen Kerkhof* fanden jene ihre Ruhe, die sich umgebracht hatten. Der Tulpenwahn war der Prototyp der modernen Finanzkrise.

An solchen Pleiten waren aber weniger die Finanzinnovationen schuld als die Gier. Und genau wie die Innovationen zeigten ja auch Münzen Schwächen. Regenten wie Frankreichs Philipp der Schöne zerstörten das Vertrauen, indem sie Edelmetall durch billiges Kupfer ersetzten. *Schinderlinge* hießen die Schummelmünzen im Habsburgerreich. Kaiser Friedrich III. löste damit im 15. Jahrhundert die erste Hyperinflation auf deutschem Boden aus.

Schweden und Briten erfinden die Zentralbank

Solche Skandale begünstigten den Aufstieg des Kreditgelds, auch wenn bei ihm die Vertrauensfrage komplexer ist. Goldmünzen lassen sich einschmelzen, um Essen, Kleidung, Obdach zu bezahlen. Falschmünzern wie Philipp dem Schönen trotzten die Untertanen, indem sie Gold horteten. Die münzfernen Finanzinnovationen müssen sich das Vertrauen erst erwerben. Das gilt für Banken, Börsen (Europas erste 1409 in Brügge) oder Papiergeld (in China ab 1260). So lassen sich diese Jahrhunderte als der Versuch lesen, das Vertrauen in diese Innovationen zu stärken.

Papiergeld wirkt gegenüber Goldmünzen lachhaft wertlos. Um es in der Gesellschaft durchzusetzen, muss Vertrauen geschaffen werden. Dabei half eine Erfindung, die heute die Bevölkerung in Gegner und Verteidiger spaltet: die moderne Zentralbank, die Scheine staatlich ausgibt. Die schwedische *Riksbank* ab 1656, die *Bank of England* ab 1694 und einige Vorläufer stabilisierten das Finanzsystem und verbreiteten die Papierwährungen. Die Scheine stimulierten Kredite und Handel und begründeten so das moderne Wirtschaften. «Gold und Silber durch Papier zu ersetzen funktioniert wie ein Wagen, der durch die Luft fliegt», schwärmte Adam Smith.[4]

Je mehr Vertrauen auf diese Weise erworben wurde, desto mehr erzeugte das Kreditgeld Fortschritt und veränderte die Welt. Bald entsprang politische Macht wirtschaftlicher Kraft. Diese verliehen Bankiers wie die Fugger – oder Finanzinnovationen. «Hollands Republik übertrumpfte das Habsburgerreich, weil die erste moderne Börse mehr abwarf als die weltgrößte Silbermine in Südamerika», analysiert Niall Ferguson. Eine münzferne Finanzinnovation lohnte sich mehr, als hunderttausende Indios zu schinden, um Edelmetall für Münzen zu fördern. Spaniens Könige verwechselten Gold mit Wohlstand, vernachlässigten die Wirtschaft – und taumelten von Staatspleite zu Staatspleite.

Ebenso traditionell finanzierte sich der Kriegsherr Napoleon: Durch Plünderung von Naturalien oder Münzen. Seine britischen Rivalen dagegen verschuldeten sich durch neumodische Kreditanleihen, also eine münzferne Finanzinnovation, bei der die Rothschild-Bank führend war. «Ebenso wie Lord Wellington war es der Bankier Nathan Rothschild, der Napoleon 1815 in Waterloo schlug», so Niall Ferguson. «Unternehmensfinanzierung war die Basis des britischen Empire.» Die Briten stiegen zum Champion der Industrialisierung auf, zwischen 1740 und 1840 vervierfachte sich ihre Wirtschaftsleistung. Sie wurden zur Supermacht des 19. Jahrhunderts.

Geld ist ein schlechter Herr

Solche Aufstiegsgeschichten konnten nie das Unbehagen am Geld und seiner Dynamik beseitigen. Zinsen kannte bereits das alte Babylon vor 4000 Jahren. Wahrscheinlich sollten sie das Geld vermehren, wie sich ja auch Viehherden vermehren. Doch schon Aristoteles wetterte vor gut 2000 Jahren, «das Geld ist um des Tausches willen erfunden worden, per Zins jedoch vermehrt es sich gegen die Natur». Weltreligionen wie Christentum, Judentum und Islam verboten die Zinsen mehr oder weniger rigoros. Karl Marx identifizierte das Geld als Agenten des Weltmarkts: «Es ist die allgemeine Hure, die alle menschlichen Eigenschaften in ihr Gegenteil verwandelt.» Silvio Gesell, 1919 sieben Tage Finanzminister der linken Münchner Räterepublik, wollte Zinsen abschaffen. Das inspiriert bis heute grüne Politiker, aber auch damals Adolf Hitler, dessen Programm 1920 die «Brechung der Zinsknechtschaft» vorsah.

«Offenkundig hält ein Phänomen wie Geld nur dann allen Angriffen stand, wenn es für Menschen und Gesellschaft wichtige Eigenschaften erfüllt», bilanziert Otmar Issing, erster Chefvolkswirt der Europäischen Zentralbank (EZB). Was sollte Kreditgeber im 14. Jahrhundert bewegen, den riskanten Seehandel Venedigs zu finanzieren, wenn dies keinen Zins abwarf? Geld ist eben ein Werkzeug. Es erfüllt effizient Zwecke, gute – oder schlechte. «Der Dämon liegt nicht im Geld», sagt Issing, «er steckt in den Menschen selbst.»

Wäre mit der Abschaffung des Geldes schlagartig alles Böse aus der Welt entfernt? «Genauso gut könnte man das Feuer für den Brand verantwortlich machen. Hätte Prometheus den Menschen niemals das Feuer bringen sollen? Mit dem Feuer hat er den Menschen in die Verantwortung für den Umgang mit dieser Innovation genommen.» Geld ist ein effektives Werkzeug. Aber genauso empfänglich für Missbrauch wie eine Schusswaffe.

Seine Effektivität wird dadurch belegt, dass bisher niemand eine effiziente Systemalternative zur monetär basierten Marktwirtschaft entwickelt hat. Nicht zum Geld an sich. Den letzten größeren Versuch, es abzuschaffen, starteten die Massenmörder der Roten Khmer. Und auch nicht zur Marktwirtschaft. Der Marx'sche Sozialismus stürzte als Diktatur Millionen Osteuropäer ins Unglück. Die monetäre Marktwirtschaft brachte dagegen – unterm Strich – Fortschritt.

«Die Zeit der Industrialisierung war eine Zeit des Massenelends und der rücksichtslosen Ausbeutung menschlicher Arbeitskraft: so schrecklich, wie Friedrich Engels sie 1845 in *Die Lage der arbeitenden Klasse in England* beschrieben hat», so Heinrich August Winkler in seiner *Geschichte des Westens*. «Aber das Elend wäre ungleich größer gewesen, hätte es die Möglichkeit industrieller Arbeit nicht gegeben. Die Industrialisierung führte nicht zur fortschreitenden Verelendung», wie von Marx vorausgesagt, «sondern zum sozialen Aufstieg des Proletariats.»

Die Marktwirtschaft beschert erstmals überhaupt in der Geschichte hunderten Millionen Menschen Wohlstand, mit guter medizinischer Versorgung und doppelt so langem Leben. Der Nobelpreisökonom Angus Deaton beschreibt in seinem Buch *The Great Escape,* wie die Menschen des Westens aus dem Gefängnis der Armut ausbrachen und ins Reich des Massenwohlstands kamen. Inzwischen gilt dies auch für manche Schwellenländer wie China.

Die Abwesenheit eines funktionierenden Geldsystems kennzeichnet heute keine glücklichen Nationen, sondern arme wie Nordkorea oder den Kongo. Ähnlich war es in der Geschichte. Als im Mittelalter die Münzen aus dem Alltag verschwanden, fielen die Menschen in Tauscherei zurück. «Vom Ende des achten Jahrhunderts an fiel das westliche Europa in einen Zustand der reinen Landwirtschaft zurück», schreibt der belgische Historiker Henri Pirenne in seiner *Sozial- und Wirtschaftsgeschichte Europas im Mittelalter*. Die Menschen nutzten Rinder als Recheneinheit, zuweilen auch Mägde oder Eichhörnchenhaut. Im pompös betitelten «Heiligen Römischen Reich» hausten sie in Hütten und kippten ab vormittags Alkohol, um Infektionen abzuwehren.[5]

Aber natürlich liegen die Kritiker des Mammons von Jesus bis Marx in einem richtig: Das Werkzeug Geld ist blind dafür, wie es eingesetzt wird. Es erzeugt Wohlstand, verteilt ihn aber nicht. Als autoritäre Gesellschaften jahrhundertelang wenige reich werden ließen, während viele hungerten, war es dafür blind. Als die westlichen Kolonialisten Südamerika, Afrika und Asien ausplünderten und seine Bewohner versklavten, war es dafür blind. Geld liegt wie ein Werkzeug in der Hand des Menschen, empfänglich für Missbrauch wie eine Schusswaffe. Der britische Philosoph Francis Bacon formulierte, Geld sei ein guter Diener, «aber ein schlechter Herr».

Der von Marx vorformulierte Sozialismus mag gescheitert sein, seine Kritik an der schreienden Ungleichheit war überfällig. Und sie kam an. Der Wohlstand der Industrialisierung erreichte die Massen, weil linke Parteien und Gewerkschafter dies gegen Könige und Industriebarone erkämpften. Zu den steigenden Realeinkommen der Arbeiter in allen Industriegesellschaften «trugen die Gewerkschaften entscheidend bei», so Heinrich August Winkler.

Das ist die Lehre aus der Geschichte: Die Menschen müssen gestalten, wie das Werkzeug Geld eingesetzt wird, damit es nicht nur ein paar wenigen nutzt, sondern möglichst vielen. Anders als Neoliberale predigen, darf die Markt- und Geldordnung heute genauso wenig laufen gelassen werden wie im 19. Jahrhundert. Sie muss sozial korrigiert werden. Es braucht Demokratie, scharfe Gesetze und starke Interessenvertreter, damit die Massen am Wohlstand teilhaben – und nicht nur ein paar Kapitalbesitzer.

Von Amerika geht eine Finanzkrise aus

Ende des 20. Jahrhunderts setzte sich jedoch ein neuer Laissez-faire-Kapitalismus durch, der gemeinhin als Neoliberalismus bezeichnet wird. Zuvor hatte eine neue Supermacht das britische Empire überflügelt: die USA. Wie einst bei den Briten Rothschilds Anleihen, förderten Finanzinnovationen den Aufstieg, etwa bei Versicherungen, Immobilien und Konsumentenkrediten. Dazu kam der Dollar als globale Leitwährung.

Ab 1980 jedoch entfesselten Präsident Ronald Reagan und seine Epigonen die Finanzmärkte neoliberal. Sie kippten Kontrollgesetze, die die Regierung nach der Weltwirtschaftskrise der 1930er Jahre verankert hatte. Sie knebelten Gewerkschaften und senkten Reichen die Steuern. In den USA stiegen die Managergehälter seither um 900 Prozent, während die realen Löhne um 12 Prozent vorankrochen. Die Ungleichheit ist so extrem wie hundert Jahre zuvor, bevor der Wohlstand bei den breiten Massen ankam. Die Neoliberalen erlaubten der Gier, die Herrschaft über die Weltwirtschaft zu übernehmen.

Ganz vorne mischten Investmentbanken wie Lehman Brothers mit. Ihr Chef Richard Fuld versprach Mitarbeitern, *filthy rich* zu werden, stinkreich. Dann schrie er sie in Einpeitscher-Reden an: «Ihr seid Dreck!» Der Investmentbanker Rudolf Wötzel, den ich Ende der Nullerjahre traf, fühlte sich dort wie in einer totalitären Partei. Er fürchtete, Fuld könne ihn jederzeit feuern. Mit einem Lächeln. Dennoch machten Banker wie er im System der Gier begeistert mit.[6]

Wötzel verdiente bis zu 80 000 Euro, im Monat. Er saß abends in Bars und ließ die Schlüssel seines Porsche durch die Finger gleiten, um Frauen anzulocken. Er dachte sich Deals aus. Einer deutschen Konzernchefin empfahl er, für hunderte Millionen Euro eine Konkurrenzfirma zu schlucken – während deren Chef im Urlaub weilte und den Angriff nicht abwehren konnte. Am 10. September 2001 gab sie ein Kaufangebot ab. Einen Tag später flogen Terroristen in die New Yorker Türme. Die Börse kollabierte, die Konkurrenzfirma wurde billiger. Die feindliche Übernahme gelang.

Heute findet Wötzel so ein Geschäft zynisch. Damals feierte es ein Wirtschaftsmagazin als «Deal des Jahres». Damals war es genauso üblich wie hochriskante Spekulationen. Nach Dekaden irrer Spekulationen läutete 2008 die Pleite von Wötzels Arbeitgeber den Tag der Abrechnung ein. Als Lehman Brothers kollabierte, fegte ein

Eissturm über die Weltwirtschaft. Die Konjunktur brach ein wie seit dem Zweiten Weltkrieg nicht mehr. Subprime-Wertpapiere können eine sinnvolle Finanzinnovation sein. Sie teilen das Risiko eines Immobilienkredits an ärmere Hauskäufer auf mehrere Investoren auf, damit es nicht mehr alleine bei der Bank liegt – die diesen Käufern sonst vielleicht gar keinen Kredit geben könnte. Vor der Finanzkrise allerdings wurden die Subprime-Papiere für waghalsigste Spekulationen missbraucht.

Sie zeigten ihr doppeltes Gesicht, wie Zwiebelderivate im holländischen Tulpenwahn 1637, als die *große Gartenhure* so viel kostete wie ein Haus: Als Instrument der Gier sprengten sie das Wirtschaftssystem. Geld erwies sich als schlechter Herr, es wurde zur Schusswaffe.

In der Finanzkrise 2008 büßte es jenes Element ein, das es sonst zum Motor des Fortschritts macht: das Vertrauen, durch das sich einst Goldmünzen und Papiergeld durchsetzten. Im Herbst 2008 vertrauten die Menschen dem Geld nicht mehr. Banken liehen sich kein Geld mehr, anders als zuvor im Sekundentakt millionenfach. Bürger räumten ihre Konten leer. Als Philipp der Schöne Goldmünzen mit billigem Kupfer streckte, horteten die Bürger Gold. Damit begannen sie 2008 wieder.

Diese Unsicherheit lähmte die Weltwirtschaft. Millionen Menschen verloren ihre Jobs, allein in den USA neun Millionen. In Europa mündete der Crash in eine Eurokrise. Auch der Aufstieg der Rechtspopulisten begann mit der Finanzkrise. Donald Trump oder Boris Johnson errangen die Macht – und kündigten die Partnerschaft westlicher Staaten, Klimaschutz, Freihandel oder die EU auf. Der Ökonom Moritz Schularick hat gezeigt, dass Rechtspopulisten ihre Wählerstimmen nach Finanzkrisen, historisch betrachtet, meist verdoppeln.[7]

Rechtspopulisten bedienen das Bedürfnis nach einer starken Figur, die die angeblich für die Krise Verantwortlichen zur Rechenschaft zieht. Warum Migranten für die Finanzkrise der Banker verantwortlich sein sollen, bleibt allerdings ihr Geheimnis.

Wenn Regierungen Finanzjongleuren erlauben, das Vertrauen ins Geld zu zerstören, drängen sie moderne Nationen an den Abgrund. Als im 14. Jahrhundert Philipp der Schöne die Münzen manipulierte, lebten auf dem Erdball 400 Millionen Menschen. Heute sind es acht Milliarden, die wirtschaftlich so eng verflochten sind wie niemals zuvor. Um die Finanzkrise zu bekämpfen, mussten die Staaten hohe Schulden aufnehmen und die Zentralbanken viel Geld einsetzen. Das macht es noch mehr als ein Jahrzehnt später schwerer, die Corona-Krise ökonomisch zu bekämpfen, weil die Staaten nun bereits hohe Schulden drücken und die Zentralbanken bereits in der Finanzkrise ihre Bilanzen aufgebläht haben.

Die Finanzkrise von 2008 verursachte einiges von dem, was die Menschen am Geld zweifeln lässt: Sie ließ Anleger in sichere Zinsprodukte fliehen und Zentralbanken die Zinsen senken, was beides die Erträge normaler Sparer senkt. Sie verschärfte die Ungleichheit, weil Investoren jahrelang exorbitante Gewinne einstrichen, aber dann die Allgemeinheit die Folgen der Krise bezahlen musste. Nicht zuletzt war die Finanzkrise Anlass für Kryptowährungen wie Bitcoin, weil das Vertrauen in Staatswährungen erschüttert war. In Gestalt von Facebooks Libra greifen sie nun Dollar und Euro an.

Durch all diese Neuentwicklungen verändert sich das Geld gerade so radikal, dass wir es nicht mehr erkennen. Dabei stellt sich wieder die große Vertrauensfrage. Verdienen Währungen ohne Zinsen wie Dollar und Euro das Vertrauen der Bürger? Kann man dem bargeldlosen Zahlen vertrauen, das vor allem große Digitalkonzerne wie Apple, Alibaba oder Amazon vorantreiben? Kann man Privatwährungen wie Bitcoin oder Facebooks Libra vertrauen? Bringen diese Finanzinnovationen den Menschen Fortschritt? Oder werden sie hinters Licht geführt wie bei den Schinderlingen des Habsburgers Friedrich III.? Wohin führt der Angriff auf Zinsen, Bargeld und Staatswährungen? Wie soll sich jeder von uns verhalten, als Konsument, Sparer, Wähler? Mit dem Schwund des Bargelds und neuen Digitalwährungen erleben wir gerade einen epochalen Einschnitt – vergleichbar dem Moment, als die staatlichen

Papierscheine entstanden, die wir heute als unser Geld betrachten. Es geht darum, den Wandel zum Wohle der Allgemeinheit zu gestalten, damit nicht nur wenige Reiche und Konzerne profitieren. Wir stehen vor entscheidenden Jahren.

2. Münzen und Scheine verschwinden

Wenn der sechsjährige Schwede Lars bezahlen meint, sagt er nicht bezahlen («betala»). Er sagt *«swisha»*. Mit der App Swish auf dem Handy lässt sich mobil zahlen, ganz einfach. Sieben von zehn Millionen Schweden tun das. Vier von zehn verwenden gar kein Bargeld mehr. Oft lässt sich in dem nordischen Land auch gar nicht mehr bar bezahlen, ob im Restaurant oder Geschäft, beim Parken oder im öffentlichen Klo. Mehrere tausend Schweden ließen sich einen Chip in die Hand implantieren, um elektronisch Geld zu schicken. Münzen und Scheine verschwinden. Es ist das Ende des Geldes, wie wir es kennen.

Die Alltagssprache zeigt an, wie sich das Leben verändert. Schweden sagen «swisha» statt zahlen, so wie man früher «Tempo» statt Taschentuch sagte oder heute «googeln» statt im Internet suchen. Die Marke hat das Wort ersetzt. Spätestens 2030 soll es in Schweden gar kein Bargeld mehr geben.

Münzen und Scheine verschwinden, das ist ein weltweiter Trend. Der in Princeton lehrende Finanzforscher Markus Brunnermeier zeigte mir ein Foto, das ihm ein Freund aus China geschickt hat. Darauf kauert ein Bettler, auf dessen Brust ein Barcode prangt – Passanten sollen per Handy spenden. Chinesen wie die Rentnerin Zhang Liming in Tianjin haben keine Bedenken, per Gesichtsscan zu zahlen. Wie die Schweden kaufen die Chinesen inzwischen zu 80 Prozent bargeldlos ein, meist mit der Handy-App der Digitalkonzerne Alibaba (Alipay) oder Tencent (WeChat Pay). Das bevölkerungsreichste Land der Welt wird zum bargeldlosesten.

In Südafrika bitten Obdachlose ebenso um Handy-Spenden wie in London der Straßenmusiker Francis Petrini: «Ich bekomme so eher Spenden und verkaufe mehr CDs. Vor ein paar Jahren habe ich gemerkt, dass viele Leute kaum noch Bargeld dabeihaben.» Die

Briten zahlten früher zu 60 Prozent bar. Heute tun sie es nur halb so oft. Jeder dritte Österreicher zückt dafür das Handy. Weltweit zahlen die Menschen vier Mal so viel per Karte wie vor zehn Jahren. Südkoreaner tragen im Schnitt fünf Karten bei sich, mit denen sich zahlen lässt, ermittelte die Zentralbank schon 2016. Und gab das Ziel aus, in ein paar Jahren solle das ganze Land bargeldlos funktionieren. Der Brite John Cryan, lange Chef der Deutschen Bank, ist sich sicher: «Binnen zehn Jahren wird das Bargeld ganz verschwinden.»[1]

Das wäre das Ende einer jahrtausendelangen Epoche. Die Menschen haben ihr Geld die längste Zeit gern angefasst. Dadurch setzte es sich überhaupt erst durch. Die Goldmünzen der Lyder vor 3000 Jahren waren nicht nur haltbar und hübsch, sie schufen Vertrauen: durch den Eigenwert des seltenen Metalls, das aussieht wie die göttliche Sonne.

Chinesen zahlen per Handy, Österreicher bald per Skistock?

Es grub sich tief in die kollektive Psyche, dass Geld vor 500 Jahren durch Münzen wie den *Taler* standardisiert wurde. Als der Taler 1566 im zersplitterten Heiligen Römischen Reich Deutscher Nation zum offiziellen Zahlungsmittel vieler Einzelgebiete wurde, regte das den Handel an. Das Kinderlied

Taler, Taler, du musst wandern,
von der einen Hand zur ander'n.
Das ist schön, das ist schön,
Taler, lass dich nur nicht seh'n!

klingt wie ein Konjunkturprogramm, das den Konsum anregen will, um die Folgen der Corona-Krise zu mildern. Die großen Silbermünzen erweiterten ein Währungsgebiet, wie es hunderte Jahre später der Euro tat. Die heutige Weltleitwährung Dollar hat ihren Namen vom Taler. «Nur Bares ist Wahres», sagen die Deutschen.

Solche Merksprüche finden sich in vielen Sprachen. «Wie kommt es, dass wir inzwischen in einer Welt leben, in der das meiste Geld unsichtbar ist, nichts mehr als Nummern auf einem Bildschirm?», fragt der britische Historiker Niall Ferguson.

Die Antwort darauf ist: Weil die wirtschaftliche Expansion, die der Menschheit ihren heutigen Wohlstand brachte, mit anfassbarem Geld alleine unmöglich wäre. Das erkannten schon die norditalienischen Kaufleute im Mittelalter, als sie Kreditpapiere einsetzten statt Truhen mit Münzen herumzuschleppen, die Räuber und Piraten anlockten. Heute bräuchte es mehrere Himalaya-Gebirgsketten aus Gold, um das für die Weltwirtschaft nötige Geld als physisch anfassbare Münzen bereitzustellen.

Und nun entdecken Menschen eben im Alltag, dass es bequemer ist, das Handy mit Swish, Apple Pay oder dem chinesischen Alipay zu zücken als Münzen hervorzukramen. Breitet sich global ein Virus wie Covid-19 aus, möchten viele erst recht kein Bargeld anfassen, das durch viele Hände gegangen ist.[2]

Seit Zentralbanken wie die schwedische Riksbank und die Bank of England ab dem 17. Jahrhundert Papiergeld ausgaben, gibt es aber einen Deal: Die Menschen müssen dem Geld vertrauen können, das keinen Eigenwert mehr hat wie Gold. Und da lässt sich durchaus zweifeln, ob Bargeld nun völlig verschwinden sollte. Münzen und Scheine repräsentieren die Freiheit, Geld zu halten, das in keiner Datenbank auftaucht – ob staatlich oder konzerneigen. Was machen die Digitalriesen Google und Apple und ihre chinesischen Pendants Alibaba und Tencent mit all den Daten, die ihre Nutzer beim Zahlen hinterlassen? Muss der Staat wirklich Bargeld abschaffen, um Kriminelle zu bekämpfen, wie mancher Ökonom behauptet? Zweifel sind angebracht. Daher sollen die folgenden drei Kapitel genau beleuchten, wieso und wie sehr das Bargeld schwindet – und wie die Menschen den Wandel am besten gestalten.

Zunächst erscheint es ja offensichtlich, warum die Menschen weniger Münzen und Scheine verwenden. Es nervt viele, 73,54 Schweizer Franken oder 17,23 britische Pfund herauszusuchen. Wer per

Handy oder Karte zahlt, braucht kein Kleingeld. Er kann seine Ausgaben bis auf den Cent genau kontrollieren, alles digital dokumentiert. Und er wird nicht so leicht auf der Straße beraubt. Auch Hauseinbrüche lohnen sich in bargeldarmen Gesellschaften weniger, was Schweden wie Abba-Musiker Björn Ulvaeus zu Aktivisten für ein Cash-Aus machte. «Bargeld ist umständlich und verursacht hohe Verwaltungskosten», sagt Forscher Markus Brunnermeier. «Bankkonten, 90 Prozent unseres Geldes, sind eh schon digital.»

Schneller ist bargeldlos auf jeden Fall. Wer hat sich das nicht schon gedacht, während er in der Kassenschlange darauf wartete, dass ein Senior 73,54 Franken oder 17,23 Pfund hervorkramt. Nun gibt es eindeutige Messungen über die 200 Einkäufe, die jeder pro Jahr so tätigt. Kontaktloses Bezahlen per Karte oder Handy dauert nur drei bis elf Sekunden. Wer eine Geheimzahl eingeben oder unterschreiben muss, braucht länger. Aber nicht so lange wie mit Münzen und Scheinen, was eine halbe bis eineinhalb Minuten dauert. Auch andere Studien zeigen: Kontaktloses Bezahlen geht am schnellsten.[3] Volker Wieland ist als Wirtschaftsweiser einer der Chefberater der deutschen Regierung. Er erwartet, dass neue Angebote von Apple Pay bis zum chinesischen Alipay von Alibaba das Bargeld weiter verdrängen. «Wir verwenden schon lange Lastschriften und Überweisungen. Diverse mobile Dienste sind da der nächste Schritt. Es ist einfach praktisch und günstig.»

In bargeldgläubigen Ländern wie Österreich sind es Händler und Gastronomen, die das Bargeld verdrängen. In den Salzburger Restaurants Szenelokal und Glorious Bastards lässt sich die Rechnung mit Karte ebenso begleichen wie mit Apple Pay und Alipay. Branchenkenner preisen das als hygienischer und wesentlich schneller. Die Kellner erhalten anders als befürchtet weiter Trinkgeld, können aber weniger betrügen als mit Münzen und Scheinen.

Der nächste Trend ist, kontaktlos über *Wearables* wie Uhren, Schmuck, Kleidung zu zahlen. Oder sogar per Skistock. Amerikaner zahlten 2018 erstmals nicht mehr am häufigsten bar, selbst bei Beträgen unter zehn Dollar.

Manche Nationen hängen stärker am Bargeld, neben den Öster-reichern auch die Schweizer. Als die Baseler Bar Soho ankündigte, ab Februar 2020 kein Bargeld mehr anzunehmen, tobte online der Protest. «Kein Bargeld kein Besuch!», erklärte einer bündig, ein an-derer: «Wer sich vor Bargeld ekelt, sollte eventuell mal über eine Therapie nachdenken!»

In manchen bargeldgläubigen Ländern wie Italien ist es die Staatsmacht, die das Bargeld kritisch sieht. Italiener hängen am Bargeld. Sie zahlen zu mehr als 80 Prozent bar. Die Regierung ver-mutet, dass mancher so seinen Einkauf verbilligen will. Manche Restaurants oder Autowerkstätten verlangen beim Barzahlen keine Mehrwertsteuer und stellen keine Quittung aus, um durch weniger offizielle Umsätze Steuern zu sparen. Insgesamt entgehen dem Staat Einnahmen von 200 Milliarden Euro im Jahr. Deshalb sollen Kon-sumenten künftig einen Superbonus erhalten, wenn sie nachver-folgbar zahlen, also digital.

Warum die Deutschen am Bargeld hängen

Deutsche tragen typischerweise 100 Euro im Portemonnaie mit sich, mehr als alle anderen Europäer. Sie zahlen, wie Spanier und Italiener, etwa 80 Prozent ihrer Einkäufe bar. Andere Nationen schreiben den Deutschen zu, sich wenig aus Lockerheit und Spon-taneität zu machen – und stattdessen Regeln und Sicherheit zu lie-ben. Hier drückt sich das aus. Die Deutschen fürchten ohne Bargeld einen Kontrollverlust, analysieren Wirtschaftspsychologen. In ihrer wechselhaften Geschichte habe sich eingebrannt, wie schnell sich Situationen ändern können. Einen weiteren Grund nennt der Öko-nom Moritz Schularick: «Die Banken hinken bei Zahlungsinnova-tionen hinterher. Wir haben durch die Nazi-Herrschaft einen Teil der Finanzelite verloren.»

Doch auch bargeldaffine Nationen verändern sich gerade. «Mein Sohn und seine Freunde bezahlen fast ausschließlich über eine Handy-App», erzählt der österreichische Gastro-Unternehmer Fritz

Strondl. «Die Bedeutung des Bargeldes wird abnehmen.» Schweizer zücken inzwischen häufiger Girokarten als Münzen und Scheine. In Deutschland markierte das Jahr 2018 einen Einschnitt: Erstmals bezahlten die Bürger umsatzmäßig mehr Einkäufe mit Karte. Auch hier verdrängt die Wirtschaft das Bargeld. Die Ladenkette Edeka testet, dass Kunden ihre Käufe per App einscannen – ohne Kassen-schlangen und Bargeld. Die Volksbank beliefert Geschäfte auf der Insel Wangerooge nicht mehr mit kleinen Münzen. Erste Restau-rants wie das Baba Green in Düsseldorf bestehen auf Karte. Bäcker erlauben plötzlich Handyzahlungen. «In Deutschland ist es eine Generationenfrage», glaubt Hagen Krämer von der Hochschule Karlsruhe. «Die Jungen sind technikaffiner. Das Handy ist ihnen wie ein neuer Körperteil angewachsen.» Der Auftritt von Apple und Google gibt dem Smartphone einen Schub: Inzwischen bezahlt schon jeder vierte Deutsche per Handy.[4]

Der Trend ist überall eindeutig: Die Bedeutung des Bargelds schwindet massiv. Bevor die Probleme damit verhandelt werden, lässt sich erstmal sagen: Das Schwinden ist insofern nicht beunru-higend, als es seit Jahrhunderten geschieht.

Nur mit barem Geld wäre die Entwicklung zum modernen Wohl-stand unmöglich gewesen. Um für die heutige Weltwirtschaft benötigte Geldmengen in Münzen aus Edelmetall bereitzustellen, bräuchte es mehrere Himalaya-Gebirgsketten aus Gold. Es gibt schlicht zu wenig Gold und Silber auf der Welt. Und selbst wenn es genug gäbe, wäre ein Wirtschaftssystem aus Bargeld keine gute Idee.

Mit anfassbarem Geld werden die meisten wirtschaftlichen Akti-vitäten mühsam, die sich heute in Sekundenschnelle vollziehen. Die Miete bar bezahlen, genau wie Strom, Versicherungen, Steuern, Zeitungsabos? Jeden Zulieferer in der Autoherstellung in den USA, China oder Brasilien bar bezahlen? Moderne Waren entstehen durch Wertschöpfungsketten, die über mehrere Kontinente laufen. Ein bares Wirtschaftssystem würde Armut produzieren. Deshalb bestehen heute mindestens 90 Prozent unseres Geldes aus virtuellen Zahlenkolonnen auf dem Bankkonto. Die verwandeln sich jedoch am Bankautomaten in Bargeld, und deshalb lässt sich den Kolonnen vertrauen.

Die Grenzen des Bargelds zeigen auch, dass es schwierig ist, Währungen mit Gold zu decken. Kritiker der Staatswährungen postulieren diese Idee immer wieder. Sie nennen Euro und Dollar abschätzig *Fiatwährungen*. Von *Fiat*, lateinisch für *Es sei!* Das soll beweisen, dass das moderne Geld der Zentralbanken eine unzuverlässige Suggestion ist – weil es anders als früher nicht aus Gold besteht oder damit gedeckt ist.

Hinter der Golddeckung steht die Idee, dass die Zentralbank nur Geld in einem festen Verhältnis zum Gold ausgeben darf, das sie im Tresor liegen hat. Erreicht sie diese Grenze, muss sie aufhören. Die Banken können dann keine neuen Kredite an Unternehmen vergeben, die neue Maschinen kaufen und neue Fabriken bauen wollen. Die Volkswirtschaft wird abgewürgt. «Wenn die Geldmenge an den Bestand von Edelmetallen gekoppelt ist, lässt sie sich nicht so einfach erweitern, die Wirtschaft kann wegen der Knappheit von Gold oder Silber nicht recht wachsen», erklärt Niall Ferguson. Wächst die Geldmenge mangels Gold nicht ausreichend, fallen die Preise. Es droht Deflation, ein andauernder Preisverfall, der die Wirtschaft lähmt. Welche Firma investiert, wenn die Preise fallen und sie für ihre Produkte künftig weniger erzielen wird?

«Die Deflation im Deutschland der frühen 1930er Jahre ist vom Goldstandard mitverursacht worden», analysiert Ferguson. Die Deflation war einer der Gründe für die Weltwirtschaftskrise, weshalb er folgert: «Der Aufstieg Adolf Hitlers hat viel mit der deutschen Finanzgeschichte zu tun.» Der britische Ökonom John Maynard Keynes, der damals die moderne Anti-Krisenpolitik erfand, nannte den Goldstandard ein «barbarisches Relikt».

Weil Golddeckung das Wachstum der Wirtschaft hemmt, gaben die USA es 1971 komplett auf, ihre Weltleitwährung Dollar durch Gold zu decken. Modernes Geld legitimiert sich nicht durch Metall aus dem Boden, sondern durch die wirtschaftliche Leistung einer

Volkswirtschaft. Und durch Notenbanken, die Vertrauen in die Währung schaffen. Es gelang den Notenbankern in den vergangenen Dekaden gut, die Gefahr einer Entwertung des Geldes durch hohe Inflation zu verhindern.

Wie der Goldstandard würde es die Wirtschaft auch gefährlich bremsen, die Geldmenge gewaltsam zu begrenzen. Wachstumsskeptiker fordern ein sogenanntes *Vollgeld*: Private Banken sollen nicht mehr durch Kredite Geld schöpfen. Was die Kunden auf ihren Konten liegen haben, müsste voll durch Banknoten bei der Zentralbank gedeckt sein. So eine Deckung würgt aber ebenso wie die Golddeckung Kredite und damit Investitionen ab. Die ökologischen Probleme des Wirtschaftens, die Vollgeldanhänger beklagen, lassen sich anders besser angehen: Etwa, indem umweltschonender produziert wird und neue Energieformen verwandt werden.

Das physisch anfassbare Geld in der Hand der Bürger zeigte schon zu seinen Hochzeiten Nachteile. Falschmünzer wie Philipp der Schöne zerstörten das Vertrauen, indem sie das Edelmetall mit billigem Kupfer streckten, um ihre Kassen aufzufüllen. Der Handelsrepublik Venedig ging im 15. Jahrhundert gar das Geld aus: Sie konnte keine Silbermünzen mehr produzieren, nachdem der türkische Sultan die serbischen Silberminen besetzt hatte.

Wie eine Ironie der Geschichte wirkt, dass die katholische Kirche auch durch das Bargeld ihr Monopol aufs Christentum verlor. Als Martin Luther im 16. Jahrhundert zwischen Ostsee und Elbe rasch Anhänger sammelte, lag das an seinen Predigten gegen den Ablasshandel. Bei dem versprach die katholische Kirche Gläubigen, sie würde für Spenden ihre Sünden stornieren. Die gespendeten Münzen wurden in unzähligen Kisten mit bewaffneten Eskorten nach Rom transportiert. Empört sahen die Menschen am Wegesrand auf ihr sauer verdientes Geld, das gen Italien verschwand. Bargeldlos wäre der absurde Ablasshandel für den römischen Klerus weniger schädlich gewesen.

Diese historische Anekdote verblasst angesichts der sehr existenziellen Art, in der die Menschen in der Corona-Pandemie am Bargeld zweifelten. Auf Geldscheinen tummeln sich stets tausende Keime. Richtig gefährlich erschien das allerdings erst durch Corona. Geschäfte forderten ihre Kunden auf, per Karte oder Handy zu zahlen. In den USA erlaubten Lieferdienste wie Grubhub und Door Dash kein Bargeld mehr. In Österreich bat fast jedes Geschäft darum, bargeldlos zu zahlen. Wer in einer Hamburger Bäckerei auf Bargeld bestand, musste sich in eine Liste eintragen, um bei einer Infektion auffindbar zu sein. «Banknoten können Verunreinigungen aufweisen wie andere Gegenstände im öffentlichen Gebrauch, etwa Türklinken», erklärte die Schweizer Nationalbank. Grippeviren können auf Banknoten bis zu 17 Tage überleben, warnte Mark Witschi vom Gesundheitsamt in Bern. Notenbanken in den USA, China und Südkorea steckten Banknoten in Quarantäne oder verbrannten sie gar.

Doch wie groß die Gefahr durch Bargeld wirklich ist, ist umstritten. Nach einer vielzitierten US-Studie ist das Virus auf Kupfer vier Stunden und auf Pappe sogar 24 Stunden zu finden. Münzen bestehen jedoch nur teils aus Kupfer und Geldscheine nicht aus Pappe. «Ich denke nicht, dass das Corona-Virus auf Geld weit reist», beruhigte die Epidemiologin Emily Martin von der University of Michigan. «Es ist nicht unmöglich, dass sich auf Dollar-Scheinen Spuren des Virus befinden, aber Händewaschen sollte ausreichend Schutz bieten», beruhigte Julie Fischer von der Georgetown University.

Die Bürger änderten dennoch ihr Verhalten. 60 Prozent der Deutschen zahlten häufiger mit Karte – am liebsten kontaktlos. So verstärkt die Corona-Krise die Ablösung des Bargelds. Wer sich ans Bezahlen per Karte oder Handy gewöhnt, bleibt auch nach der Pandemie dabei. Die 75-Jährige Rentnerin Sieglinde Berger hatte ihre Einkäufe zuvor fast immer bar bezahlt. Nun stieg sie auf Karte um. «Ich glaube, das werde ich jetzt immer so machen», sagte sie. «Die Menschen kehren auch nach der Krise nicht zum Bargeld zurück», prophezeit der österreichische Chef der N26-Bank, Valentin Stalf.

Viele Menschen nehmen das Corona-Virus als Risiko wahr, das von außen aufgezwungen ist, erklären Soziologen. Das sei ein klassischer Auslöser dafür, ein stark vermeidendes Verhalten an den Tag zu legen, um das Risiko zu mindern – wie jetzt mit Karte oder Handy zu zahlen. In der aktuellen Notsituation studierten viele ein anderes Verhalten ein, das wahrscheinlich dauerhaft bleibe. «Das gilt gerade auch für ältere Menschen, die bisher vorwiegend mit Bargeld gezahlt haben.»

Die Pandemie verschärft einen Trend, der ohnehin stattfindet. Die Menschen nutzen öfter Karte und Handy, weil sie das bequemer finden und Jüngere offener für neue Technik sind. Es gibt Gründe, warum das Bargeld schwindet.

Aber *verschwinden* muss es deshalb nicht.

Es widerspricht den Interessen vieler Menschen, Münzen und Scheine gleich ganz abzuschaffen. Sie pochen auf das Recht, Bargeld zu halten, das mehr Privatheit erlaubt als die Datenspuren des Smartphones. Doch mächtige Konzerne und Ökonomen wollen das Bargeld gezielt verdrängen. Hier findet ein regelrechter Angriff auf Scheine und Münzen statt, vor allem aus kommerziellen Motiven. Dieser Angriff widerspricht den Interessen der Bürger. Auch das war in der Corona-Krise zu sehen. Die Pandemie erzeugte nicht nur eine Berührungsangst zum Bargeld, sondern auch ein großes Bedürfnis danach. Zwar scheuten sich viele Menschen, mit Bargeld zu zahlen, aber dafür *horteten* sie es. Wie oft in Wirtschaftskrisen, wenn die Börse abstürzt und die Arbeitsstelle, ja die ganze Existenz bedroht scheint.

Wie bei früheren Krisen kauften die Menschen Gold – und hoben Bargeld von der Bank ab. Um es zu Hause zu bunkern, um es zur Not für Einkäufe vorrätig zu haben. Nach dem Corona-Ausbruch hoben die Deutschen doppelt so viel von ihren Bankkonten ab wie sonst und die Österreicher drei Mal so viel.[5]

3. Zahlen per Gesicht, Überwachung pur: Wie Amazon, Alibaba und Apple das Bargeld verdrängen

Willkommen im Supermarkt, an dem keiner an der Ladenkasse warten muss. Weil es keine Ladenkasse gibt. Wer bei *Amazon Go* einkauft, hält beim Eingang sein Smartphone an einen Scanner. Danach erfassen Kameras, was er kauft. Abgebucht wird es dann vom Konto. Nach mehr als 20 Supermärkten in den USA eröffnete 2019 in London der erste solche Laden in Europa.

Wenig später meldete Amazon ein Patent an. Danach soll der Kunde seine Handfläche einscannen, um zu bezahlen, auch in anderen Supermärkten, mit denen der Handelskonzern kooperiert. Womöglich zeigt er künftig auch die Hand vor, wenn er ein Paket des Digitalriesen annimmt. Amazon könnte das gesamte Einkaufsverhalten verfolgen – und Konsumenten in einer Art überwachen, wie es bisher kaum denkbar schien.[1]

Das Beispiel zeigt, wie sich mächtige Konzerne die neue Konsumwelt vorstellen: Bargeldarm und datenreich. Derzeit greifen viele Großunternehmen Münzen und Scheine an. Sie verfolgen dabei wie Mastercard und Visa ihre Interessen als Kreditkartenanbieter. Sie verfolgen wie Apple, Google oder Tencent aus China ihre Interessen als Digitalkonzerne, die Finanzkonzerne werden wollen. Sie verfolgen wie Amazon, Alibaba aus China oder große Supermarktketten ihre Interessen als Händler. Manche wie Amazon und Alibaba werden sogar zu Händlern und Finanzkonzernen in einem. Es ist ein Angriff aufs Bargeld sondergleichen.

Um gleichzeitig Bargeld und ihre Rivalen zu verdrängen, kreieren die Konzerne Ideen aller Art: Zahlen per Hand, per Spiegel in der Anprobierkabine, per Gesicht wie bei Zhang Liming im Supermarkt in Tianjin. Ist das im Interesse der Menschen? Nein, findet

Achim Truger, als Wirtschaftsweiser ein Chefberater der deutschen Regierung: «Ich glaube, Bargeld ist wichtig. Man sollte es nicht aufgeben. Alle Zahlungen aufzuzeichnen, finde ich bedenklich. Schrankenloses Datensammeln ermöglicht Überwachung.» «Die Debatte über eine Abschaffung des Bargelds führen vor allem jene, die damit bestimmte Geschäftsmodelle verbinden», sagt der deutsche Bundesbank-Vorstand Johannes Beermann.

Better than cash

Der Angriff aufs Bargeld kommt aus ganz unterschiedlichen Lagern. Da sind die Händler, die Bargeld zunehmend teuer finden. Der Transport kostet. Banken verlangen für die Abwicklung viel. Auch wer selbst anpackt, findet es wie der deutsche Bäcker Bernd Braun mit seinen sechs Filialen beschwerlich, all die Münzen zur Bank zu bringen. «Ich schleppe das wirklich in Eimern hin, schütte das dort in den Zählautomat, das kostet Zeit – und Gebühren.»

Nun verändert das kontaktlose Bezahlen per Karte oder Handy das Kalkül entscheidend. Es ist schneller – und schon damit günstiger, weil es dadurch weniger Kassenpersonal erfordert als langsamere Bezahlarten. Wer herkömmlich per Karte zahlt, mit Unterschrift oder Geheimzahl, ist oft nicht schneller als bar. Das ändert sich jedoch mit den kontaktlosen Varianten, die doppelt bis fünf Mal so schnell sind wie Bargeld – und seit der Corona-Pandemie ohnehin en vogue.

Eine Studie der Deutschen Bundesbank zeigt: Zahlt der Kunde kontaktlos per Karte, kostet das den Supermarkt nur 0,6 Prozent des Kauf-Umsatzes. Scheine und Münzen kommen drei Mal so teuer. Weil der Supermarkt mehr Kassierer braucht, das Geld bringen und wegbringen lassen muss und anderes. Der Handel hat ein finanzielles Interesse daran, Bargeld zurückzudrängen.

Französische, niederländische, britische und deutsche Ketten testen kassenlose Supermärkte. Amazon soll bis zu 3000 kassenlose Läden planen. Der amerikanische Konzern hat schon einen kassenlosen Supermarkt mit 5000 Produkten eröffnet, der fünf Mal so groß ist wie die bisherigen Läden.

Auch etablierte Kreditkartenfirmen wollen ihr Geschäft ausweiten. Mastercard, Visa und American Express wollen mehr Gebühren kassieren. Sie werben unter anderem damit, dass Kunden in einer globalisierten Welt privat und beruflich immer mobiler werden – und mit ihren Kreditkarten überall zahlen könnten: «Wir verbinden Milliarden Menschen mit 60 Millionen Händlern in mehr als 200 Ländern», preist der Mastercard-Chef. Mastercard mischt in der globalen Allianz «Better than cash» mit. Das Bündnis von Nationen und Firmen will «den Übergang von Bargeld zu digitalen Zahlungen beschleunigen». Angeblich vor allem, um den Armen der Welt zu helfen.

Zahlungen werden allgemein zu einem immer interessanteren Geschäft. Die Unternehmensberatung McKinsey sagt voraus, dass die weltweiten Erträge bis 2022 auf fast drei Billionen Dollar jährlich explodieren – 50 Prozent mehr als zuletzt. Den Anbietern winke eine goldene Zeit. In der Branche bricht eine milliardenschwere Fusionswelle aus.

Banken gelten seit langem als einfallslos. Die erste Kreditkarte, Diner's Club, entstand schon kurz nach dem Zweiten Weltkrieg. Die letzte wirkliche Innovation der Banken war 1967 der Geldautomat, spottete der frühere US-Notenbankchef Paul Volcker. Doch inzwischen tut sich technologisch viel. Nur eben nicht bei den herkömmlichen Banken, sondern bei neuen Zahlungsfirmen.

Ein besonders schillerndes Beispiel dafür ist Wirecard aus Aschheim bei München. Bis vor kurzem kannte kaum jemand das Unternehmen, das einst die Zahlungen für Porno- und Glücksspielanbieter abwickelte. 2018 ersetzte die Firma aufgrund ihres rasanten Wachstums im Deutschen Aktienindex Dax der 30 wertvollsten Konzerne die traditionsreiche Commerzbank.

Seit längerem gibt es gegen Wirecard Vorwürfe dubioser Geschäfte. Auf einmal fehlten Milliarden, die angeblich auf Konten in den Philippinen liegen sollten. Der langjährige Firmenchef Markus

Braun, ein knallharter Expandierer, musste daraufhin im Juni 2020 zurücktreten. Bevor die Wogen über dem Unternehmen zusammenschlugen, präsentierte Wirecard große Pläne, wie sich das Bargeld verdrängen lässt. Dazu führte die Chefentwicklerin einen Spiegel vor, gedacht für die Anprobierkabinen von Modegeschäften. Berührt ihn der Kunde, wird er zum Bildschirm, über den der Kunde sich informieren und zahlen kann. Als Nächstes lässt sich ein Körperscanner integrieren, der Produkte empfiehlt: Sie haben letzten Sommer einen schwarzen Rock gekauft, dazu passt diese weiße Bluse …

«Beim bargeldlosen Zahlen wechseln zwar keine Geldscheine mehr den Besitzer, dafür aber eine Menge Daten und Wissen über Kunden», berichtete ein Reporter aus der Entwicklungsschmiede. «‹Heutige Firmen kennen ihre Produkte, aber nicht ihre Daten›, sagt Martin Guther über eine verbreitete Schwachstelle in der heutigen Geschäftswelt. Daten über das Einkaufsverhalten von Kunden, wie sie bei Bestellvorgängen und anderen digitalen Kontakten erzeugt werden, seien aber ein strategisches Gut, betont der Leiter Digitale Plattform beim Softwarekonzern SAP. Zugleich geben Verbraucher immer mehr Daten über ihr Konsumverhalten preis, was wiederum das Verkaufen erleichtert.» Auch das Zahlen per Handfläche bot Wirecard an, und das Zahlen per Stimme über Amazons Alexa-Assistenten.

Als die dubiosen Geschäfte mit angeblichen Milliarden Wirecard einholten, meldete die Firma Insolvenz an. Die Pläne für neue Zahlungsformen aber werden weiter verfolgt, hier oder von anderen Anbietern.[2]

Der große Datenraub

«Zahlungsverkehr war stets das langweiligste der Welt», erklärt mir ein prominenter Notenbanker. «Inzwischen ist es interessant geworden. Zahlungsverkehr bedeutet Daten, und zwar sehr interessante Daten, die auf viele Arten verwendet werden können.» Bisher hatten die Banken das Monopol auf diese Informationen: wie viel Gehalt jemand bekommt, wie viel er ausgibt. Die Banken nutzen die Informationen aber lediglich, um zu prüfen, ob sie einem Kunden einen Kredit geben. Nun machen den Banken Anbieter das Geschäft streitig, die mit den Daten viel mehr vorhaben. «Bisher läuft in Ländern wie Deutschland alles übers Konto», so der Notenbanker. «Je mehr Digitalkonzerne vordringen, desto weniger ist das klar.» Die traditionellen Banken werden nicht nur beim Zahlen abgehängt. Sie schließen tausende Filialen, an denen sich bisher Geld abheben ließ. Die Digitalanbieter füllen die Lücke gerne. Und erhalten so Einblicke ins Privatleben ihrer Nutzer.

Besonders interessant ist dieses Geschäft für jene, die ihr Geschäftsmodell sowieso darauf aufbauen, persönliche Daten auszubeuten: Amerikanische Digitalkonzerne wie Amazon, Google, Apple, Facebook – und ihre chinesischen Pendants Alibaba und Tencent, von denen noch die Rede sein wird. «Digitale Zahlungen hinterlassen immer eine Spur», sagt mir Moritz Schularick. «Für finanzfremde Konzerne wie Apple oder Tencent ist das eine Chance, an Daten heranzukommen.»

Der Angriff aufs Bargeld erbeutet Unmengen von Daten.

Wie viele es sind, lässt sich daran erkennen, dass Banken 90 Prozent ihrer Kundendaten aus Zahlungen erhalten. Zwar sind diese Zahlungen nicht so gewinnträchtig wie Kredite, doch darum geht es den Digitalkonzernen nicht, schreibt Carolin Roth in der *Neuen Zürcher Zeitung*. «Sie haben es sich zum Vorsatz gemacht, ihre Kunden stärker an das eigene Ökosystem zu binden, indem sie mehr über sie in Erfahrung bringen.» So können die Konzerne ihren Nutzern personalisierte Angebote machen. Diese Daten kann man monetisieren, ohne in allzu komplexe gesetzliche Regulation involviert zu werden, so Francisco Fernandez, Gründer einer Schweizer Banksoftware-Firma.

Die US-Digitalriesen stoßen seit Jahren mit Macht ins Finanzgeschäft vor. Per Apple Pay oder Google Pay lässt sich mit dem Smartphone im Supermarkt in Sekunden zahlen – gefolgt vom obligatorischen Piep. Dafür kassieren die Konzerne einen Teil der Kartengebühren, die der Händler zu leisten hat. In den USA gibt es für bestimmte Zahlungen auch Amazon Pay und Facebook Pay.

Es geht um riesige bargeldlose Volumina. Mehr als jeder dritte Erdbewohner verwendet bereits Bezahl-Apps. Die britische Analysefirma Juniper schätzt, dass kontaktlose Zahlungen 2020 weltweit auf zwei Billionen Dollar anschwellen – und sich bis 2024 auf sechs Billionen verdreifachen. Gerade durch Google und Apple Pay, das stark in Asien und Europa expandiert.

Ungeniert versuchte Apple in Werbebotschaften, Corona-Ängste der Menschen auszubeuten: «Apple Pay ist eine sichere Zahlungsmethode, mit der Du das Berühren von Tasten und Knöpfen sowie den Austausch von Bargeld vermeidest.» Gern soll der Kunde sich per Fingerabdruck identifizieren. Oder per Gesicht: «Drücke für Face ID zweimal auf die Seitentaste deines iPhone, blicke auf den Bildschirm und halte das iPhone nahe ans Lesegerät.»

Von den Zahlungen dringen die Konzerne in andere Finanzgeschäfte vor. Apple bietet inzwischen Kreditkarten an, Amazon auch. Über Kreditkarten leihen sich Amerikaner Milliarden Dollar. Was insofern passt, als Amazon schon seit Jahren Kleinkredite vergibt – und an Versicherungen tüftelt. «Big-Tech-Konzerne starten oft mit Zahlungen», schreibt die BIZ, die Baseler Denkfabrik der Notenbanken. «Danach expandieren manche in Kredite, Versicherungen, Sparkonten und Investmentprodukte. Allerdings sind Fragen angebracht, was die Folgen für Finanzstabilität und Gemeinwohl angeht.»

Google startet Girokonten. Natürlich nicht irgendwelche, nein: «intelligente Girokonten». Vermutlich können diese Konten selbständig denken. Der Finanzanalyst Timo Emden wertet das Projekt als Kampfansage an die Banken. «Vor allem dürfte es Google dabei um die Kundendaten gehen. Mit einem Girokonto könnte meines Erachtens Google Zugriff auf Kontodaten, Einkäufe und Zahlungen erhalten. Diese Daten dürften sich mit den Personendaten, die Google bereits besitzt, verknüpfen lassen.» Der Konzern erklärt, Kunden behielten die Kontrolle über ihre Daten, die nicht für Werbezwecke verwendet und niemals an Dritte verkauft würden.[3]

Doch wie genau sieht es aus mit der Intimsphäre in der schönen neuen Geldwelt? Zwar gelten gerade in Europa relativ scharfe Gesetze. Doch der typische Bürger erhält von den Digitalkonzernen seitenlange Datenschutzbestimmungen, die er oft gar nicht versteht und meist schon aus Ungeduld akzeptiert. Addiert man dazu, dass Alibaba Gesichtsscans einsetzt und Amazon Handscans patentiert, drängt sich die Frage auf: Kommt jetzt die totale Überwachung durch Konzerne? «Die Gefahr ist gegeben», sagt mir Bundesbank-Vorstand Burkhard Balz. «Die Frage ist, wie der europäische Gesetzgeber damit umgeht. Er muss neue Entwicklungen bei den Zahlungsanbietern genau beobachten.»

Die Verdrängung des Bargelds ist datenschutzmäßig bedenklich, warnt der Autor Ulf Schönert: «Kreditkarten, Apple Pay und andere erzeugen digitale Spuren, da jeder Bezahlvorgang aufgezeichnet wird. Allein aus diesen Daten lässt sich ein detailliertes Persönlichkeitsprofil erstellen und nutzen – Konzerne wie Amazon tun das längst.» Der Konsument wird manipuliert, kritisiert der Betriebswirt Ulrich Horstmann: «Man weiß, zu welcher Tageszeit er welche Vorlieben hat. Diese Rundumkenntnis führt dazu, dass man ihn optimal wirtschaftlich auspressen kann. Bürgerliche Freiheit und Demokratie sind gefährdet, weil hier eine Asymmetrie ist: Jene, die Daten sammeln und die Bürger, die sie ‹freiwillig› geben. Ich sehe die Bargeldabschaffung so kritisch, weil das letztlich der Weg zur digitalen Knechtschaft ist.»

Die Macht der amerikanischen Tech-Konzerne

Mit ihrer Größe und Menge an sensiblen Kundendaten erzeugen die Digitalkonzerne Risiken für die Konsumenten, urteilt Europas Finanzaufsicht. «In der Bezahlwelt tobt ein Krieg gegen Bargeld», urteilt der Buchautor Norbert Häring. «Datenschutz gehört zu den

Hauptvorteilen von Bargeld. Bei allem, was man digital bezahlt, wird man gläsern.»

Tatsächlich überlassen die meisten Menschen den Firmen ihre Daten einfach. Das mobile Zahlen nimmt in Deutschland jedes Jahr um 25 Prozent zu, obwohl es immer wieder Hackerangriffe gibt. Zwei Drittel der jüngeren Deutschen haben nichts gegen Geldgeschäfte über Amazon, Facebook oder Google.[4]

Die großen Techfirmen nutzen das mit all ihrer Macht. Und die ist beträchtlich. «Amazon, Apple oder Alibaba haben Vorteile wie große Finanzkraft, Markenbekanntheit und globale Kundenstämme», so Europas Finanzaufseher. «Vielfach können sie Daten aus ihren anderen Angeboten wie soziale Medien nutzen, um ihren Kunden maßgeschneiderte Angebote zu machen. Sie könnten daher bei verschiedenen Finanzprodukten bedeutende Marktanteile erobern.»

Hinter dem Angriff aufs Bargeld stehen märchenhafte Aufstiege wie der von Jeff Bezos. Der Amerikaner aus einfacheren Verhältnissen kniete vor 25 Jahren auf dem Fußboden seines Hauses in Seattle, um für seine neue Firma die ersten Bücher in Kisten zu packen. Bezos soll sein Geschäftsmodell auf eine Serviette gezeichnet haben: Ein oranger Kreis, darin das Wort *growth,* Wachstum. Darum ein paar Pfeile. *Growth* senkt die Kosten, das senkt die Preise, das bringt neues Wachstum. Und immer so weiter.

Inzwischen ist der Gründer von Amazon der reichste Mensch der Welt. Mit mehr als 110 Milliarden Dollar besitzt er mehr, als sechs Millionen Esten, Letten und Litauer im Jahr an Bruttoinlandsprodukt erwirtschaften. Bezos wollte seine Firma angeblich zunächst *Relentless* nennen, gnadenlos.

Die großen Digitalkonzerne sind an der Börse mehr wert als die meisten großen deutschen Aktiengesellschaften zusammen oder als die Großfirmen anderer Länder. «Diese Verschiebung der Gewichte zu einer Handvoll Unternehmen hat das Zeug dazu, die Weltwirtschaft stark zu verändern», analysiert die *New York Times.* Die Handvoll Firmen besiege die Konkurrenz, erobere Dominanz und schlage daraus unfair Kapital. *Relentless.*

Das Gewicht der Giganten

Börsenwert von Unternehmen in Milliarden Dollar, Stand 28.2.2020

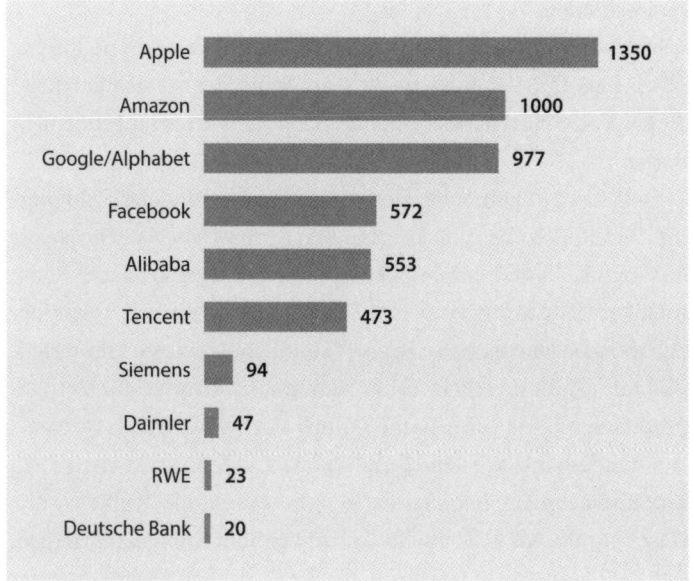

Quelle: Börsendaten

Die Kundschaft wird gelockt, bis die Konkurrenz ausgeschaltet ist, um dann monopolartig zu herrschen. Zuweilen erinnert das an das Geschäftsprinzip, das der Gangster Ciro di Marzio in der italienischen Fernsehserie *Gomorrha* einem Kleindealer so erklärt: «Was ist das Wichtigste? Der Markt. Sobald wir die anderen Wichser rausgedrängt haben, machen wir, was wir wollen.»

Stellt sich den Digitalkonzernen etwas in den Weg, gehen sie mit großer Härte vor. Selbst wenn die gewählte Regierung von Europas größter Wirtschaftsnation im Weg ist. Apple nutzt die NFC-Schnittstelle seiner iPhones, um bei Apple Pay kontaktlos Zahlungen zu übertragen. Andere Bezahl-Apps sperrte der Konzern aus. Die deutsche Regierung bereitete dagegen ein Gesetz vor. Apple soll über die US-Regierung interveniert und ein Gutachten verbreitet haben, wonach das Gesetz verfassungswidrig sei. «Ein absoluter

Ausnahmevorgang», so ein Parlamentsmitarbeiter. Die Regierung sah sich genötigt, das Gesetz in einer Nacht-und-Nebel-Aktion zu verabschieden.

Nun muss Apple Rivalen aufs iPhone lassen. Es ist ein politischer Scheinsieg. Der Vorstoß kam zu spät. Apple Pay hat sich bereits so breitgemacht, dass deutsche Banken kein Konkurrenzangebot mehr starten.[5]

Europa wirkt gegenüber dem Angriff internationaler Zahlungs-anbieter hilflos. Es gibt Sorgen, Pläne, sonst nichts. Durch die Abhängigkeit von internationalen Anbietern wird der Euro-Raum anfälliger für Störungen von außen wie Cyber-Risiken, warnt der französische Notenbanker Benoît Cœuré. Er verliere schlimmsten-falls im Zahlungsverkehr seine Autonomie. «Durch die Corona-Pandemie ist eine europäische Lösung noch wichtiger geworden», sagt Bundesbank-Vorstand Burkhard Balz. «Wenn sie keinen Erfolg hat, übernehmen amerikanische und chinesische Anbieter den Platz beim Kunden. Wir sollten nicht von ihnen abhängig werden. Der Zahlungsverkehr ist wichtig für die Wirtschaft.» Der Schweizer Banksoftware-Gründer Francisco Fernandez hält die Schlacht da-gegen schon für entschieden. «Beim Thema Zahlungsverkehr wer-den die Banken kaum mehr gegen die Techkonzerne ankommen. Dieser Zug ist abgefahren.»[6]

Die gläsernen Chinesen

Welchen Einfluss digitale Bezahlriesen gewinnen können, lässt sich in China studieren. Dort haben Anbieter wie Tencent mit WeChat Pay das Bargeld in nur fünf Jahren praktisch ersetzt. Junge Chine-sen tragen oft kein Portemonnaie mit sich. Die Nation zahlt zu 80 Prozent per Handy. Per Handy verlangen das Geld auch bud-dhistische Mönche und Straßenhändler, die illegal kopierte Filme verhökern. Noch gläserner wird der Kunde, wenn er wie Zhang Li-ming in Tianjin und andere per Gesichtserkennung zahlt.

Eine Milliarde Chinesen nutzt die Apps von Alibaba (Alipay)

und Tencent. Die Konzerne haben Plattformen geschaffen, über die Chinesen so gut wie alles tun – kaufen, sich schreiben, lesen, spielen, investieren, Zugtickets ordern, Arzttermine buchen, Anzeigen studieren, Geld schicken, Rechnungen begleichen und Kredite aufnehmen. Die Konzerne sammeln Daten ohne Ende. Sie locken Kunden mit Bonusleistungen, noch mehr Anwendungen zu nutzen.

Und sie wissen alles.

Wer im Laden eine Cola kauft, bekommt sofort die passende Werbung fürs nächste Produkt aufs Handy. Alibaba und Tencent lassen Algorithmen über alle Zahlungen laufen, erzählt der Finanzforscher Markus Brunnermeier. «Bei Wechat Pay ist für die Kreditwürdigkeit vorwiegend entscheidend, welche Online-Freunde jemand hat und ob er sich sehr oft an zwei verschiedenen Orten aufhält. Zum Beispiel bei der Familie und einer Freundin. Wer zusätzlich zur Ehefrau eine Freundin hat, gilt als scheidungsgefährdet und stellt ein höheres Kreditrisiko dar.»

Hinter dem Angriff aufs Bargeld stehen Konzerne wie Alibaba, gegründet von Jack Ma. Nach seinem Studienabschluss lehnten ihn 30 Arbeitgeber ab. Nicht mal eine Filiale von Kentucky Fried Chicken wollte ihn. All diese Firmen hatten offenbar Mas Zielstrebigkeit übersehen, seinen Willen. Mit eiserner Hand formte der Englischlehrer seine winzige Handelsfirma zum Weltkonzern. Sechs Tage die Woche zwölf Stunden am Tag zu arbeiten sei «ein Segen», gibt er Mitarbeitern vor. Aus der Gründung vor 20 Jahren in Mas kleiner Wohnung in Hangzhou wurde 2014 der damals größte Börsengang aller Zeiten – und Ma mit 40 Milliarden Dollar der reichste Chinese aller Zeiten.

Beim ersten G20-Gipfel in China flog Indonesiens Präsident Joko Widodo nach Hangzhou. Kanadas Premier Justin Trudeau überreichte heimischen Hummer, Italiens Premier Matteo Renzi heimischen Barolo. Aber nicht an Chinas Präsidenten Xi Jinping. Sondern an Jack Ma, Chinas neuen Kaiser.

Alibaba und Tencent arbeiten eng mit der Regierung zusammen.

Diese erhält auf Wunsch alle Daten – und schützt dafür die Konzerne vor ausländischer Konkurrenz. «Zusammen bauen sie China zu einer Digitalmacht auf, die das 21. Jahrhundert prägen wird: konsumorientiert und mächtig, aber unter steter Kontrolle der Kommunistischen Partei und im Dienste ihrer Interessen», analysiert Peking-Korrespondent Bernhard Zand. «Wenn Europa das verhindern will, muss uns bald etwas Besseres einfallen.»[7]

Es wäre nicht das erste Mal, das sich scheinbar ewige Rangordnungen umkehren. Traditionell waren die Industriestaaten die Gläubiger, der Rest der Welt die Schuldner. Inzwischen ist China Gläubiger der USA, die es bald als weltgrößte Wirtschaftsmacht ablösen könnte. Tencent expandiert schon über die Grenzen. Genauso wie Alibaba, das inzwischen einen der größten Geldmarktfonds der Welt verwaltet. «Alipay hat weltweit 500 Millionen Nutzer und wird sich als Erstes überall in Südostasien etablieren», sagt Finanzforscher Brunnermeier voraus. In Finanzfirmen in Südostasien und Indien pumpt der Konzern eine Milliarde Dollar. Er steigt auch bei Europas Fintech-Firmen wie Klarna aus Schweden oder der deutschen N26-Bank ein.

Handelsketten wie Gucci, Douglas oder Rossmann ermöglichen inzwischen, mit den chinesischen Apps zu zahlen. Zunächst geht es dabei um chinesische Touristen, bald vielleicht um westliche Konsumenten. Zwar schützen in Europa ganz andere Gesetze die Daten der Kunden als in China. Ein einflussreicher Notenbanker sagte mir allerdings unter dem Siegel der Anonymität, Europa sei für die Datenschutzprobleme mit solchen Anbietern nicht gerüstet: «Da gibt es noch viel zu tun.»

Der Weg zur digitalen Diktatur

Die chinesische Offensive kommt zu einer Zeit, da Digitalkonzerne und Staaten wie noch nie versuchen, den Bürger auszuspähen. In autoritären Regimes wie China sowieso, wo der Staat alles mitliest und das Land mit Überwachungskameras ausleuchtet. «Die Diktaturen des 20. Jahrhunderts erwiesen sich als instabil und ineffizient, da sie versuchten, Wirtschaft und Gesellschaft zentral zu steuern, was mit der damaligen Technologie nicht möglich war. Mit Big Data und KI wendet sich das Blatt», analysiert der Außenpolitikexperte Moritz Koch. «Algorithmen brauchen Daten, je mehr sie bekommen, desto klüger werden sie. Während liberale Demokratien digitale Rohstoffe mit Datenschutz verknappen, steht in Diktaturen der totalen Erfassung nichts im Weg.»

Die US-Armee veröffentlichte eine Studie, die vor einem neuen Konkurrenzmodell zum Westen warnt. Das 21. Jahrhundert werde durch das Ringen offener Demokratien mit digitalen Diktaturen bestimmt. China baue gerade eine solche digitale Autokratie auf. Die Regierung in Peking nutzte dabei den Ausbruch des Corona-Virus, um ihr flächendeckendes Überwachungssystem noch weiter auszubauen.

Auch in der westlichen Welt ändert sich etwas. Techkonzerne wie IBM und Microsoft sprechen auf Sicherheitsmessen führende Polizeileute an, um ihre Dienste anzubieten. Wie groß die Gefahr ist, zeigt die Enthüllung, wonach die kleine Firma Clearview eine gigantische Datenbank mit weltweit mehr als drei Milliarden Gesichtern aufgebaut hat. Sogar eine Wirtschaftszeitung wie die *Financial Times* forderte ein Moratorium für den Einsatz von Gesichtsscans.

«Wir müssen den Datenschutz ernster nehmen», fordert der Wirtschaftsweise Achim Truger. «Das sieht man nicht nur in Diktaturen wie China. Es gibt demokratische Rückschritte in Ländern wie Polen oder Ungarn, die man vor ein paar Jahren nicht für möglich gehalten hätte.» Generell verschieben sich die Gewichte in der Wirtschaftswelt von den Kunden zu den Firmen, sagt der Princeton-Ökonom Markus Brunnermeier. «Die Datenflut wird dazu führen, dass Firmen langfristig mehr über einen wissen werden als wir selber. Das erlaubt ihnen, unter den Kunden zu diskriminieren.» Mitunter wirken die amerikanischen und chinesischen Digitalkonzerne wie der lydische König Midas, dem alles zu Gold wurde, was er anfasste.

Das Ende des Bargelds würde den digitalen Finanzdienstleistern nutzen, die an jeder Transaktion verdienen, sagt Beat Grossenbacher von der Schweizerischen Nationalbank. Ulrich Horstmann fürchtet, dass die Menschen Teil eines großen Systems werden, alles kommerziell und digital messbar. «Ist eine Gesellschaft am Ende in der Gefahr, totalitär und überwachend zu werden und nicht mehr demokratisch und frei? Deswegen kämpfe ich auch dafür, dass das Bargeld erhalten wird. Weil das ein wichtiger Hebel ist, um diese Freiheit zu erhalten.»

Mancher Bürger mag sich darauf verlassen, dass die übermächtigen amerikanischen und chinesischen Digitalkonzerne irgendwann an ihrer gigantischen Expansion zugrunde gehen. Dass sie enden wie der lydische König Midas vor 2500 Jahren, der verhungerte, weil ihm alles zu Gold wurde, was er anfasste, selbst das Essen. Oder dass sie enden wie Pedro de Valdivia, einer der besonders goldgierigen spanischen Eroberer vor 500 Jahren, dem die indigenen Mapuche nach der Schlacht von Tucapel flüssiges Gold in den Rachen gossen.

Doch König Midas ist eine Sagengestalt und die Geschichte über Pedro de Valdivia nur dürftig belegt. Besser, die Bürger nehmen sich ein Beispiel daran, dass die Mapuche den spanischen Konquistadoren mehr als 300 Jahre widerstanden – und kämpfen dafür, das Bargeld zu erhalten.[8]

4. Vom Recht auf Bargeld:
Warum die Bürger zahlen sollen, wie sie wollen

Angriffe auf ihr Geld erlebten die Menschen zu allen Zeiten. In Frankreich erklomm 1286 Philipp IV. aus der Dynastie der Kapetinger den Thron, mit 17 Jahren. Nach einem Jagdunfall starb er bereits mit 46. Trotzdem bleibt er in Erinnerung, denn er etablierte Frankreich als Großmacht und zerschlug den Templerorden. Wegen seiner ritterlichen Maße erhielt Philipp den Beinamen *der Schöne.* Später gaben ihm die Franzosen den Beinamen *der Falschmünzer:* Er streckte für seine Eroberungen die Goldmünzen mit billigem Kupfer – und nötigte die Bürger durch Polizisten, das schlechte Geld anzunehmen.

Heute erleben die Bürger einen Angriff aufs Bargeld durch große Konzerne. Und durch Politiker und Ökonomen, die es abschaffen möchten, um Verbrechen zu bekämpfen. Doch die Menschen haben ein Recht aufs Bargeld. Sie sollen zahlen, wie sie wollen. Alles andere würde ihren Willen ignorieren. Das müssen die Regierungen akzeptieren.

Auch im Ursprungsland von Apple Pay sind Scheine und Münzen nach wie vor gefragt. Die Amerikaner zahlen jeden zweiten Einkauf unter 25 Dollar so. «Das Bargeld soll bleiben», erklärt die österreichische Rentnerin Waltraud Pacher. «Ich habe Geld gerne in der Hand. Wenn ich lese, will ich auch ein Buch in der Hand haben und keinen E-Reader.» Die deutlich jüngere Schülerin Andrea Gelo stimmt ihr zu: «Ich kann mir beim Fortgehen am Wochenende nicht vorstellen, ausschließlich mit Karte oder Smartphone zu bezahlen.» Drei von vier Deutschen fänden es schlecht, wenn es keine Münzen und Scheine mehr gäbe. Eine Mehrheit misstraut beim Zahlen Digitalkonzernen wie Apple.

«Die Schweiz wird als letztes Land Bargeld abschaffen»

In der Corona-Krise vermieden es zwar mehr Menschen, mit Bargeld zu zahlen. Doch gleichzeitig gewährten Münzen und Scheine den Menschen Sicherheit, wie in anderen Krisen zuvor. «Bargeld gewährt Gewissheit und Kontrolle, die digitalen Geldformen fehlen», sagt die Harvard-Professorin Shelle Santana, die die Psychologie des Geldes erforscht. Berater empfehlen als generelle Schutzmaßnahme, immer genug Bares zuhause zu haben, um damit ein paar Tage lang Einkäufe zu bezahlen.

Auch außerhalb solcher extremen Zeiten schätzen Menschen Münzen und Scheine. Gerade, um ihre Intimsphäre intim zu halten. «Bargeld hat einen wichtigen Vorteil, es ist anonym», sagt der Wirtschaftsweise Volker Wieland. «Die Zahlung wird in der Regel nicht in Verbindung mit meinem Namen registriert. Meine Daten werden dann nicht gesammelt. Das heißt, wer will, kann primär mit Bargeld zahlen, um damit weniger Daten zu generieren.»

Bargeldlose Anbieter haben ein großes Eigeninteresse, ob Kreditkartenfirmen oder Apple und Google, sagt Ulrich Horstmann. «Sie verdienen zunächst an den Gebühren, und sie kassieren von ihren Kunden eine Fülle persönlicher Daten. Die verkaufen sie dann gegen gutes Geld etwa an Marktforscher.»

Bei jeder digitalen Zahlung werden Daten über den Kunden gespeichert. Wer bar zahlt, entzieht sich dem. Er wird weniger gläsern für alle Mächte, die daran ein Interesse haben. Deshalb ist Bargeld Freiheit, die es zu verteidigen gilt.

«Im Gegensatz zum Bargeld», warnt der Buchautor Adrian Lobe, «kann beim digitalen Zahlen jede Transaktion nachvollzogen werden: wo man nachts an der Tankstelle noch eine Flasche Gin kauft, ob man Zigaretten erwirbt oder wie häufig man in der Apotheke Schmerztabletten holt. Daraus erstellen Algorithmen Risikoprofile, die auch unbescholtene Bürger unter Verdacht stellen, weil in den Modellen der Kauf eines Vorschlaghammers mit höherem Risiko gewichtet wird – auch wenn das Werkzeug nicht zu Einbruchszwecken, sondern im eigenen Garten gebraucht wird. Das interessiert Algorithmen nicht – sie operieren stur nach Schema F.»

Die Abschaffung des Bargelds zu verhindern heißt auch, kulturelle Unterschiede zu respektieren. Ja, Skandinavier zahlen zum größten Teil digital. Sie legen einfach weniger Wert auf Anonymität als andere Nationen. Wie viel der Kollege oder Nachbar verdient, ist über die Steuererklärung einsehbar, ohne dass dagegen protestiert würde. Schweizer, Italiener oder Deutsche legen mehr Wert auf Privatsphäre. Hier will man nicht, dass der Kollege oder Nachbar das eigene Gehalt kennt – und fragt auch nicht danach. «Die Schweiz wird das letzte Land sein, das das Bargeld abschafft», prophezeit Thorsten Hens, Finanzforscher an der Universität Zürich.

Die Bürger solcher Nationen sollten weiter bar zahlen können. Es gibt gute Gründe dafür. Wer über Bargeld verfügt, liefert sich der Technik nicht völlig aus. 2018 legte ein Brand bei der Telefongesellschaft Korea Telecom halb Seoul lahm, neben den Krankenhäusern auch die Zahlterminals. Die Einwohner der südkoreanischen Hauptstadt, die kaum noch Bargeld im Portemonnaie haben, konnten auf einmal nur noch bar zahlen. Binnen weniger Stunden waren alle Bankautomaten leergeräumt. Wem das zu fortschrittsskeptisch klingt, der hat nie einen Hurrikan oder Tornado erlebt, der den Strom und damit das Internet ausschaltet. Oder eine Corona-Pandemie. Im März 2020 waren US-Anlagefirmen wie Vanguard und Fidelity teils tagelang online off. Ausgerechnet, als Anleger auf den Börsen-Crash reagieren wollten. Solche Erlebnisse verunsichern.

Neben physischen Viren sind auch virtuelle Viren gefährlich. Was, wenn ein Cyberangriff das Zahlungssystem eines Anbieters lahmlegt, oder die halbe Volkswirtschaft? Dann verwandeln sich die Vorteile digitaler Zahlung in Nachteile. «Schwedische Behörden sagten uns, man könne die Bevölkerung in so einem Fall eine Woche mit Bargeld versorgen, bevor das totale Chaos ausbricht», erzählt der britische Verbraucherschützer James Daley. «Das ist ein weiterer Grund, nicht auf Bargeld zu verzichten.» Genauso wie die Tatsache, dass sozial Schwache oft nicht digital zahlen können.

Manche Menschen haben mit Münzen und Scheinen eine bessere Kontrolle darüber, wie viel sie ausgeben. Der österreichische Kellner Michael Mustafic findet, er habe einen anderen Bezug zu Ausgaben, wenn er 50 Euro in die Hand nimmt, um zu zahlen. Forscher ermittelten, dass beim Bargeld der stärkste Verlustschmerz entsteht. Der Käufer holt die Münzen und Scheine heraus, übergibt sie, bekommt Wechselgeld – er spürt, dass er etwas ausgibt. Mit der Karte verschwindet Geld unmerklicher. Und beim Smartphone merkt der Käufer noch weniger, dass er gerade seinen finanziellen Spielraum dezimiert. Rasant auszugeben, mag im Interesse der Konsumbranche liegen, aber nicht unbedingt des Konsumenten.

Konsumenten bekommen mitunter noch auf eine andere Weise zu spüren, dass sie ihr Geld besser zusammenhalten, wenn sie mit Bargeld zahlen. Der Finanzdienst Biallo.de stellte fest, dass Deutschen mit bestimmten Konten bei Sparkassen und Volksbanken heftige Gebühren für Kartenzahlungen abverlangt werden – jedes Mal im Schnitt 34 Cent. Morgens beim Kiosk, abends im Supermarkt: Wer zwei Mal täglich die Karte zückt, hat im Jahr rasch 400 Euro Kosten. Gern verstecken die Banken diese Gebühren. «Wenn die Banken in Zeiten von Corona dazu aufrufen, vermehrt bargeldlos zu zahlen, um sich und andere zu schützen, dann ist der Aufruf nicht so uneigennützig, wie er daherkommt», kritisiert der Verbraucherschützer Niels Nauhauser.[1]

Derzeit hat Bargeld einen weiteren Vorteil, der sich aus den überlieferten drei Funktionen des Geldes ableitet: Recheneinheit, Tausch- und Zahlungsmittel, Wertspeicher. Als Wertspeicher funktioniert Bargeld in normalen Zeiten nur eingeschränkt. Es kann gestohlen werden oder in Flammen aufgehen. Tresore sind teuer. Und weil es keine Rendite abwirft, verliert Bargeld durch die Inflation an Wert. Ein Minusgeschäft. Im momentanen Ausnahmezustand des Geldsystems jedoch ändert sich das Kalkül. Seit die Banken von manchem Sparer sogar Strafzinsen verlangen. «In Zeiten von Negativzinsen ist Bargeld plötzlich eine sehr attraktive Anlage», sagt mir Volker Wieland. «Unter anderem deshalb reichen Banken den negativen Einlagezins der Zentralbank nicht an Kunden weiter, zumindest nicht bei kleineren Sparsummen. Denn dann würde die Bargeldhaltung schnell attraktiv.»

Bargeld bietet also einen Schutz davor, dass Zentralbanken ihre Leitzinsen willkürlich weit unter null setzen – und Bürger fürs Sparen Zinsen zahlen müssen. Diesen Schutz vor Strafzinsen darf den Sparern keiner nehmen, indem er das Bargeld abschafft. «Ohne Bargeld hätte man die absolute Kontrolle und könnte stark negative Zinsen einführen», sagt Thorsten Hens.

Wie man mit Bar-Obergrenzen die italienische Mafia bekämpft

Schon lange wird vermutet, dass Regierungen genau das beabsichtigen: Bargeld abzuschaffen, um den Bürger völlig in der Hand zu haben. Der Staat könnte dann auf Kosten der Bürger mit negativen Zinsen von fünf Prozent seine Verschuldung verbilligen. Oder eine Sondersteuer auf Bankguthaben erheben, der sich der Sparer nicht entziehen kann, weil er kein Geld mehr bar abheben kann.

Diese Vermutungen atmen oft den Geist jener Verschwörungstheorien, die die etablierte Politik inzwischen alles Möglichen verdächtigen. Weil das Bargeld wichtig ist, lohnt es sich, die Frage genau zu untersuchen. Wollen Regierungen Bargeld wirklich abschaffen? Oder schränken sie es nur teilweise ein? Und wann ist das gerechtfertigt? Wie sollen sich die Bürger verhalten?

Tatsache ist, dass Ökonomen wie der Amerikaner Ken Rogoff das Bargeld tatsächlich abschaffen wollen. Der frühere Chefökonom des Internationalen Währungsfonds (IWF) zeigt gern ein Foto: Darauf sind Waffen zu sehen – und ein Berg Geldscheine. Bargeld fördert Kriminalität, soll das heißen.

Natürlich sind Verbrechern oder Terroristen anonyme Bündel von Scheinen lieber als digitale Zahlungen, die dokumentiert sind. Sie ermöglichen, Geld zu waschen. Bargeld erleichtert Gastronomen und Geschäften auch, Steuern zu hinterziehen. Nachdem der

Kunde gezahlt hat, wird der Betrag nicht verbucht oder die Buchung wieder storniert. Gerade in Südeuropa dezimierten Firmen so jahrzehntelang die Einnahmen, die Regierungen für notwendige Ausgaben für ihr Volk benötigen.

Bargeld erleichtert auch Bestechung. Der Kronzeuge in den Siemens-Prozessen zeigte mir mal seine Aktentasche: «Eine Million Euro passen da bequem rein.» Er lieferte tiefe Einblicke in den größten Korruptionsfall der deutschen Wirtschaftsgeschichte. «Ein Vorstand unserer Telekom-Sparte hatte immer den Spruch drauf: ‹Wenn mal was ist, haben wir jemanden, der mit einem von der Justiz in die Sauna geht. Dann ist das geregelt.› Das hat uns beruhigt. Es gab auch ständig neue Begründungen, warum geschmiert werden musste. Erst zahlte man, um den Auftrag zu bekommen, dann für die Einfuhrgenehmigung in das Land, später, damit der Kunde die Ware überhaupt bezahlte. Ein Vorstand wollte einmal Zahlungen stoppen. Da sagte ein Kollege: ‹Der wird schon sehen, was passiert, wenn die drei Russen, groß wie Schränke, vor seinem Haus stehen›.»[2]

Bargeld erleichtert Verbrechern und Bestechern das Geschäft. Das bedeutet jedoch nicht, dass man es abschaffen müsste oder sollte. Es spricht nur dafür, die Zahlung mit großen Summen einzuschränken. Und genau das ist es, was viele Regierungen tun: Sie schränken die großen Summen ein. Aber sie schaffen dabei das Bargeld keineswegs ab. Die große Staatsverschwörung gegen Scheine und Münzen findet nicht statt. Tatsache ist, dass Ken Rogoffs Ex-Arbeitgeber IWF mehrere Papiere veröffentlichte, die ein Ende des Bargelds nahelegen. Tatsache ist aber auch, dass kein Industriestaat entsprechende Gesetze vorgelegt hat. Das räumen selbst Staatskritiker wie Ulrich Horstmann ein: «Ein offenes Bargeldverbot stand so nie zur Debatte.»

Stattdessen beteuern Politiker und Notenbanker, dass sie keine Abschaffung vorbereiten. In der Schweiz sei das nicht geplant, so Beat Grossenbacher, Bargeldchef der Nationalbank. «Die Bevölkerung soll frei entscheiden können, wie sie bezahlen will.» «Es gibt keinerlei staatliche Absicht, das Bargeld zurückzudrängen», beteuert Bundesbank-Vorstand Joachim Wuermeling.

Was es gibt, ist der Versuch, Bargeld in den großen Mengen einzuschränken, die typischerweise Kriminelle verwenden. So gibt die Europäische Zentralbank keine 500-Euro-Scheine mehr aus, um Terrorismus und Schattenwirtschaft zu erschweren. In Ländern wie Griechenland, in dem Steuerhinterziehung jahrzehntelang epidemisch war, darf man höchstens 500 Euro in bar zahlen. In Frankreich sind es 1000, in Spanien 2500, in Italien 3000. Und diese Obergrenzen sollen weiter reduziert werden.

Das trägt Staaten wie Deutschland wegen deutlich großzügigerer Regeln inzwischen den Vorwurf ein, zu wenig gegen Kriminelle zu tun. Die Bundesrepublik gilt inzwischen als Zentrum der Geldwäsche in Europa. Jährlich waschen kriminelle Banden hier nach Schätzungen 100 Milliarden Euro, davon bis zu 30 Prozent über Immobilien – die dürfen in Deutschland bar bezahlt werden. Was in Italien oder Frankreich längst verboten ist. Zu Recht.

Welcher ehrliche Bürger hat es nötig, eine Immobilie bar zu bezahlen? Allen, die nichts zu verbergen haben, ist es viel zu umständlich und gefährlich, hunderttausende Euro in Scheinen herumzuschleppen. Wer es dennoch tut, hat im Zweifelsfall etwas zu verbergen. Er will Geld waschen oder Steuern hinterziehen. Oder beides. Auf jeden Fall muss man ihn nicht schützen.

Kritiker behaupten, Bargeld einzuschränken laufe auf ein Verbot hinaus. Diese Theorie erscheint übertrieben. Die meisten Bürger zahlen nur Beträge von bis zu 200 Euro bar. Was spricht dagegen, dass Italien es der Mafia unmöglich macht, Immobilien mit Drogengeld bar zu kaufen? Was spricht dagegen, dass deutsche Juweliere ab 10 000 Euro Barzahlung den Ausweis kopieren müssen?

Wem der Verzicht auf jede Obergrenze nutzt, fand vor einer Weile ein Kollege von der *Süddeutschen Zeitung* heraus. Er suchte Wirtschaftsbranchen, die eine angemessene Obergrenze wirklich einschränkt. Er fand nur eine einzige: Gebrauchtwagenhändler. Bei ihnen tauchen Käufer aus Osteuropa und dem Balkan auf, um Gebrauchtwagen für 30 000 Euro mit Bündeln von Scheinen zu bezahlen. Soll der Staat ihretwegen auf die Bekämpfung von Drogenhandel und Geldwäsche verzichten? Und bekämpft er nicht gerade Verbrechen, wenn er balkanesische Geldbündel untersagt?

Obergrenzen für Bargeld sind sinnvoll. Deshalb muss es aber niemand abschaffen. Es führt in die Irre, wie Ken Rogoff zu suggerieren, kein Bargeld sei das Allheilmittel gegen illegale Machenschaften. Terroristen und Kriminelle finden andere Wege. Sie nutzen zum Beispiel Kryptowährungen wie Bitcoin (siehe Kapitel *Kryptowährungen greifen Euro und Dollar an*).

Die Macht der Bürger

Obergrenzen für Bargeld sind sinnvoll. Die EZB, lange als Bargeldabschaffer verdächtigt, wacht darüber, dass die Euro-Staaten dabei nicht zu weit gehen. Nach Artikel 128 des EU-Vertrags wäre es auch kaum legal, Münzen und Scheine abzuschaffen. Übertrieben erscheint daher die Aufregung über den Plan der EU, Münzen von ein und zwei Cent zu untersagen. In Finnland, Belgien, Irland oder den Niederlanden gibt es sie ohnehin nicht oder kaum – ohne dass dort das Bargeld abgeschafft worden wäre. Die Abschaffung der kleinen Münzen hätte aber einen Vorteil. Supermärkte müssten mit den dämlichen Lockvogelpreisen aufhören: als ob ein Produkt für 7,99 nicht acht Euro kostet, sondern nur sieben. Und an der Kasse geht es schneller, wenn die Vorderleute nicht mehr 24,67 oder 17,93 Euro aus ihrem Portemonnaie kramen. Derzeit horten die Menschen 80 Prozent der kleinen Münzen zuhause, weil es ihnen zu mühsam ist, sie herumzuschleppen.

All diese Fälle lehren: Wenn der Staat Bargeld in gut begründeten Fällen einschränkt, will er es deshalb nicht gleich abschaffen. Das können die Bürger guten Gewissens glauben. Sie sollten mehr Energie aufwenden, den Konzernen etwas entgegenzusetzen, die Münzen und Scheine schleichend abschaffen, um ihren Gewinn zu maximieren.

Wenn sich die Bürger gegen die Zurückdrängung des Bargelds wenden, erzielen sie Erfolge. Österreichs Parteien erklärten kürzlich im Parlament ausdrücklich, Münzen und Scheine zu erhalten. Seit unter den Briten eine Debatte ausbrach, man könne nirgends Bargeld abheben, subventionieren die Banken Geldautomaten. In amerikanischen Städten wie New York, San Francisco und Philadelphia bewegt der Bürgerwille die Politik, bargeldlose Restaurants und Geschäfte zu verbieten. Selbst Digitalkonzerne beugen sich mitunter dem Druck: In einzelnen Läden von Amazon Go lässt sich inzwischen bar zahlen. Das sind alles achtbare Ergebnisse.

Die Bürger sollten weiter Druck machen. Denn die Digitalkonzerne, die Münzen und Scheine abschaffen wollen, sind mächtig. Sie gefährden das Recht auf Bargeld, das essenziell ist: Die Menschen sollen zahlen, wie sie wollen.

Wer für Bargeld kämpft, hat die Geschichte auf seiner Seite. Bisher gab es zwei Phasen, in denen Münzen verbreitet waren: Die griechische und römische Antike und, nach dem Mittelalter, die Neuzeit ab 1500. Diese Phasen zeichnen sich dadurch aus, dass in der Antike demokratische Ansätze begannen, die sich in der Neuzeit durchsetzten. In beiden Phasen waren auch Eigentumsrechte verbreitet, die für eine Marktwirtschaft und damit für den Wohlstand einer Gesellschaft unverzichtbar sind.

Nun rufen Bargeldabschaffer eine neue münzlose Ära aus. Neben den Digitalkonzernen tut dies auch mancher Weltverbesserer. Womöglich sollten wir uns an die beiden bisherigen Phasen der Weltgeschichte erinnern, die münzfern waren: das tauschende Altertum und das Mittelalter, in dem man zuweilen mit Mägden und Eichhörnchenhaut rechnete. Beide Phasen waren davon bestimmt, dass die Masse keinerlei Demokratie erlebte, sondern feudalen Herrschern unterworfen war. Wie verlockend ist eine Rückkehr der Feudalherrscher, und sei es im Gewand globaler Digitalkonzerne?[3]

5. Sparers Alptraum:
Eine Welt ohne Zinsen

Die Bankfiliale, in der Georg Simbeck arbeitet, liegt am Münchner Marienplatz, beim Rathaus mit dem berühmten Glockenspiel. Hierher strömen jedes Jahr Millionen Touristen aus Amerika und China, Italien und Großbritannien, der Schweiz und Österreich. Manche holen sich in Simbecks Bank Geld. Doch dieses Geld hat sich völlig gewandelt, egal ob hier oder auf ihren Konten zuhause, in aller Welt.

Das Geld hat sich radikaler gewandelt als jemals in Georg Simbecks Berufsleben, und das dauert schon lange. Als er 1975 bei der Stadtsparkasse anfing, regierte in Amerika ein gewisser Gerald Ford, und in China Mao Zedong. Männer trugen Koteletten und Frauen zu große Brillen, eine zehnjährige US-Staatsanleihe trug acht Prozent Zinsen. Aus 1000 Dollar wurden am Jahresende sehr befriedigende 1080, dann 1160 und so weiter. Das war normal und blieb es die nächsten Dekaden, ob in Amerika, Großbritannien, der Schweiz oder Deutschland. Die Koteletten und großen Brillen verschwanden, die hohen Zinsen nicht. Mal waren es auch sechs oder nur vier Prozent oder, in Italien, 14 Prozent.

Wer heute sein Geld klassisch anspart, bekommt fast nichts. Ob in Georg Simbecks Filiale oder auf den Konten zuhause, in aller Welt. Und das seit zehn Jahren. Die Notenbanken haben ihre Leitzinsen nahe null gesenkt, oder darunter. 1000 Dollar bleiben am Jahresende 1000 Dollar. Wer deutsche oder Schweizer Anleihen kauft, dessen Ersparnis schrumpft sogar.

Jetzt sind auch die Zinsen verschwunden. Es ist das Ende des Geldes, wie wir es kennen.

Deutsche sind zum Sparen erzogen –
andere Nationen auch

Der Angriff auf die Zinsen stellt das Weltbild vieler Menschen auf den Kopf. Wer sein Geld brav aufs risikolose Sparkonto trägt, statt es auszugeben, den belohnten bisher Zinsen. Wer sich dagegen Geld leiht, der bezahlte bisher Zinsen. Jetzt wird Sparen nicht mehr belohnt, dafür aber das Schuldenmachen. Wer sich Geld leiht, zahlt kaum noch was. Das ist, als ob man plötzlich bei Rot über die Straße gehen darf, aber bei Grün stehenbleiben muss. Das stellt das Weltbild vieler Touristen auf den Kopf, die in Georg Simbecks Filiale am Marienplatz kommen. Und seine eigene auch.

1975 gingen Bankangestellte wie Simbeck zum Schulbeginn in die ersten Klassen und teilten Sparbüchsen aus, in blau, gelb und rot. Da stopften die Kinder dann Münzen und Scheine rein. Zum Weltspartag kamen sie in die Filiale, mit Oma, Opa, Eltern. Da hingen Luftballons, sie bekamen Geschenke. «So wurde man zum Sparen erzogen», sagt Simbeck. Er selbst als Kind auch. Manchmal kam ein Sparkassenmitarbeiter in die Schulklasse des kleinen Georg, um die Ersparnisse einzusammeln. Wenn sein Banknachbar mehr in der Büchse hatte, schämte er sich.

So oder ähnlich wurden ganze Nationen zum Sparen erzogen. Den Weltspartag erfanden 1924 in Mailand Delegierte aus Amerika und Japan, Italien und Großbritannien, der Schweiz und Österreich, 27 Nationen waren es. Natürlich dauerte die Erziehung. So bei den Deutschen, die ausländische Beobachter im 17. Jahrhundert als Volk charakterisierten, das lustig mit Geld um sich werfe. Seit dem frühen Christentum hatte es als sündig gegolten, Zinsen zu nehmen. Um 1900 besaß dann schon jeder dritte Deutsche ein Sparbuch und freute sich über die Zinsen.

«Man gibt das Geld nicht aus. Das ist etwas Schlechtes», beschreibt der Historiker Werner Abelshauser die Haltung. Abelshauser ist selbst ein Sparer, hat ein Haus bei Bielefeld und eine Wohnung in Berlin. Er sagt von sich: «Ich esse lieber Bohnensuppe statt

Gänseleber.» Besonders erziehen Sparschweine aus Keramik. Die muss man mit dem Hammer kaputtschlagen, um das Geld auszugeben. Wer das tut, zertrümmert sozusagen seinen Anstand.[1]

Diese moralische Tiefenprägung kollidiert mit einer Gegenwart, in der Sparen bestraft, aber Schuldenmachen belohnt wird. Es fühlt sich an wie ein Angriff auf die gewohnten Zinsen. Es ist ein Ausnahmezustand des Geldsystems. «Das ist einfach eine Katastrophe für die Sparer, wenn das Geld immer weniger wert wird», schimpft Österreichs Finanzminister Gernot Blümel.

Für den Weltspartag geben sie sich in Georg Simbecks Filiale keine besondere Mühe mehr, sie hängen keine Luftballons mehr auf. Es kommen nur noch ein paar Kinder mit Sparbüchsen.

Die Nullzinsen krempeln das Leben von Millionen Menschen um. Sie erodieren ihre Altersvorsorge, erzeugen Wut und Frust, lassen Bürger an ihren Politikern zweifeln, an der ganzen Gesellschaftsordnung. Nach zehn Jahren Niedrigzinsen fühlt sich mancher wie jene Sumerer vor 5000 Jahren, die nicht genug Silber-Schekel erwirtschafteten, so dass ihre Kinder Sklaven wurden. Im Folgenden wird genau untersucht, woher die Nullzinsen kommen. Welchen Anteil daran Notenbanken wie die US-Fed und die Europäische Zentralbank haben – und wie jeder Sparer darauf reagieren kann, um sein Geld zu retten.

Vorab muss gesagt werden, dass Millionen Sparer in den Industriestaaten einer Illusion unterliegen. Sie vergleichen die aktuellen Nullzinsen mit den vier, sechs, acht Prozent früherer Jahrzehnte. Sie blenden dabei aus, dass diese nominalen Zinsen gar nicht darüber entscheiden, wie viel Geld im Sinne der Kaufkraft jemand am Ende wirklich hat, wie viel er sich davon kaufen kann. Darüber entscheiden die realen Zinsen, also nominale abzüglich der Inflation, die das Geld entwertet. Doch während die Inflation heute meist unter zwei Prozent liegt, war sie früher viel höher. Die hohen nominalen Zinsen brachten den Menschen früher weniger reale Zinsen, als sie denken. Der Unterschied zu heute ist geringer, als sie glauben.

In den 30 Jahren von 1967 bis 1998 brachte ein deutsches Sparbuch im Schnitt pro Jahr reale Zinsen von null, rechnet der Ökonom Peter Bofinger mit Zahlen der Bundesbank vor. Das lässt grundsätzlich zweifeln, ob viele Bürger sinnvoll sparen. Sie müssten ihre Ersparnisse anders anlegen, um der Nullzinsmisere damals wie heute zu entfliehen. Sonst können sie tatsächlich nur Bohnensuppe essen (Empfehlungen im Kapitel *Wie Sparer der Zinsfalle entkommen*).

Tatsache ist, dass sich bei vielen Sparern große Wut anstaut. Zum einen, weil sie eben fälschlicherweise auf die nominal hohen Zinsen von früher schauen, ohne den Verlust durch die Inflation zu berücksichtigen, wie Georg Simbeck beobachtet. «Was real herauskommt, weiß einer von zehn.» Sie unterliegen also der Illusion. Aber nicht nur. Gleichzeitig stimmt es, dass auch die *realen* Zinsen nach Inflation geringer sind als früher. Warfen deutsche Sparbücher von 1967 bis 1998 real null ab, waren es in den vergangenen acht Jahren sogar minus 0,7 Prozent. Kein riesiger Unterschied, aber doch ein Unterschied.

Gewinner und Verlierer

Und die meisten Sparer entfliehen eben nicht der Nullzinsmisere, indem sie Ersparnisse sinnvoller anlegen. Die Gegenwart teilt Georg Simbecks Kunden mehr denn je in Gewinner und Verlierer. Verlierer sind die, die sich auf Zinsprodukte wie Sparbuch und Tagesgeld fixieren. Gewinner sind die, die Aktien kaufen oder eine Wohnung. Aber das ist eben eine Minderheit, nur zehn Prozent seiner Kunden haben ein Aktiendepot. Macht sehr viele Verlierer.

Das ist die Situation ganzer Nationen. Während 40 Prozent der Amerikaner Aktien oder Aktienfonds halten, tun das nur zehn bis höchstens 20 Prozent der Franzosen, Schweizer, Dänen, Österreicher oder Deutschen. Obwohl Ökonomen nachweisen, dass Aktien und Immobilien über viele Jahrzehnte im Schnitt sehr viel abwerfen, selbst wenn es gelegentlich Crashs gibt. Trotz dieser langfristigen Überlegenheit von Aktien und Immobilien liegt wie bei anderen Nationen fast das halbe Vermögen der Österreicher auf Sparkonten. «Durch die ständigen Niedrigzinsen wird das Geld immer weniger wert», klagt Finanzminister Blümel. Es ist ein Ausnahmezustand des Geldsystems.[2]

In fast allen Industriestaaten werfen zehnjährige Staatsanleihen real Zinsen von unter null ab – sie kosten also Geld. Tagesgeldkonten werfen in Frankreich, Belgien, den Niederlanden nominal 0,01 bis 0,02 Prozent ab – sie kosten nach Inflation richtig Geld. Jedem deutschen Sparer entgingen im vergangenen Jahrzehnt im Schnitt bei Sparkonten, Versicherungen und ähnlichen Produkten 11 000 Euro Zinsen. Weil die meisten Bürger wenige zehntausend Euro Vermögen haben, ist das sehr viel. «Die häufigste Frage amerikanischer Investoren lautet: Wo kann ich Zinsrendite finden?», so der Geldmanager Jim Bianco. «Doch für alle, die auf die Rückkehr früherer Zeiten hoffen, gibt es eine schlechte Nachricht.» Der Volkswirt Jürgen Michels formuliert sie so: «Wir sehen in Niedrigzinsen einen Megatrend, dessen wirtschaftliche und gesellschaftliche Folgen uns wahrscheinlich Jahrzehnte begleiten.»

Die Niedrigzinsen erschüttern das Vertrauen vieler Bürger ins Geldsystem, und das ist heikel. Geld basierte in seiner vieltausendjährigen Geschichte vor allem auf Vertrauen. Wenn Regenten wie Friedrich III. vor 500 Jahren die Münzen manipulierten und eine Hyperinflation auslösten, geriet etwas Größeres in Gefahr. Dies gilt umso mehr, seit Goldmünzen durch Papiergeld abgelöst sind, das keinen Materialwert hat – und vom Vertrauen in die Zentralbanken lebt.[3]

Als ich Georg Simbeck 2013 das erste Mal in seiner Bank am Marienplatz traf, hatte mit der EZB eben so eine Zentralbank gerade ihre Leitzinsen nahe null gesenkt. Ein langjähriger Kunde rief ihn an. Er fragte Filialleiter Simbeck im Scherz, ob er bald sogar zahlen müsse, wenn er der Bank sein Geld anvertraue.

Als ich Simbeck 2020 erneut treffe, ist genau dieser apokalyptische Scherz längst Realität. Zahlreiche Banken in Deutschland, den Niederlanden oder der Schweiz verlangen von ihren Kunden Strafzinsen. Zwar können dies die meisten Sparer vermeiden, wenn sie aktiv werden. Doch dass es diese Strafzinsen überhaupt gibt, kommt für die überlieferte Sparermoral einer Apokalypse gleich: Wer sein Geld auf die Bank trägt, muss dafür zahlen?

Verwahrentgelt nennen die Banken die Strafzinsen. Offenbar aus Furcht davor horten Bürger in Ländern wie der Schweiz und Österreich Bargeld. In Deutschland hat heute jeder im Schnitt 3000 Euro zuhause, obwohl Fachleute abraten: Das zieht Einbrecher an, und Gewinn wirft Zuhause-Cash nicht ab.[4]

Seit meinem ersten Besuch bei Simbeck 2013 haben sich seine Kunden abgewöhnt, nach Zinsen zu fragen. Das zeigt, wie sehr sich das Geldsystem im Ausnahmezustand befindet, und wie lange schon. Je länger die Situation dauert, desto tiefer beißt sie, bis auf die Knochen. Als sich 2020 die Corona-Pandemie ausbreitete, merkten es die Sparer noch mehr. Die Angst um den Arbeitsplatz, Einbußen durch Kurzarbeit, Börsenbeben, all das verunsicherte sie finanziell ohnehin. Nullzinsen quälen da noch stärker.

Arm im Alter

Am bedrohlichsten sind die langfristigen Auswirkungen. Als ich Simbeck 2013 traf, sprang er nach einigen Minuten von seinem Stuhl auf und lief heraus. Als er wiederkam, schwenkte er ein Papier, auf dem eine rote Säule bedrohlich aufragte. Sie zeigte, wie tief sich lange Lebensdauer und geringe Geburtenraten in vielen Industriestaaten ins Rentensystem fressen. Nach dem Zweiten Weltkrieg kamen in Deutschland sechs Arbeitnehmer auf einen Rentner, dessen Altersbezüge sie finanzierten. Bald werden es nur zwei sein.

Einem vierzigjährigen Durchschnittsverdiener wird verglichen mit seinem Lohn viel Geld fehlen, wenn er in Ruhestand geht. Jeden Monat 800 Euro, zeigte die rote Säule. Wer zu wenig spart, wird arm sein. Doch die Nullzinsen reißen ein Loch in die Spar-Vorsorge. «Altersvorsorge», sagte Simbeck 2013, «wird in 15 Jahren das größte Problem sein.»

Das ist einige Jahre her. Inzwischen haben sich die Nullzinsen weitere Jahre in die Vorsorge hunderter Millionen Menschen der Industriestaaten gefressen. Und zwar umso stärker, je mehr die auf Zinsprodukten beruht. Ein volles Drittel des Vermögens der Deutschen sind Ansprüche an Lebensversicherer, Versorgungswerke, Pensionskassen, die vor allem in Zinsprodukten anlegen.

«Die Altersvorsorge vieler Kunden verliert an Wert. Auf lange Sicht führt das zu verstärkter Altersarmut», warnt Marija Kolak, Präsidentin der deutschen Volksbanken. «Das Frustpotenzial der Menschen nimmt zu. Wir denken, dass die Niedrigzinspolitik der EZB mindestens fünf weitere Jahre Bestand hat.» Niedrigzinsen verwüsten das US-Alterssystem, analysiert die *Financial Times,* weil Firmen und Pensionskassen Zahlungen an die Rentner kürzen. Es kommt eine Generation, der nach dem Arbeitsleben Verarmung droht, so Andreas Treichl, lange Jahre Chef der österreichischen Bank Erste Group. «Wir müssen am Pensionssystem arbeiten. Eine Möglichkeit sind Aktien.»

Als ich Georg Simbeck 2020 erneut treffe, zieht er eine Schublade seines Schreibtischs auf. Er hat die Angebote ja alle da, Vorsorge über Immobilien und Aktien. Die Sparer hätten davon profitieren können, dass sich die Immobilienpreise in deutschen Großstädten in den letzten zehn Jahren verdoppelt haben und Standardaktien mehr als das. Daran hatten jene Sparer teil, die ihr Geld in unterschiedlichen Formen angelegt haben. Simbeck kann davon durchaus Kunden überzeugen. Aber die meisten Menschen in den Industriestaaten sorgen mit maladen Zinsprodukten fürs Alter vor – womit sie gerade nicht vorsorgen. Klar ist auch: Reichere können den niedrigen Zinsen leichter entfliehen. Sie besitzen genug, um Wohnungen zu kaufen und Aktiencrashs wie in der Corona-Pandemie auszusitzen. So verstärken die Nullzinsen die ohnehin zunehmende Ungleichheit.[5]

Die Wut auf EZB, Fed & Co.

Die Wut der Bürger in den Industriestaaten richtet sich gegen die Regierungen und vor allem gegen die Zentralbanken, die die Leitzinsen senken und so das Problem verschärfen. Besonders in Europa, wo die Europäische Zentralbank in den vergangenen Jahren besonders aggressiv vorgegangen ist. Der deutsche Sparkassenpräsident Helmut Schleweis warf der EZB vor, das Leben von Millionen Menschen zu verschlechtern. Harte Kritik äußern vor allem Konservative wie der österreichische Finanzminister Gernot Blümel und selbst Ex-Notenbanker wie Otmar Issing oder der Schweizer Bruno Gehrig, der EZB-Chefin Christine Lagarde eine «absolute Fehlbesetzung» nennt. Schweizer Bankiers kritisieren ihre nationale Notenbank. 61 Prozent der Deutschen lehnen die Geldpolitik inzwischen ab. Mit unbegrenztem kostenlosem Geld wird spekuliert und eine Blasenökonomie erzeugt, warnt Nicolas Baverez in *Le Figaro*. Der Essayist sieht die Nullzinsen als Hauptgrund für wirtschaftliche Stagnation, Verarmung der Mittelschicht – und den Populismus, «der den Kontinent wie eine Schockwelle überrollt und seine Demokratie bedroht».

Längst haben Rechtspopulisten, Crashpropheten und Boulevardmedien die sachlich diskutable Kritik für ihre Zwecke verdreht. Das meistverkaufte deutsche Boulevardblatt *Bild* montierte dem langjährigen EZB-Chef Mario Draghi wiederholt auf der Titelseite Vampirzähne an: «So saugt Graf Draghila unsere Konten leer.» Kein Wunder, dass 61 Prozent der Deutschen die europäische Geldpolitik ablehnen. Der italienische Lega-Boss Matteo Salvini schimpfte als Vizepremier auf die Zentralbank. Dies alles beeindruckt die Menschen. «Europas Wähler scharen sich von Berlin bis Rom hinter Populisten, die die EZB attackieren», analysiert das *Wall Street Journal*. Auch in den USA kapern Populisten den Diskurs über die Zentralbanken. Präsident Donald Trump verkündet regelmäßig, die Notenbank Fed liege total falsch.[6]

Es geht also um nichts Geringeres als die Zukunft der Demokratie, wenn im Folgenden die Gründe für die Nullzinsmisere seziert werden. Woher genau kommen die niedrigen Zinsen? Welche Rolle spielen die Zentralbanken? Und wie geht das alles im Schock der Corona-Pandemie weiter?

Es geht auch um die Situation hunderter Millionen Sparer in den Industriestaaten und wie sie sich verbessern lässt. Bei aller verständlichen Wut ist festzuhalten, dass diese Sparer nicht erst seit ein paar Jahren Geld verlieren, sondern seit Jahrzehnten, weil sie sich auf traditionelle Sparprodukte fixieren. Vor allem konservative Anleger wie Franzosen, Schweizer, Dänen, Österreicher oder Deutsche. «Zeitweise negative reale Zinsen auf kurzfristige Spareinlagen gab es in den 1970ern bis 2000ern», so Bundesbankchef Jens Weidmann, der durchaus als Kritiker mancher EZB-Aktion aufgefallen ist.

Die eine Rechnung ist, dass jedem deutschen Sparer bei seinen klassischen Sparprodukten im vergangenen Jahrzehnt 11 000 Euro Zinsen entgingen, zusammen 650 Milliarden Euro. Die Gegenrechnung besagt, dass sich die Immobilienpreise in deutschen Großstädten verdoppelten und Standardaktien mehr als das. Daran haben jene Sparer teil, die ihr Geld breit in unterschiedlichen Formen anlegen. Doch die meisten Sparer in den Industriestaaten haben genau das getan, was mir der Historiker Werner Abelshauser voraussagte, als die EZB 2013 die Zinsen nahe null gesenkt hatte: «Die Sparer werden zähneknirschend auf ihrem Tagesgeldkonto hängenbleiben und Geld verlieren.» Wie sie das ändern können, steht im Kapitel *Wie Sparer der Zinsfalle entkommen*.[7]

6. Finanzkrise, Alterung, Stagnation:
Was die Zinsen noch lange niedrig hält

Es war kurz vor der Finanzkrise 2008, als der britische Historiker Niall Ferguson und der deutsche Ökonom Moritz Schularick gemeinsam ein neues Wesen entdeckten: *Chimerika,* die Symbiose der Supermächte China und Amerika. Heute sind die beiden Staaten erbitterte Rivalen um die globale Vorherrschaft. Damals war es viele Jahre «eine himmlische Ehe», so Ferguson und Schularick. China exportierte, Amerika konsumierte. China sparte viel, wodurch Amerika billig Geld leihen konnte. Beide Nationen boomten. Obwohl beide nur zehn Prozent der Erdoberfläche bedecken, vereinten sie in der Dekade vor der Finanzkrise 50 Prozent des globalen Wirtschaftswachstums auf sich. Sie boomten beispiellos.

Allerdings barg die Schwemme an billigem Geld den Keim des Desasters: Sie begünstigte in den USA Spekulationen, die die Finanzkrise auslösten und die Weltwirtschaft abstürzen ließen.

USA, Deutschland, Japan:
Die Zinsen sinken überall seit langem

Den internationalen Blick haben sich die beiden Zeitdiagnostiker erhalten, Niall Ferguson genau wie der damals erst 33-jährige Moritz Schularick. Als ich ihn in einem Bonner Café mit dem unschlagbar altbackenen Namen «Sahneweiß» treffe, hält er dem nationalen Blick enttäuschter Sparer in Amerika, Italien oder Deutschland genau das entgegen: den internationalen Blick. Genau der ist nötig, um den Niedrigzinsen auf den Grund zu gehen. Denn es ist eine Illusion zu glauben, die Notenbanken seien maßgeblich für die niedrigen Zinsen verantwortlich. Analysiert man die gesellschaftlichen und ökonomischen Trends der vergangenen Jahrzehnte, sieht man, dass andere Faktoren wichtiger für die Zinsen sind. «Die Zentralbanken haben die Zinsen gedrückt», sagt Schularick. «Aber Niedrigzinsen sind ein globales Phänomen. Die Zinsen sind auch in Märkten gefallen, die Zentralbanken nicht direkt beeinflussen.» Die Zinsen fielen überall in den Industriestaaten auf historische Tiefs, und zwar lange bevor die EZB mit ihrer lockeren Geldpolitik begann.

Sparer überschätzen die Macht von Zentralbanken. In der Welt geschieht so viel, dass die Währungshüter Getriebene sind. Die Finanzmärkte sind das Pferd, das sie zieht, argumentiert Neil Irwin in der *New York Times:* «Die Zentralbanken versuchen lediglich, ihre Geldpolitik an die Realitäten anzupassen: Eine Schwemme an Ersparnissen, alternde Gesellschaften und schwache Produktivität, die Wachstum und Inflation beständig drückt.» Starb der Zins auf natürliche Weise oder wurde er umgebracht?, fragt Thomas Mayer. Der Ex-Chefvolkswirt der Deutschen Bank macht einen Einzeltäter verantwortlich: die Zentralbanken. Doch er muss einräumen, dass die meisten Ökonomen das anders sehen – dass sie vor allem andere Gründe für die Niedrigzinsen sehen. Die Spurensuche führt zu mächtigen wirtschaftlichen und gesellschaftlichen Trends unserer Zeit: Unsicherheit nach der Finanzkrise, Alterung, Ungleichheit, Stagnation, Digitalisierung und Globalisierung.

Flucht in Sicherheit

Der erste Trend, der die Zinsen drückt, ist ziemlich jung: Es handelt sich um die Unsicherheit, die die Finanzkrise 2008 ausgelöst hat. Weltweit fürchteten Bürger, ihre Ersparnisse zu verlieren. Der damalige deutsche Finanzminister Peer Steinbrück schildert, wie tief der Abgrund war. Wie die Panik wuchs. Steinbrück und Kanzlerin Angela Merkel traten vor die Kameras, hinter sich der Berliner Reichstag, feierlich versprachen sie: «Wir sagen den Sparern, ihre Bankeinlagen sind sicher.» Diese historische Garantie war ein Bluff.

Die Zinsen fallen in den Keller

Nominale Renditen zehnjähriger Staatsanleihen

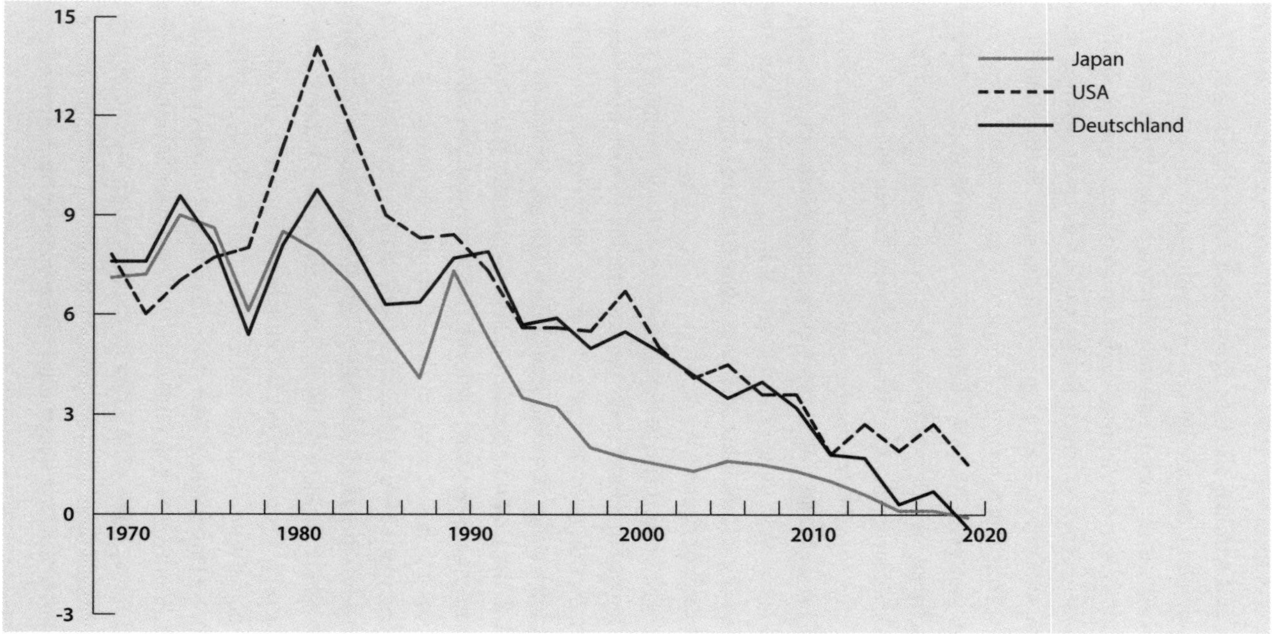

Japan
USA
Deutschland

15 12 9 6 3 0 -3

1970 1980 1990 2000 2010 2020

Quelle: Börsendaten

Der Staat hätte das Geld gar nicht so schnell zusammengekriegt, wenn wirklich alle ihre Ersparnisse abgehoben hätten. Der Bluff war nötig, um die Bürger zu beruhigen, weil sonst das ganze Finanzsystem zusammengebrochen wäre wie in den 1930er Jahren. So tief war der Abgrund. «Sie kommen manchmal in ihrem politischen Leben an einen Punkt, wo Sie so etwas machen müssen», sagte Steinbrück, als er später mit mir über diesen Moment sprach.

Nach dem Schock der Finanzkrise flüchteten die Bürger weltweit in Anlagen ohne Schwankungen wie Sparkonten. In Europa verschärfte sich das durch die Eurokrise. Private Sparer ebenso wie Versicherungen oder Pensionsfonds kaufen bis heute bevorzugt Anleihen sicherer Staaten wie der USA oder Deutschland. Diese Übernachfrage drückt die Zinsen, die weltweit seit der Finanzkrise wie ein Stein in den Keller fielen. Manche Staaten geben Anleihen fast ohne Zinsen aus, die über hundert Jahre laufen – und finden trotzdem Käufer.[1]

Die Finanzkrise ist eine Weile her, doch die Angst ist geblieben. Genährt durch die neue Aggressivität in der Welt, in der nach politisch ruhigeren Jahren auf einmal im Wochentakt Mächte wie China, Saudi-Arabien, Iran, Syrien, Türkei, Russland, Nordkorea und die USA aufeinanderknallen. Gerade die Wandlung der USA zum Aggressor durch Donald Trump verstört. Als ich Georg Simbeck im Januar 2020 in der Filiale am Marienplatz besuche, hat Trump gerade den iranischen General Ghassem Soleimani liquidieren lassen. «Die Leute haben Angst, dass Trump einen Krieg anfängt», berichtete Simbeck. Die Unsicherheit nähren auch Ereignisse mit direkten wirtschaftlichen Konsequenzen wie Trumps Handelskriege mit der halben Welt und der britische EU-Austritt. Diese Unsicherheit führt dazu, dass Kunden bei der Geldanlage immer noch eine Garantie extra wollen, so der Vermögensverwalter Andreas Enke: «Die Angst ist übermächtig.» Was für eine traurige Pointe: Populisten wie Trump und Boris Johnson, ins Amt gespült durch die Wut frustrierter Arbeitnehmer und Sparer, erzeugen noch mehr Unsicherheit.

Allein die Deutschen halten 2,4 Billionen Euro auf Giro- und Tagesgeldkonten. Damit haben sie dort 500 Milliarden Euro mehr an-
gesammelt als 2014, als Minuszinsen in der Eurozone eingeführt
wurden. Ein ähnliches Bild zeigt sich in anderen Ländern. «Durch
die Flucht in Sicherheit kaufen Anleger so viel, dass sich das
Volumen der Anleihen mit negativen Zinsen 2019 auf 14 Billionen
Dollar verdoppelte», berichtet der US-Investor Jim Bianco.

Geht die Weltwirtschaft in die Knie wie während der Corona-
Pandemie, verschärft sich dieser Trend. Wirtschaftliche Einbußen,
die Angst um den Job oder sein Verlust: All das lässt Sparer nach
Sicherheit suchen. Den sicheren Hafen finden Sparer in Sparbüchern und Staatsanleihen. Doch es ist eine trügerische Sicherheit,
weil die Übernachfrage die Zinsen drückt – und damit die Ersparnisse in Wahrheit schrumpfen. *Sicherer Hafen* ist so irreführend wie
die Sprachschöpfungen in George Orwells Dystopie *1984,* warnt der
Fondsmanager Christoph Bruns: «Wie in 1984 das Liebesministe-
rium tatsächlich ein ruchloser Repressionsapparat ist, könnten sich
die sicheren Häfen als Vermögensgrab herausstellen.»

Die Alterungswelle

Sparer drücken also durch ihre Übernachfrage die Zinsen – und
verschärfen so unabsichtlich die Misere, die sie beklagen. Diesen
Mechanismus löst nicht nur die Flucht in Sicherheit aus, sondern
auch eine andere Übernachfrage: Die Menschen sparen immer
mehr, weil sie bei immer niedrigeren Rentenniveaus für ein immer
längeres Leben vorsorgen müssen. Die Bürger im Westen leben
doppelt so lange wie Ende des 19. Jahrhunderts. Gleichzeitig werden halb so viele Kinder geboren wie 1950. Die westlichen Gesellschaften altern und schrumpfen. Dies ist ein Trend, der schon sehr
lange auf die Zinsen drückt, seit 1980, schätzt der Ire Philipp Lane,
Chefvolkswirt der EZB.[2]

Die Menschen werden immer älter, aber sie arbeiten nicht entsprechend länger. In vielen Industriestaaten verdoppelte sich der

Globale Sparschwemme
Ersparnisse als Anteil der Weltwirtschaftsleistung

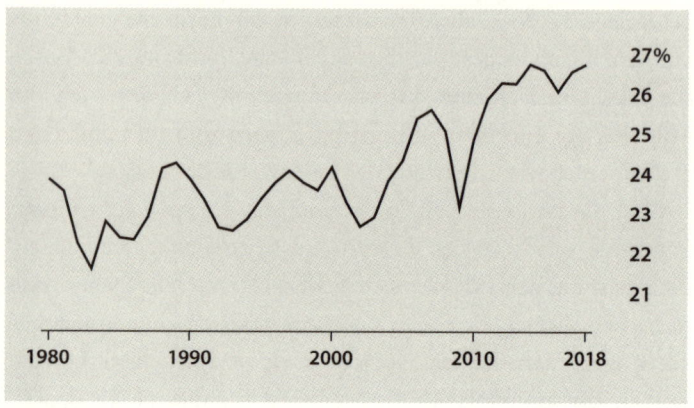

Quelle: IWF

Ruhestand auf 20 Jahre. «Sie brauchen also länger Rente. Doch die gesetzliche Rente ist unsicherer. Also sparen sie mehr als früher, abzulesen etwa an den Ansprüchen aus Lebensversicherungen», analysiert der Ökonom Hagen Krämer.

Weil immer weniger Arbeitnehmer immer mehr Senioren finanzieren müssen, sinken die Renten relativ zu den Löhnen. Wer seinen Lebensstandard im Alter halten will, muss mehr sparen. Diese Ersparnisschwemme drückt die Zinsen. Die niedrigen Zinsen machen dann zusätzliches Sparen nötig, weil Vorsorge mit Zinsprodukten so wenig abwirft. Von 1980 bis 2050 wird allein die Alterung die realen Zinsen in den USA und Europa um ein bis zwei Prozentpunkte drücken, rechnet Philipp Lane vor.

Diese Rechnung zeigt, dass sich die Demografie erst in Zukunft voll auf die Zinsen auswirken wird. Während manche Ökonomen den Alterungseffekt anzweifeln, sah das der damalige US-Notenbankchef Ben Bernanke schon 2005 anders. Damals prägte er den Begriff Ersparnisschwemme – vor allem in Asien mit seinen rasant steigenden Einkommen und rasant alternden Völkern in Japan und China. Und kein Land auf der Welt spart so viel wie Deutschland, sagt Marcel Fratzscher, Chef des Deutschen Instituts für Wirtschaftsforschung: «Die Nettoersparnis beträgt jedes Jahr 240 Milliarden Euro. Durch diese hohe Nachfrage sinken die Zinsen.» Global wachsen die Ersparnisse seit den Nullerjahren stärker als die Wirtschaft, auf über 20 Billionen Dollar im Jahr.

Die Sparer ruinieren die Verzinsung der traditionellen Sparprodukte, indem sie mit ihnen für ihr Alter vorsorgen – ein bitterer Mechanismus.[3]

Reiche sparen mehr

Neben der Demografie gibt es einen bisher vernachlässigten Einfluss, der die Zinsen drückt: die zunehmende Ungleichheit, mit der ich mich in meinem Buch *Das gespaltene Land* beschäftige. Die westlichen Gesellschaften spalten sich in Arme und Mittelschicht auf der einen Seite und Reiche auf der anderen. Ein typischer britischer Firmenchef hat am 5. Januar eines Jahres so viel verdient wie ein typischer Arbeitnehmer bis zum Jahresende. In Österreich und Deutschland ist das Vermögen besonders ungleich verteilt. Überall vergrößern neoliberale Steuersenkungen für Reiche und Firmen die Schieflage: In Amerika zahlen die Reichsten prozentual weniger ans Finanzamt als jede andere Gruppe. Die Ungleichheit frustriert breite Schichten, die sich Rechtspopulisten wie Trump, Johnson oder der deutschen AfD zuneigen.[4]

Aus dem, was die Volkswirtschaften produzieren, fließt einer Minderheit mehr zu als früher. Diese Reichen sparen mehr. Mokant gesagt: Ihnen bleibt viel, selbst wenn das Penthouse in New York, die Villa an der Riviera und der Privatjet bezahlt sind. Bei Ärmeren und der Mittelschicht dagegen geht der Lohn für Miete, Essen und sonstigen Alltag drauf. Die ärmere Hälfte der Amerikaner spart gar nicht, jeder dritte Deutsche auch nicht.[5]

Dank steigender Gewinne sparen die Firmen mehr an als zuvor. Der Internationale Währungsfonds (IWF) weist dies über ein Vierteljahrhundert für fast 50 Länder nach. Die Firmenersparnisse sind teils versteckte private. Wenn eine Firma einer Familie gehört, gehören die Ersparnisse praktisch ihr – gerade in Deutschland, wo Familienunternehmen verbreitet sind. Die Ökonomen stellen das deutsche Wirtschaftsmodell infrage, das als Vorbild für den schmerzhaften Sparkurs in Krisenstaaten wie Griechenland diente. Von hohen Exportüberschüssen profitieren laut IWF nicht alle Deutschen gleichermaßen, sondern vor allem Firmenbesitzer. Was die Ungleichheit erhöht und dadurch tendenziell das Wachstum senkt. Würde die Masse mehr verdienen, würde sie (anders als die Reichen) mehr konsumieren und so die Wirtschaft ankurbeln.[6]

Das Ende der Inflation

Dass die Bürger durch Flucht in Sicherheit, Alterung und Ungleichheit so viel mit traditionellen Zinsprodukten sparen, würde die Zinsen weniger senken – wenn die Wirtschaft diese Ersparnisse als Kredite aufsaugen würde. Doch die Firmen fragen nicht mehr Kredite nach, sondern weniger. Die Ersparnisse steigen, die Nachfrage nach ihnen sinkt – da sinkt zwangsläufig der Preis dieser Sparprodukte, also der Zins. Auch dieser Trend wirkt seit Dekaden.

Aber warum fragen die Unternehmen weniger Ersparnisse nach? Die Spurensuche führt zu einem Panorama vergangener Jahrhunderte.

Vor 1750 gab es praktisch kein Wirtschaftswachstum, analysiert der US-Ökonom Robert Gordon. Ab dem 19. Jahrhundert ließen dann Maschinen das Wachstum explodieren, wie es Bauern mit ihren schwieligen Händen unmöglich gewesen war. «In der Weltgeschichte gibt es wohl nur eine Umwälzung, die einen derart tief einschneidenden Charakter hatte wie die Industrielle Revolution: der Übergang von den Jägerkulturen zu sesshaften Gesellschaften vor 10 000 Jahren», schreibt der deutsche Historiker Heinrich August Winkler.

Bald nahmen Bevölkerung und Lebenserwartung rasch zu, ein doppelter Effekt: *Mehr* Menschen arbeiteten *länger*. Sie arbeiteten auch produktiver, weil sie Schulen besuchten. Allein die britische Wirtschaftsleistung hat sich zwischen 1740 und 1840 mehr als vervierfacht. Motorisierung, Elektrifizierung und Massenfertigung setzten immer neue Impulse. Nach dem Zweiten Weltkrieg entfachten Wiederaufbau und Massenkonsum ein Wirtschaftswunder. Die Industriestaaten expandierten mehr als 150 Jahre stürmisch. Doch die Effekte nahmen mit der Zeit ab.

Weil heute jeder westliche Haushalt mindestens einen Kühlschrank, Auto und Fernseher besitzt, kauft er diese Produkte seltener als bei ihrer Einführung. Weder Bildungsniveau noch Lebenserwartung expandieren noch wie beim Übergang von der Agrar- zur Industriegesellschaft. Und weder die Dienstleistungsgesellschaft noch die Digitalisierung stimulieren die Wirtschaft wie einst Motorisierung und Massenfertigung. Seit in der Ölkrise der 1970er Jahre Massenarbeitslosigkeit entstand, heißt die neue Normalität Stagnation.

Dass etwa die deutsche Wirtschaft bis zur Corona-Krise 2020 zehn Jahre stolperfrei wuchs, gilt bereits als Boom. Doch das Wachstum war in diesem Boom viel niedriger als in den Wirtschaftswunderjahren. Die reifen Volkswirtschaften des Westens investieren weniger als früher – und müssen deshalb nicht mehr so hohe Zinsen bieten, um Ersparnisse anzulocken. Zur Stagnation passen niedrige Zinsen.[7]

Die Unternehmen fragen auch deshalb weniger Ersparnisse nach, weil sich die Wirtschaft verändert – hin zu Dienstleistern, die weniger investieren als die produzierende Industrie. Wer reich werden wollte, musste früher eine Fabrik bauen. Heute atmet das Wort *Fabrikant* den zigarrengeschwängerten Geruch des Gestrigen. Heute setzt sich an den PC und kreiert eine App, wer Geld verdienen und Investoren heißmachen will.

Die digitale Disruption lässt rascher als sonst ganze Branchen sterben, ob Lexikonverlage, Videotheken oder Kamerahersteller. Hardware ist out. Immer mehr Produkte werden entstofflicht: Google statt Lexika, Apple Music statt CDs, Facebook statt Briefe,

Netflix statt Videos. Volkswagen setzt für jedes zusätzliche Auto Material ein, Google, Apple und Facebook für jeden zusätzlichen Nutzer fast nichts, was ihre gigantischen Gewinne erklärt.[8]

Zu den tektonischen Verschiebungen zählt auch, dass die Inflation verschwindet. Und damit die nominalen Zinsen, an denen sich viele Sparer fälschlicherweise orientieren, obwohl nur zählt, was real nach Inflation übrig bleibt. Ein Grund dafür ist, dass Firmen ohne großes Wachstum schwerer höhere Preise durchsetzen können – oder Arbeitnehmer höhere Löhne. Die Globalisierung stoppt die Inflation zusätzlich. Seit westliche Firmen und Arbeitnehmer mit asiatischen konkurrieren, bremsen deren niedrige Löhne und Preise den Anstieg bei uns. So fiel die Inflation in den Industriestaaten – von acht bis 14 Prozent in den 1980er Jahren auf zwei Prozent in den Nullerjahren. Die Corona-Pandemie verstärkt den Druck auf die Zinsen. Die Geschichte zeigt, dass auf schlimme Seuchen oft eine lange Zeit niedriger Zinsen folgt. Dies unterscheidet Pandemien von Kriegen, die Fabriken, Maschinen und Wohnungen zerstören. Nach Kriegen bedarf es höherer Zinsen, um Geld für den Wiederaufbau anzulocken. Das Corona-Virus dagegen zerstört Menschenleben, keine Fabriken. Und dass seit der Krise mehr im Homeoffice gearbeitet wird, verstärkt die Digitalisierung – die ebenfalls die Zinsen drückt. Außerdem müssen die Zentralbanken die Zinsen niedrig halten, um die Wirtschaft nach der Rezession anzuregen. «Weil die US-Notenbank die kurzfristigen Leitzinsen mindestens bis 2022 nahe Null belassen will, bekommen Sie wahrscheinlich fast nichts für Ihr Geld», warnt die *New York Times* amerikanische Sparer. In Europa dürfte es genauso werden.

Die großen Entwicklungslinien zeichnen ein eindeutiges Bild. Mächtige Faktoren schleusen die Zinsen seit Jahrzehnten mindestens ebenso nach unten wie die umstrittenen Zentralbanken: ob Flucht in Sicherheit, Alterung oder Ungleichheit, Stagnation oder Digitalisierung, Globalisierung oder zuletzt die Pandemie. Der von der Geldpolitik der Zentralbank unbeeinflusste Zins sank in den USA von 3,7 Prozent 1980 auf 0,5 Prozent heute.

Paul Schmelzing von der Yale School of Management macht sogar einen jahrhundertelangen Trend aus. Demnach fallen die realen Zinsen seit der Geburt des modernen Kapitalismus im 15. Jahrhundert kontinuierlich – von damals fast 15 Prozent. «Wir werden die nächsten Jahrzehnte mit niedrigen Zinsen leben müssen», sagt Hagen Krämer voraus. «Auch in der Schweiz, Großbritannien oder den USA sind die Zinsen niedrig oder negativ. Das ist ein weltweites Phänomen.»

Die großen Entwicklungslinien zeigen, dass sich Millionen klassischer Sparer in den Industriestaaten auf eine lange Zeit niedriger Zinsen einstellen müssen. Unabhängig von dem, was die Zentralbanken tun. Gleichzeitig erzeugen die Sparer die niedrigen Zinsen unabsichtlich mit: indem sie in Sicherheit flüchten, für die Alterung mit Zinsprodukten vorsorgen und an der Wahlurne nichts gegen die gesellschaftliche Spaltung tun, die zu Sparexzessen der Reichen führt. Was alles die Zinsen drückt. Zur Wahrheit gehört auch, dass ihre klassischen Sparprodukte schon vor der Nullzinsära wenig abwarfen, wenn man die Inflation berücksichtigt.

Das alles spricht dafür, dass die Sparer aufbegehren – und sich ihrem Schicksal endlich entwinden sollten. Wie das geht, davon handelt das nächste Kapitel.[9]

7. Wie Sparer der Zinsfalle entkommen – und warum das gut für die Demokratie ist

Als die Medici-Familie reich geworden war, finanzierte sie in Florenz Kunst und Bauwerke, die heute die ganze Welt kennt. Die Medici förderten Michelangelo und Brunelleschi, Botticelli und Leonardo da Vinci. Sie ließen die Uffizien erbauen und den *Duomo* vollenden, damals die größte Kirche der Welt. Selten hat eine einzige Familie einem ganzen Zeitalter so ihren Stempel aufgedrückt wie die Medici der Renaissance. Um reich zu werden, mussten sie allerdings erst aus dem Schicksal nobler Familien vor ihnen lernen.

Vor den Medici waren im Florenz des 14. Jahrhunderts die Bankiershäuser Bardi, Peruzzi und Acciaiuoli führend. Sie hatten Kredite weit über Norditalien hinaus vergeben, besonders an König Robert von Neapel und König Edward III. von England. Als König Robert von Neapel und König Edward III. von England ihre Zahlungen einstellten, gingen die Bardi, Peruzzi und Acciaiuoli zugrunde. Die stolzen Häuser hatten sich einzelnen Schuldnern ausgeliefert.

Daraus lernten die Medici, indem sie diversifizierten. Sie teilten ihr Geschäft in Partnerschaften auf, die für sich wirtschafteten. So ging durch die Pleite eines Schuldners nicht das ganze Haus Medici pleite. Stattdessen boten die Medici bald alles, was noch Jahrhunderte später eine Großbank definiert: Zahlungen ohne Bargeld, Filialen im Ausland, Geschäfte mit entfernten Ländern.

Wer als Sparer nur auf klassische Sparprodukte setzt, liefert sich ihnen aus wie einst die Bardi, Peruzzi und Acciaiuoli König Robert von Neapel. Von den Medici und ungezählten Investoren danach ist zu lernen, wie viel es bringt, Geld breit anzulegen – zu diversifizieren. Den globalen Angriff auf die Zinsen parieren Sparer am besten, indem sie eine bessere Geldanlage in Angriff nehmen.

Frösche im Topf

Als ich Georg Simbeck 2013 das erste Mal in seiner Bank am Münchner Marienplatz besuchte, hatte er Sparern schon kaum Zinsen zu bieten. Was Sparbücher und Tagesgeld einbrachten, war nach Inflation ein Minus. Simbeck empfahl seinen Kunden stattdessen, eine Wohnung zu kaufen. Oder einen bestimmten Aktienfonds. Den boten die Sparkassen schon seit 1956 an, als der deutsche Bundeskanzler noch Adenauer hieß und der US-Präsident Eisenhower. Seit 1956 hatte der Fonds neun Prozent eingebracht – jedes Jahr.

2013 fragte ich Thorsten Hens, wie der normale Sparer auf die neue Nullzinsära reagieren werde. Der Finanzforscher an der Uni Zürich erwartete wenig Reaktion. Hens verglich die Sparer mit Fröschen. Werden Frösche in einen Topf mit heißem Wasser gesetzt, springen sie heraus. Wird das Wasser dagegen langsam erhitzt, das heißt, werden die Zinsen langsam gesenkt, bleiben Frösche und Sparer im Topf. Und verbrühen.

Null Zinsen und Inflation: Da ist nach zwanzig Jahren ein Großteil der Ersparnisse vernichtet. Was nicht passieren müsste, wenn Sparer wie die Medici diversifizierten und ihr Geld auch in Immobilien oder Aktienfonds wie jenen aus Adenauers Zeiten anlegten. Doch nur zehn bis höchstens 20 Prozent der Franzosen, Schweizer, Dänen, Österreicher oder Deutschen besitzen Aktien oder Aktienfonds. Dagegen haben Österreicher und Deutsche fast das halbe Vermögen auf Sparkonten. Die Deutschen haben diese Summe nicht reduziert, sondern seit 2013 um 500 Milliarden Euro aufgestockt. Die Franzosen handelten ähnlich. Die meisten Sparer haben sich seit 2013 verhalten wie Frösche im Topf: Sie lassen zu, dass Nullzinsen ihre Ersparnisse verbrennen.

Aktien und Immobilien
schlagen Zinsprodukte

Natürlich gibt es gute Gründe dafür, einen Teil seines Geldes verfügbar auf der Bank anzulegen. Für jeden empfiehlt sich eine Notreserve für den Fall, dass das Auto kaputtgeht oder die Waschmaschine. Wer darüber hinaus finanzielle Belastungen wie das Studium der Kinder oder einen Jobverlust auf sich zukommen sieht, will schnell an sein Geld. Wer Anschaffungen wie Möbel plant, ebenso. Es wäre fatal, mitten in einem Kursrutsch wie in der Corona-Pandemie Aktien verkaufen zu müssen.

Aktieninvestments brauchen Zeit, Immobilien ebenso. Mit der Zeit aber erweisen sie ihre Überlegenheit. Die US-Ökonomen Rajnish Mehra und Edward J. Prescott haben nachgewiesen, dass US-Aktien ab Ende des 19. Jahrhunderts durchschnittlich sieben Prozent abwarfen – pro Jahr, nach Inflation, also real. Kurzfristige Staatspapiere brachten dagegen nur ein Prozent. Das ergibt eine Prämie von sechs Prozent für das Risiko, dass Aktienkurse auch mal abstürzen, am Schwarzen Freitag 1929, am Schwarzen Montag 1987 oder 2020 in der Corona-Krise. Das waren heftige Einbrüche. Sechs Prozent Gewinn jährlich erscheinen aber als angemessene Prämie für dieses Risiko. Denn wer ein paar Monate oder Jahre warten kann, erlebt, dass sich die Kurse nach einem Einbruch wieder erholen. Und in den meisten Jahren kassiert er auf die Aktien Dividenden, die allein schon das Mehrfache typischer Zinsen ausmachen. Bei weltweiten Aktien des MSCI World Index lag die Dividendenrendite seit 1970 im Schnitt bei drei Prozent.

Ein Ökonomenteam um Òscar Jordà hat nachgewiesen, dass Aktien *und* Immobilien traditionellen Zinsprodukten deutlich überlegen sind – mit sieben bis acht Prozent Gewinn versus 0,3 bis zwei Prozent bei den Zinsprodukten. Ihre Untersuchung *The Rate of Return on Everything* umspannt 15 Länder und 150 Jahre. Andere Forscher kommen zu ähnlichen Ergebnissen.

In der Zinsfalle geht es für Sparer darum, die Zeichen der neuen

Zeit zu erkennen und sich von alten Fesseln zu emanzipieren. So wie die britische Regierung Anfang des 19. Jahrhunderts die neuartigen Anleihen der Rothschild-Bank nutzte und auch dadurch Europas Hegemon Napoleon bezwang, der sich klassisch finanzierte, indem er besetzte Gebiete plünderte. Der Erfolg der Anleihen war zugleich der Erfolg der Familie Rothschild, die bald zu den führenden Bankiers Europas aufstiegen. Noch Firmengründer Mayer Amschel Rothschild war 1744 arm im Frankfurter Ghetto der Juden geboren worden, denen die Freie Reichsstadt mit einem Schild verbot, die Promenadestraßen zu betreten: «Kein Jud und kein Schwein darf hier hinein.»[1]

Am häufigsten wenden Sparer gegen Aktien und Immobilien ein, dass Verluste möglich sind. Das stimmt. Eine Firma kann sogar pleite gehen wie einst König Robert von Neapel. Doch dagegen schützt sich, wer sein Geld, anders als die Häuser Bardi, Peruzzi und Acciaiuoli, verteilt. Einen Teil sicher auf die Bank, was über dieses Polster hinausgeht in mehrere Aktien oder Immobilienfonds investieren. Zur Diversifikation gehört, sich nicht auf Papiere des eigenen Landes zu fixieren, sondern über die Grenze zu blicken und auch in globalere Aktienindices wie MSCI World oder Euro Stoxx zu investieren.

Bloß keine Verluste? Verluste erleiden die Sparer mit Sparprodukten seit Jahrzehnten, weil die Inflation oft die kümmerlichen Zinsen übersteigt. Die realen deutschen Zinsen waren von 1970 bis 2000 ein Drittel der Zeit negativ. Seit Anbruch der Nullzinsära gilt das erst recht. Die Sicherheit, die Sparer in Zinsprodukten suchen, finden sie nur vermeintlich. Mehra und Prescott stellten fest, dass Aktien kaum unsicherer sind als Staatsanleihen, deren Kurse ebenfalls schwanken. Òscar Jordà & Co. schreiben in ihrem Panorama der letzten 150 Jahre: «Die Rendite sicherer Anlagen schwankte oft sehr, mehr als man erwarten würde und mehr als die Rendite anderer Anlagen.» Seit Anbruch der Nullzinsära gilt erst recht, dass jeder auch in Aktien und Immobilien anlegen sollte. Die Amerikaner nennen das *Tina: There is no alternative.*

Häufig wird argumentiert, historische Erfahrungen wie hohe Inflation prägten Nationen, so dass sie nicht anders könnten, als an sicheren Sparprodukten festzuhalten. Nach dem Ersten Weltkrieg ärgerte die Hyperinflation 1923 die Deutschen *hitlerreif,* wie es der österreichische Schriftsteller Stefan Zweig ausdrückte. Bei der Währungsreform von 1948 schwanden ihre Ersparnisse erneut. Doch abgesehen davon, dass dies kaum noch ein heute Lebender selbst erfahren hat: Diese bitteren Erfahrungen der Geldentwertung liefern kein Argument *für* vermeintlich sichere Sparprodukte, sondern *dagegen.* Denn Hyperinflation und Währungsreform vernichteten Geldwerte wie Sparbücher und Kriegsanleihen. Sachwerte wie Aktien, Immobilien und von Bauern gebunkerte Kartoffeln überstanden die Ereignisse ziemlich unbeschadet.

Schon der britische Ökonom John Maynard Keynes erkannte 1924, wie Unternehmen durch ihre Geschäfte und Investitionen Mehrwert für die Aktionäre schaffen, wie sie so von der Aktivität einer Volkswirtschaft profitieren. Ein kostengünstiges Instrument sind neben Aktien Exchange Traded Funds (ETF). Sie bilden meist populäre Aktienindices nach – zu einem Bruchteil dessen, was aktiv gemanagte Aktienfonds kosten.

Die meisten Bürger haben die Möglichkeit, jeden Monat einen gewissen Betrag anzulegen. Studien untersuchen dies bis in die regionale Ebene. Demnach hat jeder Bewohner der süddeutschen Stadt Augsburg im Schnitt 200 Euro im Monat zum Sparen übrig. Würde er das in Aktien- oder Immobilieninvestments stecken, würden daraus bei zwei oder fünf Prozent Rendite jährlich nach 30 Jahren zwischen 100 000 und 150 000 Euro. Das sind doppelt bis drei Mal so viel wie das aktuelle Vermögen eines Augsburgers. In der Realität aber hat der typische Bewohner der Stadt mehr als die Hälfte seines Geldvermögens in niedrigverzinsten Sparkonten und verliert durch die Inflation fast 400 Euro im Jahr. Und das in der Stadt der Fugger und Welser, die vor 500 Jahren das moderne Finanzwesen mitbegründeten! «Die Menschen müssen mutiger werden und sich an Alternativen zum klassischen Sparbuch herantrauen», propagiert Cornelia Kollmer aus dem Vorstand der lokalen Sparkasse.[2]

Wer Risiko scheut, setzt stärker auf Immobilien als auf Aktien. Wer eine Wohnung kauft, spart die Miete, die oft 40 Prozent des Nettogehalts schluckt. Durch das eigene Haus navigieren manche Nationen ganz gut durch die Nullzinsära: 70 bis 90 Prozent der Süd- und Osteuropäer haben Immobilien. Diese lassen sich in der Nullzinsära günstig finanzieren. Weil das Ersparte ins Wohneigentum fließt, lassen die Menschen wenig auf Sparkonten versauern.

Italiener legen ihr Geld seit langem am liebsten in Immobilien an. Das hat sich historisch herausgebildet, sagt Antonella Stirati von der Universität Roma Tre. Traditionell sind Mieten hoch und Sozialwohnungen rar. Und es gibt wenig Arbeitslosengeld – da sichert einen die eigene Wohnung ab, wenn man den Job verliert. Auch ist die Bindung an die Familie enger als woanders. Eltern kaufen dem Nachwuchs eine Wohnung, wenn sie es sich leisten können. Gerne im eigenen Viertel, damit die Kinder in der Nähe bleiben. In einem Land mit hoher Arbeitslosigkeit unter jungen Menschen eine willkommene Starthilfe. In der Nullzinsära erweist sich die Liebe der Italiener zur eigenen Immobilie für die ganze Nation als Vorteil.

Deutsche, Österreicher, Schweizer als Verlierer der neuen Zeit

Klar abgehängt sind in der neuen Zeit dagegen viele Deutsche, Österreicher und Schweizer. Nur 40 bis höchstens 60 Prozent der Bewohner haben hier Wohneigentum. Das entwickelte sich oft daraus, dass sich in diesen Ländern lange günstig mieten ließ, auch weil der Staat die Spielräume der Vermieter einschränkt. In der Nullzinsära erweist sich das geringe Wohneigentum als Nachteil. Vor allem, wenn es wie in den meisten dieser Länder mit einer Aktienskepsis einhergeht. Dann stecken die Sparer in der Zinsfalle, weil sie weder Aktien noch Immobilien besitzen. 80 Prozent des Geldvermögens der Deutschen stecken in Sparkonten und Lebensversicherungen,

Wo Menschen Wohneigentum besitzen

Bevölkerungsanteil, der eine Immobilie besitzt, 2018

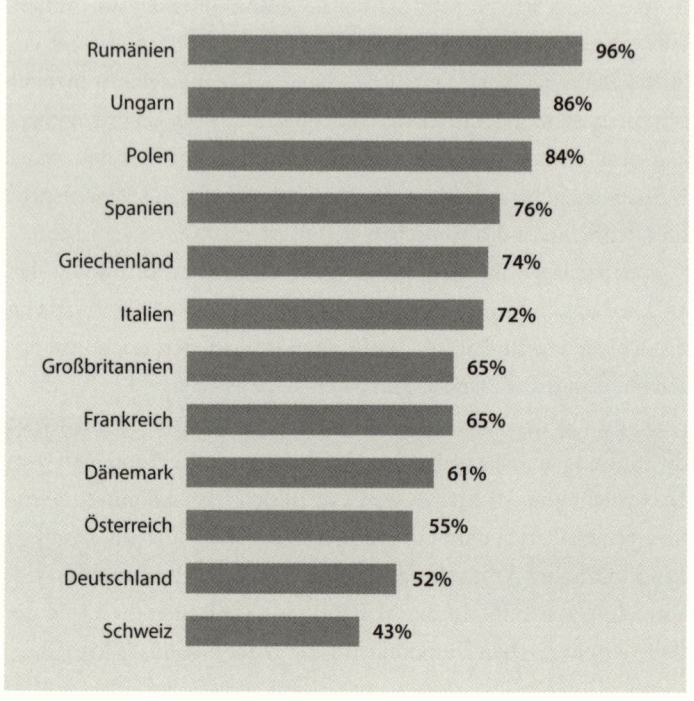

Rumänien	96%
Ungarn	86%
Polen	84%
Spanien	76%
Griechenland	74%
Italien	72%
Großbritannien	65%
Frankreich	65%
Dänemark	61%
Österreich	55%
Deutschland	52%
Schweiz	43%

Quelle: Eurostat

nur 20 Prozent in Aktien oder Fonds. Der ärmeren Hälfte der Bevölkerung gehören nur drei Prozent des Immobilienbesitzes. Steigende Mieten, stagnierende Löhne und gekürzte Renten bilden einen Cocktail, aus dem Populisten Gift mischen.

Gegen Immobilien wenden Sparer oft ein, sie besäßen nicht das nötige Eigenkapital, das die Bank für einen Hauskredit verlangt. Diese Tatsache verhindert aber keine Anlage in Immobilien. Georg Simbeck klappt in seinem Büro den Laptop auf und zeigt grüne, rote und blaue Kurven. Das sind die Wertentwicklungen von teils europaweiten Immobilienfonds – und von Sparbüchern und Tagesgeld. Während Zinsprodukte 0,01 Prozent abwerfen, warfen die Fonds binnen fünf Jahren zwölf bis 16 Prozent ab. «Das kann ich nicht garantieren für die nächsten Jahre, aber klar ist: Es gibt Chancen.»

Mancher will verständlicherweise lieber eine Wohnung besitzen, mit der er sich die Miete erspart, und beklagt zu Recht, dass ihm dafür Kapital fehlt. Das verweist auf ein größeres Problem: Die Sparer können sich in der Nullzinsära nur zum Teil selbst helfen. Falsche Anlagegewohnheiten sitzen tief, es fehlt an finanzieller Bildung und Kapital. Deshalb schlägt in der Nullzinsära die Stunde der Regierungen. Sie müssen ihren Bürgern bei der Geldanlage helfen, was sie schon seit Dekaden hätten tun sollen. Sie müssen in Finanzbildung investieren und die richtige Anlage durch Zuschüsse fördern, für Immobilien wie Aktien.

Es geht darum, die tiefsitzenden Anlagegewohnheiten zu verändern. «Aktien sind Spekulation, Teufelszeug», beschreibt einer von Georg Simbecks Anlageberatern die Stimmung. «Wenn ich nachbohre, stellt sich heraus, dass die meisten gar keine schlechten Erfahrungen gemacht haben. Da ist viel Hörensagen dabei.» Die falschen Anlagegewohnheiten gerade vieler Europäer sind kein Zufall. Sie haben sich über Jahrzehnte herausgebildet. Während sich US-Firmen traditionell stark über Aktien finanzieren, finanzieren sich viele europäische Firmen über Kredite. Deshalb entsteht hier keine Aktienkultur. Viele Firmen wollen keine Aktien, weil Familienfirmen keine Macht an andere Eigentümer abtreten möchten. Banken wollen möglichst billig Geld bei den Sparern einsammeln, um es mit möglichst hohem Aufschlag an die Firmen zu verleihen. Je billiger die Banken das Geld einsammeln, desto günstiger leihen sie es den Firmen und desto weniger interessieren sich diese für Aktien – ein Teufelskreis auf Kosten des Sparers. So werden ganze Nationen zum Anlegen in Zinsfallen erzogen. Die jahrzehntelangen Privilegien für Lebensversicherer verschärften das noch.

Mehr Finanzbildung

Um die tiefsitzende Skepsis gegen Aktien und teils Immobilien zu überwinden, bedarf es zunächst besserer Finanzbildung. Georg Simbecks Kunden wissen oft nicht, dass sie die Aktien von Siemens, BMW oder Procter&Gamble kaufen können, deren Produkte sie gut kennen. 70 Prozent der Österreicher nennt mangelndes Wissen als Hauptmotiv dafür, keine Aktien zu kaufen. Dieses mangelnde Wissen ist auch außerhalb Europas zu sehen. In Umfragen wussten 86 Prozent angehender Studenten in den USA nicht, ob Aktien oder Anleihen mehr abwerfen. Jeder zweite Amerikaner gab an, über Finanzfragen in der Schule kaum oder nichts gehört zu haben.

Bessere Finanzbildung würde allen Schichten helfen, aber besonders weniger Gebildeten: Jeder vierte deutsche Akademiker besitzt Aktien, aber nur jeder fünfzehnte mit Realschul- oder Hauptschulabschluss. Nötig wären neue Lehrpläne, neue Schulbücher, neue Fortbildungen für Lehrer. Robert Ottel, Finanzchef des österreichischen Konzerns Voestalpine, nennt es hoch unsozial, in den Schulen keine gute Finanzbildung zu vermitteln: «Wirtschaftliches Wissen wird vererbt wie Vermögen.»[3]

Geringe Finanzbildung erklärt auch, warum Anläufe zu Volksaktien scheitern. Als die Deutsche Telekom 1996 an die Börse ging, zog sie es als Volksaktie auf. 700 000 Bürger kauften das erste Mal im Leben Aktien. Während das ursprüngliche Investment solide war, wurden viele danach von Finanzberatern in die überteuerten Kapitalerhöhungen der Telekom und spekulative Papiere am Neuen Markt hineingequatscht. Die T-Aktie fiel vom Höchststand über 100 Euro 2000 auf 8 Euro 2002. Auch viele Papiere am Neuen Markt stürzten ab. Danach ließen viele Deutsche für immer die Finger von Aktien.

Es bedarf zweierlei: Besserer Finanzbildung in Schulen und Volkshochschulen – und Unterstützung der Sparer gegenüber halbseidenen Beratern. Für Berater müssen bessere Qualitätsstandards durchgesetzt werden. Regelmäßige, staatlich bezahlte Termine bei

Verbraucherschützern könnten Sparern zu neutralen Empfehlungen verhelfen. So könnten sie ihre Anlage rund um die erworbene Finanzbildung strukturieren und renditestark in Immobilien, Aktien sowie kostengünstige Exchange Traded Funds (ETFs) investieren, ohne ständig auf die Börsenentwicklung starren zu müssen. Österreichs Regierung geht mit gutem Beispiel voran. Sie will das Finanzwissen verbessern und Aktien steuerlich attraktiver machen. In der Niedrigzinsphase sei Vermögensaufbau «eine politische Frage». Es ist in der Tat eine hochpolitische Frage.

Der Bankrott des traditionellen Sparers

Das Vermögen ist in den Industriestaaten höchst unterschiedlich verteilt. Wenige reiche deutsche Haushalte besitzen so viel wie die gesamte ärmere Hälfte der Bevölkerung. Hundert Menschen besitzen also so viel wie 40 Millionen andere. Unterschiedliche Geldanlage verstärkt diese Kluft. Deutschland und Österreich haben im Euroraum die niedrigsten Wohneigentums- und Aktienquoten – und die größte Kluft zwischen Arm und Reich: Nirgends sonst ist das Vermögen so unterschiedlich verteilt. Jeder dritte deutsche Haushalt ab 4000 Euro Nettoverdienst besitzt Aktien oder Fonds. Bei Haushalten bis 2000 Euro ist es jeder siebzehnte, Tendenz fallend.

Die bisherige Geldanlage zementiert die Ungleichheit – mit erschütternden Konsequenzen: Was die ganze Bevölkerung hart erarbeitet, kommt vor allem ein paar Reichen zugute. Deutschland und Österreich erarbeiten in der Eurozone mit die höchste Wirtschaftsleistung. Doch der mittlere deutsche Haushalt besitzt mit 61000 und der mittlere österreichische mit 85000 Euro weniger als der durchschnittliche Haushalt der Eurozone (100000). Und weit weniger als mittlere Haushalte in den langjährigen Krisenstaaten Italien (146000), Spanien (160000) und Zypern (170000). Die Deutschen besitzen nach 75 Jahren Marktwirtschaft so viel wie die Polen, die die längste Zeit im Sozialismus lebten – härter kann ein Bankrott kaum ausfallen.[4]

Die Nullzinsära verschärft die Ungleichheit noch. Wie das US-Analysehaus BCA Research vorrechnet, schwoll das Vermögen in den vergangenen sechs Jahren weltweit um 160 Billionen Dollar an, so stark wie nie zu vor. Das geschah vor allem durch steigende Haus- und Aktienpreise. In Nationen, wo die Masse keine Häuser und Aktien besitzt, kommt so etwas nur Reichen zugute.

Während jeder zweite deutsche Aktienbesitzer sein Vermögen um mehr als 38 000 Euro erhöhte, kamen bei Sparkontofans höchstens wenige tausend dazu, oder sie verloren etwas. Während sich die Hauspreise in Großstädten binnen zehn Jahren verdoppelten, schwoll das Vermögen um drei Billionen an – mehr als die Hälfte landeten bei den reichsten zehn Prozent. Die Mittelschicht dagegen muss ein Fünftel mehr für Miete ausgeben. Am stärksten stiegen die Mieten dort, wo Ärmere leben – die Verlierer des Booms, so Moritz Schularick in seiner Studie «Die neue Wohnungsfrage».[5]

Mit dem Titel knüpft Schularick bewusst an Friedrich Engels' Schrift «Zur Wohnungsfrage» von 1873 an. Zu Recht: Das Schicksal der Sparer und die anschwellende Ungleichheit überall in den Industriestaaten haben die Wucht, einen Aufstand der Massen auszulösen. Die um sich greifende Wut hat bereits in den USA, Großbritannien und zeitweise in Österreich und Italien Rechtspopulisten an die Macht gespült, die das Los der Menschheit verschlechtern. Darauf sollten die Parteien der Mitte reagieren.

Die Stunde des Staates

Die etablierten Parteien in den Industriestaaten müssen die breite Bevölkerung endlich fairer am Wohlstand beteiligen. Dazu gehören groß angelegte Programme, um die Geldanlage zu verbessern. Durch Investitionen in Finanzbildung. Aber auch durch Zuschüsse an die Masse, um gezielt Vermögen in Aktien und Immobilien zu bilden. In Frankreich und Italien sind Ansparpläne bis 150 000 Euro steuerfrei. Das ist ein erster Schritt, dem weitere Zuschüsse folgen sollten. Aber das reicht nicht aus. Viele Einwohner der Industriestaaten müssen erstmal in die finanzielle Lage versetzt werden, mehr in Aktien und Immobilien zu investieren. Dazu sind Steuerreformen nötig, die das Einkommen fairer verteilen. Während der neoliberale Mainstream seit den 1980er Jahren die Reichen entlastete, zahlt die Masse oft mehr Steuern und Abgaben als früher. Wenn Mittelschicht und Ärmeren mehr vom Lohn bleiben würde, könnten sie leichter Vermögen bilden.

Das Ganze lässt sich damit verbinden, die private Altersvorsorge neu zu organisieren. Die bisher real existierende Altersvorsorge über Zinsprodukte nutzt oft mehr Finanzkonzernen als Sparern. Als die deutsche Regierung zur Jahrtausendwende Rentenkürzungen mit Zuschüssen für die Altersvorsorge verband, kaperten die Versicherer das Projekt. Sie drohten Minister Walter Riester, kein einziges Produkt anzubieten, wenn er nicht ihren Bedingungen folgte, wie Riester mir erzählte. Woraufhin sich die Regierung beugte, um nicht ihr ganzes Rentenkonzept zu opfern.

Nun werfen die meist auf schwächlichen Zinsprodukten aufgebauten Riesterverträge kaum etwas ab. Ohne Zuschüsse des Staates sind sie oft sogar ein Verlustgeschäft. Sie werden die drohende Altersarmut nicht verhindern, die in 15 Jahren etwa jeden fünften deutschen Rentner treffen könnte. Jedem zweiten deutschen Arbeitnehmer werden jeden Monat 700 Euro fehlen, um den gewohnten Lebensstandard zu halten. Rechnet man die private Altersvorsorge etwa durch Riester-Verträge ein, sinkt dieser Anteil von 50 auf 48 Prozent der Arbeitnehmer – also fast gar nicht.

Der Ausweg wäre, die Vorsorge in Aktien und Immobilien zu lenken, durch staatlich beaufsichtigte, kostengünstige Sammelfonds wie in Schweden. Und ja, finanzieren lässt sich das: Indem Regierungen sich das Geld bei der reichen Minderheit holen, die in den vergangenen Dekaden noch reicher wurde – und den Großteil der Aktien- und Immobiliengewinne der Nullzinsära kassierte.[6]

Gerade jetzt wäre der Moment für die Regierungen, zu handeln. Jeder vierte Österreicher überlegt, Aktien zu kaufen. Das sind doppelt so viele wie vor drei Jahren. Auch in der Nullzinsära gibt es Anlagen wie Aktien oder Fonds mit «vergleichsweise ansehnlichen Renditen», wirbt Jürgen Gros, Präsident der bayerischen Volksbanken. Jeder zweite Deutsche erwägt Fluchtwege aus der Zinsfalle wie Aktien und Immobilien. Noch um 2015 lehnten das viele Kunden in Georg Simbecks Filiale ab. Sie erwarteten, dass die Zinsen wiederkommen. Nun sitzen bei Simbecks Beratern Kunden wie der Mann Anfang 30. Er hatte einen der Sparverträge aus der alten Zeit mit zwei Prozent Zinsen, die Banken in den vergangenen Jahren reihenweise kündigten. Statt Geld in Zinsfallen zu verlieren, steckt er einen Großteil seiner 80 000 Euro in Immobilienfonds und Aktien. Ohne seine Situation aus den Augen zu verlieren: Weil er bald heiratet, hält er ein paar zehntausend Euro auf dem Konto, sofort verfügbar.

Für die Regierungen der Industriestaaten kommt es darauf an, solche Sparer zu ermutigen. Noch hat sich nicht viel getan. In Deutschland gab es bei Anbruch der Nullzinsära 2011 8,5 Millionen Aktionäre, heute sind es zehn Millionen. Die Regierungen sollten handeln. Die Nullzinsära hält noch lange an. Die Corona-Rezession zwingt die Zentralbanken, ihre Zinsen noch lange niedrig zu halten. Die Regierungen sollten Auswege aus der Zinsfalle fördern, womit sie sowohl Sparer besser stellen wie Ungleichheit und Altersarmut bekämpfen. Sie sollten es tun, bevor die Wut verarmter Sparer sie aus dem Amt fegt – und noch mehr Populisten an die Macht spült, die die Welt schlechter machen.

Klar ist aber auch: Wie sich die Zinsen entwickeln, hat für die Bürger auch bei verbesserter Geldanlage Bedeutung. Das hat viele Gründe. Zum einen sollen Sparer wegen des Risikos und der Diversifizierung nicht alles in Aktien oder Immobilien halten, sondern einen Teil in Zinsprodukten. Zum anderen wird es ohnehin dauern, bis sich eine breitere Anlage auch in Aktien und Immobilien durchsetzt. Tiefsitzende Anlagegewohnheiten zu ändern dauert. Und es erfordert staatliche Investitionen in Finanzbildung und Zuschüsse. Doch um das Geld des Staates werden nach der Corona-Krise noch härtere Verteilungskämpfe entbrennen als vorher. Außerdem haben sich Aktien und Immobilien seit Anbruch der Nullzinsära bereits verteuert, was manchen Anleger abschreckt – und doch stärker auf Zinsprodukte zurückgreifen lässt.

All das bedeutet, dass es für die Bürger auch in Zukunft darauf ankommt, wie sich die Zinsen entwickeln. Und damit rückt in den Blickpunkt, wer Einfluss auf diese Entwicklung hat. An globalen Faktoren wie Alterung und Stagnation in den Industriestaaten wird sich wenig ändern. Aber wie die staatlichen Organe agieren, könnte sich durchaus ändern. Daher geht es in den nächsten Kapiteln um ihr Handeln. Warum senken die Zentralbanken ihre Leitzinsen seit der Finanzkrise wie noch nie? Gehen sie zu weit? Und welche Rolle spielen die Regierungen für die Zinsen und den Fortbestand von Währungen wie den Euro?

8. Fed, EZB & Co.: Zentralbanken krempeln das Leben der Menschen um

Und wieder handelt die US-Notenbank Fed als erste. Als sich im Frühjahr 2020 das Corona-Virus ausbreitete, fiel die Menschheit in Schock. Bald starben hunderttausende Menschen. Rasch brach die global vernetzte Weltwirtschaft ein. Fabriken stoppten die Bänder, Geschäfte machten dicht, Börsen stürzten ab. Schon bevor sich das alles abzeichnete und die Politiker erste ökonomische Krisenpakete schnürten, handelte US-Notenbankchef Jerome Powell. Das Sterben der Menschen konnte er nicht aufhalten, aber die wirtschaftlichen Bedingungen der Lebenden verbessern. Als es noch niemand erwartete, senkte der Währungshüter die Leitzinsen. Nur Tage später legte er nach. An einem Sonntag, als die Börsen ruhten, senkte er die Leitzinsen fast auf null.

Wie die amerikanische Notenbank vorangeht

Als sich zeigte, dass dies die Panik an den Börsen nicht stoppte, dachte sich Powell Neues aus. Es ist für den Juristen eine völlig unerwartete Situation, wie für den Rest der Menschheit. Mit dem *Shutdown* durch ein globales Virus musste noch keiner umgehen. Bei anderen Krisen reicht es, wenn Notenbanker die Zinsen senken, um Investitionen anzuregen. Diesmal reichte es nicht. Bald kündigte Powell an, die schwer fassbare Summe von zwei Billionen Dollar in die Wirtschaft zu pumpen. Entscheidend war in der Corona-Krise, dass die US-Zentralbank erneut mutig voranging. Zu einem Zeitpunkt, da Notenbanker so umstritten sind wie selten in ihrer vielhundertjährigen Geschichte seit Gründung der schwedischen *Riksbank* und der *Bank of England*.

Die Währungshüter werden angefeindet, weil traditionelle Sparprodukte kaum noch Zinsen abwerfen. Das liegt zwar vor allem an mächtigen Trends von der Flucht in Sicherheit seit der Finanzkrise über Alterung bis zur Stagnation. Doch diese Zusammenhänge sind vielen Bürgern nicht bewusst. Das macht sie empfänglich für die Kritik konservativer Politiker an den Notenbanken und die Attacken der Populisten von AfD bis Donald Trump.

Aber die Notenbanken sind nicht einfach nur Spielball dieser Trends. Sie haben eine große Gestaltungsmacht. Was Fed-Chef Jerome Powell in der Corona-Krise tat, wirkte beispiellos. Aber das war es nicht. Seit zehn Jahren lockern Zentralbanken überall auf dem Globus die Geldpolitik, um die Wirtschaft zu stabilisieren. Die Währungshüter krempeln das Leben der Menschen um, weil sie dazu beitragen, dass traditionelle Sparer kaum Zinsen einstreichen. Sie manövrieren das Geldsystem in einen Ausnahmezustand. In den nächsten Kapiteln gilt es zu untersuchen, was da geschieht. Gehen sie zu weit?

Die Schweizer Leitzinsen waren Anfang 2020 mit minus 0,75 Prozent tiefer als sonstwo auf der Welt. Negativ waren sie da schon fünf Jahre. Notenbankchef Thomas Jordan wollte so verhindern, dass die Wirtschaft einbricht. «Die Zinsen sind nicht nur wegen der Geldpolitik der Notenbanken tief, sondern vor allem wegen struktureller Veränderungen. Es wird allgemein mehr gespart und weniger investiert. Wir hätten natürlich nichts dagegen, unseren negativen Leitzins abzuschaffen. Aber im gegenwärtigen Umfeld widerspräche das unserem Auftrag. Wenn wir den Zins auf null setzten, würde der Franken stark aufwerten und eine Rezession auslösen. Die Arbeitslosigkeit würde steigen.»

Finanzkrise 2008: Der Urknall

Der Moment, als Notenbanker überall auf dem Globus ihre Geldpolitik dauerhaft lockerten, kam in der Finanzkrise 2008. Dieser Crash war die erste wirtschaftliche Kernschmelze der Nachkriegszeit. Er folgte aus der neoliberalen Revolution, in der Ronald Reagan und Co. privatisierten, Steuern für Reiche senkten – und die Finanzmärkte entfesselten. «Lasst uns die Regeln wegwerfen, die den Erfolg bremsen», verkündete Margaret Thatcher am 27. Oktober 1986 vor den Holzbänken des britischen Parlaments. Die Finanzbranche sollte die Industrie als Kern der Volkswirtschaften ablösen, smarte Jobs für Männer in Anzügen statt Maloche am Band.

Seither überflügeln Geldhäuser die reale Wirtschaft. 2006 lag die Weltwirtschaftsleistung bei 47 Billionen Dollar. Das Volumen an teils hochspekulativen Finanzderivaten, deren Wert sich oft um ein Mehrfaches so stark entwickelt wie ihre Basisprodukte Währungen, Rohstoffe oder Immobilienkredite, lag zehn Mal so hoch. Die Banker hatten sich von Dienstleistern zu Herren aufgeschwungen, die Reichtum akkumulierten wie König Midas. Von 1973 bis 1985 entfielen in einem Jahr nie mehr als 16 Prozent der Unternehmensgewinne der amerikanischen Wirtschaft auf die Finanzbranche. In den Nullerjahren erreichte der Anteil 40 Prozent – obwohl die Branche nur zehn Prozent der Beschäftigten der US-Wirtschaft stellte.

Basisprodukte der Derivate waren zum Beispiel Kredite für Immobilien, deren Preise in amerikanischen Städten jedes Jahr um zehn bis 15 Prozent stiegen. In diesem Rausch wurden auch Hauskäufern Kredite gegeben, die wenig verdienten. Die Banken verachteten diese Schuldner heimlich, sie nannten sie *Ninjas* – kurz für *No income, no job, no assets*, kein Einkommen, keinen Job, kein Vermögen. Die Banker gaben ihnen Geld, weil sie das Risiko dieser Immobilienkredite in immer kleinere Päckchen zerteilten und dann an verschiedene Investoren weiterverkauften. Irgendwann schien das Risiko verschwunden. Die Ratingagenturen gaben den Produkten gute Noten. Investoren von überall kauften die Immobilienderivate, etwa deutsche Banken, die in New York wegen ihrer Kauflust *stupid German money* hießen. Die Immobilienkredite ärmerer Hauskäufer stiegen von 30 Milliarden Dollar in den 1990er Jahren bis 2005 auf 625 Milliarden Dollar. Investoren kauften Papiere auf Pump, wie auch Banken ihr Geschäft mit wenig Eigenkapital unterlegten.

Als die Immobilienpreise bröckelten, kollabierten die Spekulationen wie ein Kartenhaus. Die Risiken waren nicht verschwunden. Sie zeigten sich mit brutaler Härte überall auf der Welt, auch im Deutschland des stupid German money. Die wilden Jahre vor der Finanzkrise waren die Stunde von Turbobankern wie Richard Fuld gewesen, Chef der Investmentbank Lehman, der seinen Mitarbeitern versprach, *filthy rich* zu werden. Einer seiner damaligen Mitarbeiter erzählt, wie ihn Fuld in sein Büro rief. Er stellte nur eine Frage: «How can you make me a billion dollars?» Lehman & Co. spekulierten die Welt an den Abgrund. Wie 1637 in Holland, als einfache Bürger mit Tulpen leichtes Geld zu verdienen glaubten und dieser Wahn alles vernichtete. Bei Lehman & Co. war die Spekulation allerdings global. Als *Filthy Rich* Fulds Bank 2008 kollabierte, begann die wirtschaftliche Kernschmelze.

Banken überall auf dem Globus stoppten ihre zuvor täglich Millionen Transaktionen. Das Vertrauen ins Geld verschwand. Bürger begannen, Gold zu horten wie im Mittelalter, als Regenten wie Friedrich III. die Münzen manipulierten. Sie begannen ihre Konten leerzuräumen wie in den 1930er Jahren. 2008 drohte die Weltwirtschaft in einer Depression wie in den 1930ern zu versinken, als im Deutschland der sechs Millionen Arbeitslosen Adolf Hitler die Macht ergriff. Der Wohlstand der Volkswirtschaften war auf Jahre bedroht.

Dann handelten Notenbanker wie der damalige Fed-Chef Ben Bernanke. Ihre große Leistung war, in diesem entscheidenden Moment nicht abzuwarten. In den 1930er Jahren ließen die Notenbanker die Katastrophe geschehen. In der Finanzkrise 2008 handelten sie, um die wirtschaftlichen Schäden zu begrenzen.

William Watts schreibt im *Wall Street Journal:* «Die Europäische Zentralbank war wie die Fed der einzige Sheriff in der Stadt, weil die Politiker nach der Finanzkrise mit expansiven Fiskalausgaben zögerten.» Antizyklische Staatsausgaben, die hatte der britische Ökonom John Maynard Keynes nach der Weltwirtschaftskrise der 1930er als zwingend notwendige Politik gegen Krisen erkannt. Doch diese Erkenntnis schien nun vergessen.

Sowohl in den Jahren nach der Finanzkrise, als Fed-Chef Ben Bernanke US-Regierung und Kongress immer wieder aufforderte, Geld auszugeben. Wie auch in der Eurokrise danach, als Staaten wie Deutschland Südeuropa einen Sparkurs aufzwangen, der die Probleme verschärfte. Selbst fixierten sich diese Euro-Staaten auf ausgeglichene Etats der schwarzen Null, statt zu investieren, wovon auch der Süden profitiert hätte. «Die Politiker begnügten sich damit, die Notenbanker eine tiefere Krise verhindern zu lassen, während sie sie gleichzeitig für ihre außergewöhnlichen Maßnahmen kritisierten», so Watts.[1]

In der Finanzkrise ging Ben Bernanke unter den Notenbankern besonders drastisch vor. Die Fed senkte ihre Leitzinsen fast auf null – und ließ sie jahrelang niedrig. Anders als die nach der Deutschen Bundesbank modellierte EZB hat die US-Fed nicht nur den Auftrag, die Preise stabil zu halten. Sie soll auch Arbeitslosigkeit bekämpfen. Traditionell verbilligt sie besonders entschieden das Geld, wenn eine Rezession droht. Damit Unternehmen billiger an Kredite kommen, investieren und die Wirtschaft in Schwung kommt.

Klassischen Sparern in den USA gefällt das oft weniger. «Sparer und Rentner wurden fast ein Jahrzehnt der Zinsen beraubt», schreibt Tara Siegel Bernard in der *New York Times*. Als die Fed die Leitzinsen wieder zu erhöhen begann, warfen Sparkonten 0,1 Prozent ab. Neun Erhöhungen später waren es 0,2 Prozent. Doch so sehr darüber gegrummelt wird, so sehr bewahrt diese aktive Geldpolitik die USA vor dem wirtschaftlichen Kollaps. So nach dem Terror des 11. September 2001 – oder eben der Finanzkrise 2008. Obwohl diese Finanzkrise von den USA ausging, erholten sie sich schneller als Europa.[2]

Die EZB begann spät

Das lag auch daran, dass die Fed sofort massiv handelte, während sich die EZB Zeit ließ. Seit Jahren kritisieren Bürger die EZB für ihre «andauernde Nullzinspolitik». In Wahrheit begannen die Währungshüter im Frankfurter Euroturm damit sehr verzögert. Der damalige Präsident Jean-Claude Trichet unterschätzte die Finanzkrise. Er hielt die Zinsen bis zur Lehman-Pleite absurd hoch, obwohl die Konjunktur schon nachgab. Dann senkte er sie zögerlich – und erhöhte sie sofort wieder, als sich die Eurozone zu erholen schien. Was sich als falsch herausstellte.

Mancher sieht die EZB unter Trichet in der Bundesbank-Philosophie gefangen, wonach vor allem Inflation gefährlich ist und daher ständig präventive Zinserhöhungen nötig sind. Die Autorin Ulrike Herrmann wirft der Bundesbank vor, nach der Wiedervereinigung aus panischer Angst vor einer Inflation katastrophal gehandelt zu haben. «Sie setzte die Zinsen drakonisch nach oben und würgte die Wirtschaft ab. Trotzdem gilt die Bundesbank bis heute als unfehlbar und wird verehrt.»[3]

Erst Trichets Nachfolger orientierte sich ab 2011 an der erfolgreichen Krisenpolitik der Fed: Mario Draghi, durch seine Jahre in den USA mit der dortigen Denkart vertraut. Der Italiener senkte die Euro-Leitzinsen auf null. Das provozierte einen Aufschrei, vollzog aber nur nach, was die Fed längst getan hatte. Sogar Leitzinsen unter null kennen nicht nur Eurostaaten, sondern auch Japan, Dänemark oder Schweden. Auch als Draghi ebenso umstritten Staatsanleihen aufkaufte, war das ein Echo dessen, was die Fed getan hatte.

Nicolas Baverez betrachtet die Nullzinsen kritisch. Dennoch argumentiert der Franzose, Draghi habe der Eurozone besonders lange billiges Geld verordnen müssen, weil die EZB zu spät begann: «Die Entscheidung Draghis für negative Zinssätze lässt sich durch die Fehler seines Vorgängers Trichet erklären. Dessen absurde Zinserhöhungen zu einer Zeit, als sich mehrere Staaten bereits in Zahlungsverzug befanden, brachten den Euro-Raum in Gefahr. Dadurch erklärt sich, dass dieser zehn Jahre brauchte, um das Aktivitätsniveau vor der Krise wieder zu erreichen, während es den USA schon in fünf Jahren gelang, weil die Fed bereits 2009 massive Kaufprogramme gestartet hatte.»[4]

Inflation oder Deflation?

Mario Draghi sah sich dem Ungeheuer gegenüber, dass die Weltwirtschaftskrise der 1930er Jahre regiert hatte: Deflation, fallende
Preise. Sie machen es für Firmen unattraktiv, zu investieren, weil sie
ja weniger für ihre Produkte bekommen werden. Fallen die Preise,
fehlen gleichzeitig Einnahmen, um Schulden zu bezahlen – was zu
Pleiten führt. Deflation lähmt die Wirtschaft.

In der Weltwirtschaftskrise wurden diese Zusammenhänge nicht
verstanden, gerade in Deutschland. Dort dominierte die Angst vor
Inflation, also steigenden Preisen. Seit der aus dem Krieg entstandenen Hyperinflation 1923, als der Lohn so rasant an Wert verlor,
dass Bürgern schwindlig wurde. Mancher transportierte die Scheine
mit Schubkarren, um für 320 Milliarden Reichsmark ein einziges Ei
zu kaufen. Nichts habe das deutsche Volk so hitlerreif gemacht wie
die Inflation, schrieb der österreichische Schriftsteller Stefan Zweig
in *Die Welt von Gestern.* «Denn der Krieg, so mörderisch er gewesen, er hatte immerhin Stunden des Jubels geschenkt mit Glocken-
geläuten und Siegesfanfaren. Und als unheilbar militärische Nation
fühlte sich Deutschland durch die zeitweiligen Siege in seinem
Stolz gesteigert, während es durch die Inflation sich einzig als be-
schmutzt, betrogen und erniedrigt empfand.» Deshalb sah niemand
ein Problem darin, als Reichskanzler Heinrich Brüning nach dem
Börsenkrach von 1929 mit dem gefährlichen Gegenteil von Inflation hantierte: mit fallenden Preisen. Brüning versuchte, die Weltwirtschaftskrise mit Deflation zu bekämpfen. Er ließ Löhne sinken,
senkte die Staatsausgaben und erhöhte die Steuern. Er führte sogar
neue Steuern für Singles, Kaufhäuser und Mineralwasser ein.
Brüning würgte die Wirtschaft ab. «Die Deflationspolitik wurde
zwei schicksalhafte Jahre fortgesetzt, obgleich ihre Unzulänglich-
keit sofort hätte klar sein müssen», schimpft der Amerikaner Charles Kindleberger in seinem Standardwerk über die Weltwirtschaftskrise. «1931 gab es drei Millionen Arbeitslose mehr als 1929.» Zwei
Jahre später ergriff Adolf Hitler die Macht.

Während der achtjährigen Amtszeit von Mario Draghi stiegen die Preise durchschnittlich nur um 1,2 Prozent, weit unter dem offiziellen Inflationsziel von bis zu zwei Prozent. Draghi fürchtete, die niedrige Teuerungsrate könne in fallende Preise umkippen. «Deflation ist viel gefährlicher als Inflation», warnt Hagen Krämer von der Hochschule Karlsruhe. «Wir leben eher in einer Deflations- als in einer Inflationswelt.» Darum senkte Draghi erneut die Zinsen und kaufte Staatsanleihen, um die Wirtschaft anzuregen, die in Südeuropa kaum aus der Eurokrise kam. Dagegen gab es aus Deutschland mehrere Klagen, die der Europäische Gerichtshof abwies. Draghi verhinderte die Deflation. «Die EZB hat nicht den Auftrag, Sparern hohe Zinsen zu gewähren – sondern ihr Inflationsziel zu erreichen», sagt Krämer.

Er findet es logisch, dass Draghis Anti-Deflationspolitik vor allem bei Deutschen auf kein Verständnis stößt. «Im kollektiven Gedächtnis der Deutschen sind vor allem die Hyperinflation der 1920er Jahre und die Währungsreform nach dem Zweiten Weltkrieg verankert, die ebenfalls das Geld entwertete. Für diese Prägung hat auch die Bundesbank gesorgt. In der angelsächsischen Welt ist die Weltwirtschaftskrise der 1930er Jahre präsenter, die von Deflation geprägt war.»

So versucht die Fed ständig, fallenden Preisen vorzubeugen. Das ist in den USA weit weniger umstritten als in Deutschland. Der französische Ex-IWF-Chefökonom Olivier Blanchard schlägt sogar vor, Notenbanken sollten ein Inflationsziel von vier Prozent verfolgen – nicht zwei Prozent wie jetzt. Viele Deutsche würden das als gefährlich ablehnen. So wie der erste Vorwurf gegen Draghis Geldpolitik war, sie löse Megainflation aus, die das Ersparte entwerte. Was sich als falsch herausstellte. Die Inflation blieb fast immer unter zwei Prozent. Nach Konsensvorhersagen steigen die Preise auch in den nächsten fünf Jahren im Schnitt nur um 1,7 Prozent. Würde man stärker berücksichtigen, wie sich gestiegene Vermögenspreise etwa von Immobilien auf die allgemeinen Lebenshaltungskosten auswirken, würde sich daran nicht viel ändern.[5]

Wie ein Italiener den Euro rettete

Als Mario Draghi ins Amt kam, war unklar, wie lange dieses Amt noch existieren würde. Hoch verschuldete Staaten wie Griechenland standen vor der Pleite. Dies konnte eine Kettenreaktion auslösen, in der der Euro scheitern konnte, für den die EZB geschaffen wurde. Sein Scheitern drohte einen Sog auszulösen, der das Ganze gefährdete: die Europäische Union, die politische Antwort auf das Leid der Weltwirtschaftskrise der 1930er Jahre – und die Millionen Toten der von Deutschland verursachten Weltkriege. Scheitere der Euro, «scheitert die Idee der europäischen Einigung», warnte die deutsche Kanzlerin Angela Merkel – in Aachen bei der Preisverleihung zu Ehren Karls des Großen, dessen Reich zwölf Jahrhunderte zuvor erstmals Umrisse Europas erkennbar machte.

Das Problem lag zuerst bei der Politikergeneration *vor* Merkel. Die Gründerväter hatten den Euro nicht mit einer politischen Union, der nötigen Zentralgewalt ausgestattet, um ihn durch schwierige Zeiten zu manövrieren. Und dann versäumte es Merkels Politikergeneration, diesen Fehler zu reparieren (mehr dazu im Kapitel *Endspiel um den Euro*).

Als Mario Draghi im Juni 2012 zu einer Rede ins palastartige Londoner Lancaster House aufbrach, stand der Euro vor dem Ende. Griechenland und Italien konnten kaum ihre Schulden finanzieren, weil Investoren immer höhere Zinsen forderten. Die Wirtschaft schrumpfte wie in der Finanzkrise. Spekulanten wetteten auf das Ende des Euro. Einer von ihnen, der indische Manager eines der weltgrößten Investmentfonds, rechnete mir damals in London vor, der Euro sei Geschichte. Dabei ging er mit knarzenden Lackschuhen im Raum umher. «The Euro is history», knarz, knarz, es klang nach einem Ende mit Schrecken.

Die Regierungen schienen nach ihren Kreditpaketen für Südeuropa überfordert, die Währungsunion zu retten. Auch hier fehlte eine politische Union, eine Zentralgewalt, die die Mitgliedsstaaten mit dem notwendigen Geld versorgt. Die US-Regierung setzt keynesianische Ausgabenimpulse, die im ganzen Dollargebiet wirken. Im Eurogebiet handelt jeder für sich. Es fehlt eine zentrale Instanz, die den Absturz keynesianisch bremst.

Draghi redete hinter den schweren Mauern des Lancaster House erstmal über die Hummel. Wie sie fliegt, obwohl das anatomisch gar nicht geht. Wie die Hummel sei auch der Euro die ersten Jahre geflogen. Bis zur Finanzkrise. Nun müsse der Euro eine richtige Biene werden, um nicht abzustürzen. Manche der anwesenden Investoren werden sich gefragt haben, ob der Italiener mit dem Eulengesicht eine Schraube locker habe.

Dann sagte Draghi plötzlich, wie er die Spekulanten stoppen werde, die auf den Untergang des Euro wetteten: «Die EZB ist bereit, alles Notwendige zu tun, um den Euro zu retten. Und glauben Sie mir, es wird ausreichen.» Alles Notwendige, *whatever it takes:* Draghi schob die große Kanone auf die Weltbühne, das Monopol einer Zentralbank: Sie druckt zur Not so viel Geld, wie sie will. «Zentralbanken sind Priestergremien», wundert sich der Philosoph Christoph Türcke. «Sie zaubern Papierscheinen oder Pixeln Kaufkraft an.»

«Die Finanzmärkte müssen wissen, dass der Euro irreversibel ist», sagte mir Draghi nach seiner Londoner Rede. «Draghi zeigte Spekulanten: Hier ist eine Institution, die mehr kann als ihr», sagt Hagen Krämer. «Er hat den Euro gerettet.» *Whatever it takes* wurde zum berühmtesten Satz der vielhundertjährigen Geschichte der Notenbanken. Draghi steht in der Tradition der *Riksbank* von 1656 und der *Bank of England* von 1694. Wie sie stabilisierte er das Geld – und so die Wirtschaft. Draghi sandte die politische Botschaft, die die Politiker nicht sandten. Die Zinsen im Süden sanken. Nach Draghis Signal begann sich die Eurozone zu erholen und ein Jahr später zu wachsen.[6]

Das Handeln der EZB sendet eine Botschaft an die Sparer, die sich über niedrige Zinsen beschweren. «Der Fokus nur auf die Sparzinsen ist schon von sich aus falsch», sagt der Wirtschaftsweise Achim Truger. «Die Nullzinspolitik war wichtig, um den Kollaps des Euro und eine Wirtschaftskrise zu verhindern. Viele, die heute über niedrige Zinsen jammern, wären ohne diese Politik heute arbeitslos oder hätten weniger Rente.» Der Kollaps des Euro würde in Deutschland eine Million Arbeitslose zur Folge haben, rechnet Ex-Allianz-Chefvolkswirt Michael Heise vor. Stattdessen entstanden in Europa im vergangenen Jahrzehnt elf Millionen neue Arbeitsplätze.

Der Euro schafft jene positiven Effekte, die auch in früheren Epochen zu beobachten waren, wenn Währungsgebiete ausgedehnt wurden. Als im zersplitterten Heiligen Römischen Reich Deutscher Nation 1566 der Taler zum offiziellen Zahlungsmittel vieler Einzelterritorien wurde, regte das den Handel an. «Der Euro hat Preisstabilität für einen ganzen Kontinent ermöglicht», sagte mir Draghi. «Wechselkursrisiken verschwanden, das war gut für Wachstum und Arbeitsplätze.» Indem sie die Zinsen niedrig hielt und Anleihen kaufte, bannte die EZB in den Jahren nach 2012 Deflation und stabilisierte den Euro – dessen Kollaps das Ganze gefährden würde: die EU, die einem Kontinent Frieden und Wohlstand sichert, den erst wenige Jahrzehnte zuvor zwei Weltkriege verheerten.

Crash-Propheten wie der deutsche Anlageberater Marc Friedrich brandmarken die EZB als Desaster: «In deren Korsett erleben wir in der Eurozone nie wieder steigende Zinsen.» Das kommt zwar bei manchen Bürgern gut an, ist aber Stimmungsmache. Für den US-Währungsforscher Barry Eichengreen musste die EZB eingreifen, weil die Politik die nötigen Ausgaben verweigerte: «Alles andere wäre unverantwortlich gewesen. Wenn ein Feuer ausbricht und die zuständige Feuerwehr tut nichts, was soll die Nachbar-Feuerwehr dann anderes tun?» Fragt der Autor deutsche Spitzenpolitiker und Notenbanker, sagen sie im Vertrauen meist dasselbe.[7]

Alles zusammengefasst, haben die internationalen Zentralbanken in den Jahren seit der Finanzkrise viel geleistet. Die US-Notenbank Fed ging voran, einen Absturz wie in die Depression der 1930er Jahre zu verhindern. Die EZB folgte ihr verzögert, was das Entstehen einer Eurokrise begünstigte. Diese allerdings stoppte die EZB. Und sie hielt wie die Fed Deflation vom Leben der Bürger fern, so dass die Industriestaaten unterm Strich wirtschaftlich solide 2010er Jahre erlebten.

Allerdings kann die EZB den Euro naturgemäß nicht dauerhaft retten. Sie bügelte nur den Konstruktionsfehler der mangelnden politischen Einheit aus, der den Euro bald wieder bedrohte. Gerade in einer Wirtschaftskrise wie durch die Corona-Pandemie. Gerade in so einer Krise wird auch der Preis spürbar, den die Rettungstaten der Notenbanker kosten.

«Mario Draghi wird als Retter des Euro in die Geschichte eingehen. Doch der Preis, den es für das Überleben dieser einzigartigen Währung zu zahlen galt, wird nach wie vor unterschätzt», findet selbst jemand wie Nicolas Baverez, der kritisiert hatte, die EZB habe in der Eurokrise anfangs zu zögerlich gehandelt. «Die Negativzinsen stellen vor allem eine Maschinerie dar, Spekulationsblasen zu kreieren. Sie vernichten das Sparen und sorgen für eine Verarmung der Mittelschicht, was wieder den politischen Extremismus fördert und Spannungen zwischen den Euro-Nationen auslöst.»

Wie Baverez warnte Volker Wieland schon Monate vor der Corona-Pandemie, die EZB hätte den Folgen ihrer Geldpolitik früher entgegensteuern sollen. Es gibt Anzeichen dafür, dass Euro-Retter Mario Draghi zum Ende seiner Amtszeit störrisch immer mehr von der Medizin verschrieb, die doch Nebenwirkungen hat. 2017 und 2018 wuchsen die Volkswirtschaften des Euro um zwei Prozent. Da wäre für Volker Wieland der Moment gewesen, die Leitzinsen leicht anzuheben. So wie die US-Fed bereits Jahre vorher. Als Signal der Umkehr. Diesen Moment verpasste die EZB.

Dann schwächte sich die Weltwirtschaft ab, etwa durch Trumps Strafzölle. Als Mario Draghi als letzte Amtshandlung 2019 wieder Anleihen aufkaufte, opponierte jedes zweite Ratsmitglied. Österreichs Notenbankchef Robert Holzmann warnte, immer expansivere Geldpolitik helfe nicht: «Wir müssen da raus.»

Es sind zuallererst globale Trends wie Flucht in Sicherheit, Alterung und Stagnation, die die Niedrigzinsen verursachen. Notenbanken wie die EZB haben sie aber verschärft. Das verlangt nicht nur traditionellen Sparern viel ab. Das billige Geld führt auch dazu, dass sich Firmen und Staaten verschulden und sich Aktien- und Immobilienblasen aufpumpen wie jene vor der Finanzkrise 2008. Das alles sind Risiken, die in einer Wirtschaftskrise wie durch die Corona-Pandemie besonders problematisch sein können. Aber wie groß sind diese Risiken wirklich?

9. Globale Risiken und der Corona-Schock

Das Städtchen Princeton amtierte 1783 für einige Monate als Hauptstadt der USA. Bekannter ist es für seine Universität, an der Geister wie Albert Einstein, Atombomben-Robert Oppenheimer und Notenbankchef Ben Bernanke lehrten. Als der Ökonom Max Otte hier in den 1980er Jahren studierte, konnte er günstig wohnen. Das Häuschen, das er mit einigen Kommilitonen teilte, war damals 130 000 Dollar wert. Als Otte zwanzig Jahre später für eine Hochzeit zurückkehrte, glaubte er es kaum: Das Häuschen von einst kostete 400 000 Dollar, drei Mal so viel.

Aufblasen, bis es platzt

Otte sah vor seinen Augen die Lunte einer Finanzkrise, wie er mir erzählte. In amerikanischen Städten stiegen die Hauspreise jedes Jahr um zehn bis 15 Prozent. Otte schrieb ein Buch, in dem er vor dem großen Knall warnte. Er blieb wie andere Warner ungehört. Bis der Knall mit der Finanzkrise 2008 tatsächlich kam. In den USA und Europa platzten die Immobilienblasen, Millionen verloren ihr Zuhause.

Solche Finanzblasen lösen immer wieder Wirtschaftskrisen aus. Aufgepumpt werden sie auch durch die Nullzinsen von heute. Für die sind vor allem Trends wie Flucht in Sicherheit, Alterung und Stagnation verantwortlich, aber eben auch Zentralbanken. Wenn klassische Sparanlagen nichts abwerfen, kaufen professionelle Investoren Aktien und Immobilien. Und wenn Kredite billig sind, kaufen manche mit geliehenem Geld. Eine doppelte Gefahr: Übertriebene Preise, die irgendwann kollabieren – und übertriebene Schulden, die irgendwann nicht rückzahlbar sind.

Schon 2014 sahen so unterschiedliche Ökonomen wie Otte, Marcel Fratzscher und die Bank für Internationalen Zahlungsausgleich, das Dachinstitut der Notenbanken, neue Finanzblasen anschwellen – und machten die Notenbanken mitverantwortlich. «Wenn in München für eine Wohnung das Dreißigfache der Miete bezahlt wird, dann ist das eine Blase», meinte Otte. «Ich teile die Einschätzung, dass es schon sichtbare Blasen an den Finanzmärkten gibt», sagte Fratzscher damals. «Wir haben es mit einer Kette wandernder Blasen zu tun, die von der Geldpolitik getrieben werden», stellte der EZB-Kritiker Gunther Schnabl fest. Schnabl studierte in Japan, als eine Geldschwemme 1989 einen Aktien- und Immobiliencrash auslöste, der das große Industrieland jahrelang paralysierte. So eine Stagnation befürchten Notenbankkritiker nun in Europa und in den USA.[1]

Allerdings ist umstritten, ob die Aktien- und Häusermärkte wieder so nah an der Blase sind, dass Notenbanken gegensteuern müssten. Ja, die Immobilienpreise in deutschen Großstädten haben sich verdoppelt, aber: «Die Hauspreise sind in einzelnen Euroländern überhöht, jedoch nicht generell. Die EZB kann ihre Geldpolitik nicht an ein paar deutschen Großstädten ausrichten», meint Peter Bofinger, als langjähriger Wirtschaftsweiser einer der Chefberater der deutschen Regierung. Wenn Immobilienpreise regional bedenklich stiegen, müsse nicht eine euroweite Zentralbank gegensteuern – sondern die Regierung.

Sein einstiger Wirtschaftsweisen-Kollege Volker Wieland fürchtet, dass die Politik nicht gegenzusteuern vermag: «Spanien versuchte das vor der Immobilienkrise ohne Erfolg.» Am Ende drohte den Banken vor lauter faulen Häuserkrediten die Pleite, so dass die Euro-Partner mit 40 Milliarden Euro retten mussten. «Selbst der Europäische Ausschuss für Systemrisiken warnt, dass die deutschen Immobilienpreise zu schnell steigen. Ein wichtiger Grund sind die niedrigen Zinsen.» Wieland sieht ein echtes Risiko, dass die Preise zu schnell steigen und irgendwann eine Korrektur kommt.

Dieses irgendwann rückt durch die Corona-Pandemie näher. Wenn Hauskäufer, Firmen und Banken Einkommen verlieren und

Börsen wackeln, wackeln viele Kalkulationen. Dann erweist sich die hochpreisig oder auf Pump gekaufte Immobilie, das spekulative Aktien- oder Kreditpaket plötzlich als zu teuer für die verschlechterten finanziellen Möglichkeiten eines Akteurs.

Arme Mieter und wackelnde Banken

Die Zentralbanken haben auch die politischen Risiken der Ungleichheit verschärft, weil die Aktien- und Immobiliengewinne bisher vor allem den Reichen nutzen. «Die Politik der EZB erlaubt es sehr Reichen, große Kapitalgewinne zu erzielen», schreibt der französische Kolumnist Guillaume Duval. «Der damit einhergehende Anstieg der Immobilienpreise erschwert den Zugang zum Wohneigentum für diejenigen, denen es an Vermögen mangelt. Er treibt auch die Mieten in die Höhe.»[2]

Nullzinsen erodieren zudem den Kern des Bankgeschäfts: Geld einsammeln, um es mit Gewinn weiterzuleihen. «Bis vor einigen Jahren zahlte ein Kunde für einen Immobilienkredit 7,5 Prozent Zinsen, heute sind es teils 0,4 Prozent», berichtet Marija Kolak, Präsidentin der deutschen Volksbanken. «Das ist eine Bedrohung für das ganze Finanzwesen.» Als Folge drohen wackelnde Institute und eine Kreditklemme. Geschwächte Banken sind das Letzte, was eine Volkswirtschaft brauchen kann, die nach dem Corona-Schock wieder Investitionen ankurbeln will. Noch gefährlicher ist, dass die Weltwirtschaft in eine Rezession geschlittert ist, nachdem sich zahlreiche Unternehmen und einige Staaten bereits mit Schulden vollgepumpt haben.[3]

Ein Koreaner lernt, riskante Übernahmen zu hassen

Der koreanische Spitzenkoch Mun Kim steht sechs Tage die Woche am Herd und kreiert Miso Duck oder Truffle Bibimbap. Er denkt an seine Mutter, die stundenlang lächelnd kochte, weil das Abendessen für Menschen war, die sie liebte. Bevor Mun Kim Restaurants in

Buenos Aires und München eröffnete, arbeitete er an der New Yorker Wall Street, was er anfangs liebte und später hasste.

«Ich begleitete Übernahmen von Firmen, die über hohe Schul-
den gekauft wurden, das war in den 1980er und 90er Jahren groß in
Mode», erzählt er mir im schwarzen Kochkittel. «Der Käufer lädt
die ganzen Schulden der Firma auf, die er kauft. Manche feuern die
Hälfte der Leute. Diese Art von Geschäften fördert Finanzkrisen.
Die Übernahmen machten mich krank.»

Mun tauschte sein Millionensalär gegen die Lehre bei einem
Sushi-Koch, um eine Arbeit zu finden, die er lieben konnte. Während dieser Zeit wurde sein altes Berufsfeld der Übernahmen auf
Pump als gefährlich erkannt. Doch das ändert sich in der Nullzinsära wieder: Das billige Geld bringt das Jonglieren mit Schulden zurück.

Niedrigzinsen sind wie ein Gratisabo für Pralinen. Sie verlocken
Bürger, Politiker oder Manager, sich zu verschulden. Irgendwann
kommt die Quittung. Verbindlichkeiten lassen sich nicht mehr zurückzahlen, wenn Unvorhergesehenes passiert – wie der Ausbruch
der Corona-Pandemie.

Speziell US-Firmen haben sich verschuldet, als gäbe es kein
Morgen. Die Manager investierten das Geld oft nicht in neue Produkte, sondern beschenkten die Aktionäre. Der Telekomgigant
AT&T jongliert mit Krediten, die höher sind als die Wirtschaftsleistung Dänemarks oder Chiles. Der Finanzchef erklärte strahlend, er
baue mit den Nullzinsen keine Schulden ab, sondern kaufe eigene
Aktien. Das treibt den Aktienkurs und die Managerboni hoch –
und macht die Firma wackliger. Die 500 größten US-Firmen drücken Kredite höher als die Wirtschaftsleistung Deutschlands.

In der Nullzinsära riskieren Konzerne wieder, was den Banker
Mun Kim krank machte. Übernahmen per Schulden, die sich vor-
her kaum finanzieren ließen: ob AT&Ts Kauf von Time Warner
(CNN, HBO) oder das Schlucken des umstrittenen Glyphosather-
stellers Monsanto durch den Chemie- und Pharma-Konzern Bayer,
Leverkusen. Die hundert größten deutschen Aktiengesellschaften

verdoppelten ihre Schulden auf mehr als die Wirtschaftsleistung der Niederlande. Jede zehnte italienische Aktiengesellschaft gilt als Zombie, der nur dank der niedrigen Zinsen überlebt. Global nutzen die Firmen die laxe Geldpolitik, um ihre Schulden auf den Weltrekord von 13 Billionen Dollar zu schrauben. Das ist so viel wie die Wirtschaftsleistung der gesamten Eurozone.

Richtig gefährlich wird das alles in einer Krise, wie sie das Corona-Virus auslöste. Kaum wütete die Pandemie, stufte die Ratingagentur Moody's Konzernpapiere von 174 Milliarden Dollar als bedroht ein. Die Anleihen waren ohnehin spekulativ – und den Handelsfirmen, Autoherstellern und Großgastronomen brach nun das Geschäft weg. Hohe Schulden brachten unter anderem den Autoverleiher Hertz zu Fall. Investoren hatten die mehr als hundertjährige Firma übernommen und das mit Schulden finanziert, die sie Hertz aufbürdeten – wie einst bei den Deals, die Mun Kim krank machten. 2012 übernahm Hertz für sehr viel Geld einen Konkurrenten, die Schulden wuchsen weiter. Als wegen Corona weniger Menschen Autos mieteten, musste der hochverschuldete Konzern im Mai 2020 Insolvenz anmelden.[4]

Auch die Staatsschulden schwollen seit der Finanzkrise weltweit an, als die Staaten die Spekulationen der Banker ausbaden mussten. Einige Politiker lernten daraus nicht, ihre Etats zu stabilisieren: US-Präsident Donald Trump missbrauchte die Niedrigzinsen, um die Konjunktur mit Steuersenkungen auf Pump zu dopen. Wie einst Ronald Reagan ließ er sich für diese Belastung künftiger Generationen feiern, als tue er etwas Gutes. Der Schuldenberg sei nicht nachhaltig, warnte die Fed. Japan drücken noch höhere Schulden.

Allerdings zeigen diese Beispiele auch, dass manche Warnung vor staatlicher Überschuldung hysterisch ist. Denn solche Warnungen konzentrierten sich in den vergangenen Jahren auf die Eurozone, deren Schulden trotz Eurokrise deutlich unter denen der USA oder Japans blieben.

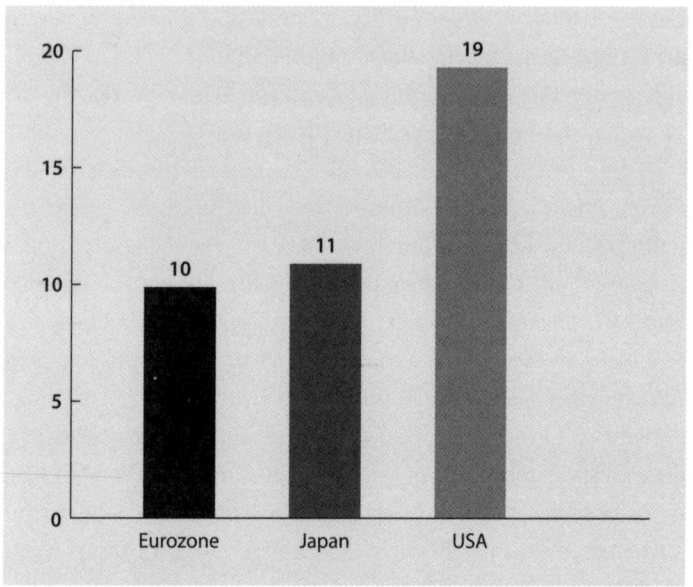

Europa hat relativ wenig Schulden
Staatliche Schuldenberge in Billionen Euro 2018

Quelle: Eurostat, IWF

Corona oder Die Stunde der Abrechnung

Hohe Staatsschulden sind auf jeden Fall riskant. Manchmal geht es lange gut, bis ein unvorhergesehenes Ereignis die Wirtschaft lähmt. Jahrelang fürchteten Ökonomen, dies könne durch eine globale Cyberattacke geschehen oder durch einen Krieg im Nahen Osten. Oder durch eine Weltrezession wegen der aggressiven Handelspolitik von Donald Trump. Im Frühjahr 2020 geschah es dann durch eine globale Seuche, die wirklich niemand vorhergesehen hatte.[5]

Die Corona-Krise erweist sich als völlig anders als etwa die Finanzkrise. Während damals das Geldsystem wackelte, fielen bei Corona gleichzeitig Produktion und Konsum aus. Wenn globale Lieferketten zerreißen und Fabriken dichtmachen, entstehen weniger Waren. Wenn Geschäfte dichtmachen, kaufen die Menschen weniger Waren. Zumal, wenn sie wegen der Krise um ihre Jobs fürchten. Bald sagte der IWF eine Rezession so tief wie in der Depression der 1930er Jahre voraus.

Noch etwas ist anders als in der Finanzkrise: Diesmal konnte Asien den Rest der Welt nicht aus dem Konjunkturtal ziehen. Vor allem fiel China aus, das die Weltwirtschaft 2008 mit einem beispiellosen Konjunkturpaket stabilisiert hatte. 2020 fehlte der Regierung dafür wegen gewaltig angeschwollener Schulden schlicht das Geld – ein Beispiel dafür, wie sich hohe Staatsschulden im falschen Moment als Problem erweisen. Michael Pettis, Finanzprofessor an der Peking University, schätzte die Zahl der Arbeitslosen in China im Frühjahr 2020 auf 60 Millionen. Chinas Wirtschaft schrumpfte das erste Mal seit 1976, als das Land in den Wirren der Kulturrevolution steckte.

Die Industriestaaten reagierten auf die Corona-Krise mit Hilfspaketen von zunächst acht Billionen Euro. Nun kommt der Moment, an dem die gestiegenen Staatsschulden ihre Gefährlichkeit erweisen. Der wirtschaftliche Einbruch und die Gegenmaßnahmen der Regierungen fordern ihren Preis. Der IWF rechnet vor, dass die US-Staatsschulden allein 2020 von gut 100 auf 130 Prozent der jährlichen Wirtschaftsleistung steigen. Im Euro-Sorgenland Italien explodiert die Last von 135 auf 155, in Griechenland von 180 auf 200 Prozent.

Angesichts solcher Schuldenberge könnten Investoren die Stabilität von Staatswährungen anzweifeln. Wackelt der Dollar? Und womöglich die ganze Eurozone? Verlieren die Menschen ihr Vertrauen ins Staatsgeld?[6]

Zunächst fallen einige Unterschiede zwischen den wichtigen Währungen auf. Zwei Drittel des internationalen Handels werden in Dollar als Weltleitwährung abgewickelt. Die amerikanische Regierung verlässt sich deshalb darauf, dass die Akteure weiter Dollar halten. Zusätzlich versucht sie, durch keynesianische Geldausgaben das Land zu stabilisieren – und damit das ganze Dollargebiet, das sie als Zentralregierung komplett steuert.

Japans Regierung, deren Schulden wohl auf 250 Prozent der Wirtschaftsleistung zunehmen, kalkuliert anders. Sie hat sich im Gegensatz zu anderen Nationen vor allem bei den eigenen Bürgern verschuldet, die ihr auch bisher die Treue hielten. Ob das so bleibt, muss sich erst zeigen. Die Regierung in Tokio fürchtet jedenfalls weniger als andere, auf den internationalen Finanzmärkten unter Druck zu geraten, weil der Yen abgestoßen wird.

Ganz anders sieht es in Schwellenländern aus, die Corona wirtschaftlich kaum bekämpfen können. Investoren zogen rasch 100 Milliarden Dollar aus diesen Ländern ab, die sich oft in Dollar verschuldet haben. Nun werten ihre Währungen ab – und sie können die Dollarkredite kaum noch zurückzahlen. In den Schwellenländern könnte sich die Pandemie zur Dauerkrise auswachsen, die die Weltwirtschaft noch lange stört.

Auf den Euro richten sich ebenfalls bange Blicke. Staaten wie Italien und Griechenland gerieten bereits in der Eurokrise unter den Druck der Finanzmärkte. Inzwischen verfügt die Eurozone zwar über den Stabilisierungsfonds ESM. Aber dieser verfügt naturgemäß über weniger Einfluss als eine Zentralregierung der USA, die das ganze Dollargebiet durch Geldausgeben stabilisieren kann. Als die Pandemie ausbrach, gerieten die einstigen Krisenstaaten sofort wieder unter Druck.

Mit einem globalen Virus rechnete die Menschheit hundert Jahre nach der Spanischen Grippe nicht mehr. In dieser Extremsituation erwies sich, wie schon in der Finanzkrise, als Vorteil, dass die so umstrittenen modernen Zentralbanker handeln – und nicht wie in der Depression der 1930er Jahre zusehen, wie sich alles verschlimmert. Fed-Chef Jerome Powell pumpte rasch zwei Billionen Dollar in die US-Wirtschaft. Eine kaum vorstellbare Summe, mehr als Spanien und die Niederlande pro Jahr an Bruttoinlandsprodukt erwirtschaften.

Die Europäische Zentralbank handelte, wie in der Finanzkrise 2008, langsamer als die Fed. EZB-Chefin Christine Lagarde verunsicherte zunächst mit der Bemerkung, es sei nicht ihre Aufgabe, die

Zinsen für Italiens Schulden zu drücken. Sofort zweifelten die Investoren am Euro. Anders als nach der Finanzkrise war die EZB diesmal aber nur Tage, nicht Jahre langsamer als die Fed. Bald kündigte Lagarde Anleihenkäufe von 750 Milliarden Euro an – mehr, als Österreich und Dänemark pro Jahr erwirtschaften. Die Investoren glaubten wieder, dass sie den Euro mit aller Macht retten will, so wie Mario Draghi mit seinem *Whatever it takes*. Auch Ökonomen wie Volker Wieland, die lockere Geldpolitik kritisch sehen, billigten ihr Handeln.[7]

So erwies sich der Aktivismus moderner Zentralbanken auch in der Corona-Krise als Segen. Und zugleich zeigte diese Extremsituation, welche Risiken dieser Aktivismus hat. Gerade wenn er schon lange besteht. Die EZB tut sich im weiteren Verlauf der Krise schwer, ihre Leitzinsen weiter zu senken, um die Firmen durch billigere Kredite anzuregen, denn die Zinsen liegen ja schon seit Mario Draghi bei null oder darunter. Das ist auch für andere Notenbanken ein Hemmnis, auf das Notenbanker wie die Ex-Fed-Chefs Ben Bernanke und Janet Yellen bereits vor der Corona-Krise hingewiesen haben. «Der Geldpolitik geht die Munition aus, aber wenn die Notenbanken das zu deutlich sagen, könnten die Finanzmärkte verrückt spielen», analysierte der Franzose Olivier Blanchard, einst Chefökonom des IWF – unter Christine Lagarde.[8]

Unterwegs in Terra incognita

Die Welt erlebt nun einen Langzeit-Test, ob das Pulver der Notenbank reicht und ihre neuerlichen Großeinsätze bezahlbar bleiben. Die Währungshüter gingen bei Corona über das hinaus, was sie in der Finanzkrise taten. Die US-Fed kaufte *Junk-Bonds,* Schuldpapiere niedriger Qualität. Die EZB akzeptierte sie als Sicherheiten. Japans Notenbank akzeptierte Kredite an Privatleute als Sicherheiten. Die britische Notenbank finanzierte den Staat direkt.

In unbekanntes Terrain drangen die Notenbanken auch beim Ausmaß vor. In der Finanzkrise bliesen die Notenbanken der USA, der Eurozone, Großbritanniens und Japans ihre Bilanzen von zwölf auf 18 Prozent der Wirtschaftsleistung ihrer Nationen auf. Nach Corona könnten diese von 40 Prozent bis 2021 auf 60 Prozent anschwellen. Die Schweizer Nationalbank lag schon vorher bei 120 Prozent. Ist das verkraftbar? Oder Wahnsinn?

Die Pandemie bedeutet zweierlei. Erstens werden die Leitzinsen der Notenbanken – und damit die Sparzinsen – noch länger niedrig bleiben, als es ohne die Seuche der Fall wäre. Ein Ausstieg aus dem billigen Geld, wie ihn die US-Fed zeitweise vollzog, rückt in weite Ferne. Nach Pandemien waren die Zinsen in der Vergangenheit, anders als nach Kriegen, meist besonders niedrig.

Zum Zweiten dringen die Notenbanken mit ihren neuen Finanzspritzen in unbekanntes Terrain vor, *Terra incognita*. Wie auf einen unentdeckten Planeten. Was die Menschheit dort erwartet? Dieser Ausnahmezustand des Geldsystems ist noch nicht erkundet, auf keiner Landkarte verzeichnet.

Womöglich erschüttert dieser Ausnahmezustand längerfristig das Vertrauen in Währungen wie den Euro. Als Corona ausbrach, begriff sich die Währungsunion nicht als Union, sondern als Ansammlung von Einzelstaaten. Die Regierungen schnürten sofort nationale Pakete – und waren über eine euroweite Lösung sofort uneins. «Die großen Aufgaben der Gegenwart sind übernational, wie diese Krise abermals lehrt», schreibt der Schriftsteller Javier Cercas. «Sie mit nationalen Mitteln zu lösen, läuft ungefähr darauf hinaus, als versuchte man einen Banksafe mit Kopfstößen zu öffnen.»

Das ruft in Erinnerung, dass sich die Euro-Regierungen auch in der ersten Krise weigerten, die Krise mit groß angelegten Ausgabenpaketen auszutreten. Es war Mario Draghi, der den Euro rettete, mit seiner seltsamen Rede über die Hummel in London 2012. Gerade noch bevor der Manager eines der weltgrößten Investmentfonds in seinen knarzenden Schuhen mit der Behauptung Recht behalten konnte, der Euro sei Geschichte. Auch nach dieser Rettung ließen die Regierungen die EZB allein. Wie andere Notenbanken manövrierte die EZB das Geldsystem nicht freiwillig in einen gefährlichen Ausnahmezustand. Wie die anderen agierte sie meist, weil die Regierungen nicht agierten, um Schaden von ihren Völkern abzuwenden.

Die Corona-Pandemie beschwört nun ein Endspiel um den Euro herauf. Europas Währung überstand die erste Krise nur knapp. Wird der Euro die neue Herausforderung bewältigen oder scheitert er? Und was erwartet die Menschen in dem unbekannten Terrain, auf das die Notenbanken vordringen? Wer bezahlt am Ende die Rechnung für all die Pakete, mit denen sich die Regierungen gegen die Krise stemmten? Bricht ein neues Zeitalter der Inflation an? Verlieren die Menschen das Vertrauen ins Staatsgeld? War es ein Zufall, dass Facebook mitten in der Hochzeit von Corona ein neues Konzept für sein globales Konzerngeld Libra vorstellte?[9]

10. Das Endspiel um den Euro

Als die Corona-Pandemie ausbrach, brachen Gegensätze auf, die Europa verdeckt hatte. Zu diesem Zeitpunkt waren die Athener Demonstrationen Jahre her, auf denen Plakate Bundeskanzlerin Angela Merkel mit dem Bärtchen Adolf Hitlers zeigten – jenes Hitlers, der im Zweiten Weltkrieg Griechenland überfallen hatte wie fast ganz Europa. Die Eurokrise 2010–2015 stiftete Unfrieden, obwohl der Euro Frieden stiften soll wie die EU, die Kriege wie jene Hitler-Deutschlands bannen will.

Doch das Euro-Projekt erinnerte in der Eurokrise und nun bei Corona erneut an den Beziehungsstatus mancher Zeitgenossen in sozialen Medien: *Es ist kompliziert.* Eine Währungsunion von 19 Staaten ermöglicht den Firmen der 19 schrankenlose Exporte, aber sie erfordert eine gemeinsame Wirtschaftspolitik. So eine Politik haben die Staaten auch 30 Jahre nach ihrer Entscheidung für den Euro nicht verinnerlicht. Und so droht der Corona-Schock den Euro hinwegzufegen wie schon die Krise mit Merkels Hitler-Bärtchen. Aber nicht nur den Euro. Staatswährungen stehen insgesamt vor großen Fragen.

Währungsunion ohne politische Union

Der Euro hat dabei ein besonderes Problem, die Fehler der Konstruktion. Nur wer ihre Konsequenzen in den ersten 30 Euro-Jahren versteht, erkennt, wie sich der Euro reparieren lässt. Beim Euro ging es darum, die EU zu vervollkommnen. Richtig Schwung kam in die Planungen erst, als sich Europa nach dem Fall des Eisernen Vorhangs 1989 neu sortierte. Deutschland, nach seinem Angriffskrieg 1945 geteilt, wollte die Wiedervereinigung. Die Nachbarn wollten keine neue Gefahr durch ein neuerlich muskelstrotzendes Deutschland. Entscheidend war der französische Präsident François Mitterrand, im Krieg Zwangsarbeiter der Nazis. «Mitterrand sah die Gefahr, dass sich die EU nach einer Wiedervereinigung Deutschlands in eine DM-Zone verwandeln würde, was eine deutsche Hegemonie über den Kontinent bedeutet hätte», so Heinrich August Winkler. «Wenn die Mark in einer europäischen Währungseinheit aufging, ließ sich nach Mitterrands Überzeugung diese Gefahr bannen.»

Deutschland wiederum war darauf angewiesen, dass Frankreich und Großbritannien der Wiedervereinigung zustimmten. Um das zu sichern, gab die Bundesregierung ihre Haltung auf, wonach der Euro eine politische Union brauche – eine Zentralgewalt wie jene, mit der die USA den Dollar steuern. An eine politische Union hätten die nationalen Regierungen Macht abtreten müssen, was Frankreich und Großbritannien ablehnten. Speziell in Deutschland entstand daraufhin Skepsis gegenüber dem Euro. «Weißt du, was diese Idioten machen?», rief Bundesbankchef Karl Otto Pöhl aus.[1]

Es war gefährlich, die Währungsunion ohne politische Integration zu starten. Ohne die Entwicklung zur politischen Union fehlt die Zentralgewalt, die auf eine gemeinsame Wirtschaftspolitik drängt, ohne die eine Währung kollabiert wie die Euro-Vorläufer im 19. Jahrhundert. In einer Währungsunion kann Italien oder Griechenland keine Lira oder Drachme mehr abwerten, um gegenüber anderen Nationen konkurrenzfähiger zu werden. Weil dieser Ausweg versperrt ist, bedarf es gemeinsamer Wirtschaftspolitik, damit Italien oder Griechenland gar nicht erst so stark an Konkurrenzfähigkeit verlieren.

«Kaum ein Politiker, der 1992 den Euro-Vertrag von Maastricht unterschrieb, war sich im Klaren, was er da tat», sagte mir Otmar Issing, erster Chefvolkswirt der EZB. «Wenn der Euro stabil sein soll, müssen sich die Volkswirtschaften danach richten.» Nach dem Start 1999 entwickelte sich der Euro zunächst gut, doch im Hintergrund bauten sich Probleme auf. Dem Euro fehlte ja die Zentralgewalt, die auf eine gemeinsame Wirtschaftspolitik drängte. So drifteten die Staaten auseinander.

Euro-Problem 1: Billige Schulden

Südeuropa wurde vor dem Euro durch eine hohe Inflation und entsprechend teure Kredite wirtschaftlich gebremst. Bei einer Athener
Privatbank schluckten Bauherren, wenn Berater Jens Bastian Zinsen von 20 Prozent verlangte. Als der Euro startete, verbilligten die
euroweit einheitlichen Leitzinsen der EZB solche Kredite dramatisch. «Auf einmal war es cool, Schulden zu machen», schildert Bastian. «Vorbild war der Staat, der immer mehr Schulden anhäufte.»
Bastians Kunden wollten nun mehrere Kredite auf einmal: für Autos, Urlaube, den Wechsel der Kinder auf die Privatschule. Her mit
dem guten Leben, das Nordeuropa schon lange hatte! Überall in
Südeuropa wurden die billigen Kredite für einen Aufschwung auf
Pump missbraucht, durch Bauwut und starke Lohnsteigerungen.
«Man erhöhte die Löhne, als ob das weiter durch Abwerten der nationalen Währung korrigierbar gewesen wäre», sagt Otmar Issing.

Der Euro-Stabilitätspakt, der Haushaltsdefizite auf drei Prozent
der Wirtschaftsleistung begrenzt, stoppte das nicht. Als ich 2004 in
der *Süddeutschen Zeitung* enthüllte, dass Griechenland seit Jahren
Defizitzahlen fälschte und gar nicht in den Euro gedurft hätte, war
das ein europaweiter Skandal. Doch Deutschland und Frankreich
wollten sich nicht in Griechenland einmischen, nachdem sie zuvor
selbst das Defizitlimit leicht überschritten und ein Verfahren der
EU-Kommission abgebogen hatten. «Das war ein fataler Präzedenz-
fall für die anderen Staaten», sagte mir Klaus Regling, seit 2010 Chef
des Euro-Rettungsschirms ESM. Diese Zurückhaltung habe die
Staaten ermuntert, über die Stränge zu schlagen.[2]

Es fehlte eine Zentralgewalt, etwa eine von den Staaten unter-
stützte EU-Kommission, die das verhinderte. Griechenland meldete weiter offiziell sparsame Etats nach Brüssel. Als die Regierung
nach Ausbruch der Finanzkrise 2008 mit dem Rücken zur Wand
stand, meldete sie plötzlich ein Defizit von 15 Prozent – aus dem
Nichts. «Das wäre nicht passiert, wenn die EU-Kommission das
Prüfrecht für den Etat gehabt hätte», sagt Regling. Als EU-General-

direktor Finanzen drängte er nach dem Fälschungsskandal vergeblich auf dieses Prüfrecht. Als Athen 2009 das Rekorddefizit meldete, begannen Spekulanten auf die Pleite des Landes zu wetten. Die Eurokrise begann.

Euro-Problem 2: Teure Exporte

Für die Eurokrise war aber nicht nur die Misswirtschaft im Süden verantwortlich, sondern auch die national fixierte Politik mancher Nordstaaten. Sie stellte der Euro vor die umgekehrte Situation wie Südeuropa: Verbilligte der EZB-Einheitszins im inflationsträchtigen Süden die Kredite, verteuerte er sie im inflationsarmen Norden. «Deutschland litt nach dem Euro-Start 1999 schwer», schildert Otmar Issing. Es gab auch deshalb viele Arbeitslose, weil der EZB-Einheitszins Kredite und damit Investitionen verteuerte. Die Bundesrepublik galt als «kranker Mann Europas». Bald begann sie, ihre Wettbewerbsfähigkeit durch niedrige Lohnabschlüsse, Steuersenkungen und Sozialreformen à la Hartz IV zu steigern.

Neu war die Wucht, mit der solche nationalen Maßnahmen in einer Währungsunion wirken. Durch den Euro sind die Preise eines VW, Fiat oder Peugeot für jeden Kunden ohne Währungsschwankungen vergleichbar. Italien und Frankreich können nicht mehr Lira und Franc abwerten, um ihre Autos zu verbilligen – und so Defizite ihrer Produkte auszugleichen.

Ohne Devisenhürden exportieren Staaten mit vielen starken Firmen viel mehr als schwächere. Es bedarf einer Zentralgewalt, die verhindert, dass die Staaten auseinanderdriften. Die EZB warnte vor diesem Auseinanderdriften, doch die Politiker ignorierten das, erzählt Otmar Issing: «Bevor der EZB-Präsident die Finanzminister traf, statteten wir ihn mit Grafiken über die unterschiedliche Entwicklung der Lohnkosten aus. Die Reaktion war null. Dabei stiegen Portugals Lohnkosten im Vergleich zu Deutschland um 30 Prozent.»

Das größte Euro-Mitglied Deutschland maximierte seine Exportüberschüsse und drängte so kleinere Länder an den Rand einer Krise – in die sie durch eigene Misswirtschaft und die globalen Verwerfungen der Finanzkrise dann rutschten.

Ab 2009 wetteten Spekulanten gegen Südeuropa. Sie setzten dabei etwa mit Derivaten auf steigende Zinsen oder eine Pleite der Staaten. Die Regierungen hielten mit riesigen Krediten dagegen, die die Krisen- und Kreditgeberländer gegeneinander aufbrachten – und Europa in Süden und Norden spalteten. Ein typischer Mechanismus bei Krediten in Familien: Der Schuldner fühlt sich bevormundet, der Gläubiger über den Tisch gezogen. Erst das Eingreifen der EZB mit Mario Draghi beendete die Wetten gegen den Euro – mit den bis heute anhaltenden Nebenwirkungen.

Deutschlands schwarze Null hängt über Europa

Politisch befriedender und ökonomisch effektiver wäre es gewesen, Südeuropa mit staatlichen Ausgabenpaketen zu stabilisieren, wie sie John Maynard Keynes als Krisenpolitik nach der Depression der 1930er Jahre entwickelte. Ganz ähnlich wie es die USA mit dem Marshallplan nach dem Zweiten Weltkrieg für Europa getan haben. Gleichzeitig hätte eine politische Union etabliert werden müssen, bei der eine Zentralgewalt Schulden- und Exportexzesse verhindert.

Beim Marshallplan spielte es kaum eine Rolle, dass Hitler-Deutschland den Krieg verschuldet hatte. Diesmal war es anders. Zwar war der Euro durch Exportexzesse im Norden genauso auseinandergedriftet wie durch Schuldenexzesse im Süden, doch die Krise wurde einseitig nach dem Schema Schuld durch Schulden verhandelt. Statt keynesianische Ausgaben einzusetzen, verlangte der Norden vom Süden einen Sparkurs, der die Wirtschaft abstürzen ließ, wie das in der Depression der 1930er Jahre geschehen war.

So begannen die Proteste, die Angela Merkel mit dem Bärtchen Hitlers zeigten, der die Griechen im Zweiten Weltkrieg überfallen hatte. Merkel prangte auch als Leitfigur auf einer Galeere, die der

Museumskonservator Vassilis Bakalis mit Freunden baute, um sich als Sklave der Kanzlerin darzustellen. Bakalis' Lohn wurde in der Krise um ein Drittel auf 900 Euro gekürzt. «Ich arbeite jeden Tag. Doch ich kann meine Familie nicht ernähren.»

Der Norden verweigerte dem Süden Ausgaben, die er selbst nach der Finanzkrise 2008 getätigt hatte. Durch Kurzarbeitergeld und Kaufprämien für Autos, also voll keynesianisch, verhinderte Deutschland damals den Absturz. Den Norden leiteten offensichtlich noch andere Motive, als er den Sparkurs zur Bedingung für Hilfskredite erhob. Viele Bürger im Norden argwöhnten schon lange, Südeuropa werde ihr Geld verprassen. Mit dem Sparkurs hauten sie den Schuldnern auf die Finger.

Dabei war die Theorie der US-Ökonomen Carmen Reinhart und Ken Rogoff einflussreich, nach der die Wirtschaft eines Landes bei einer Verschuldung von über 90 Prozent der Wirtschaftsleistung zusammenbreche. Damit begründeten Politiker wie der deutsche Finanzminister Wolfgang Schäuble den Sparkurs. Jahre später stellte sich heraus, dass sich Reinhart und Rogoff verrechnet hatten. Da war der Schaden für Südeuropa längst entstanden.

Auch in den nächsten Jahren wäre es möglich gewesen, die richtigen Konsequenzen aus der ersten Eurokrise zu ziehen und eine Zentralgewalt zu etablieren, die die Schulden im Blick behält und auf eine gemeinsame Wirtschaftspolitik drängt. Eine solche Politik würde auch bedeuten, dass finanzstarke Staaten Geld investieren. So verbessern sie ihre Infrastruktur – und kurbeln die Wirtschaft auch in Euro-Partnerländern an, deren Unternehmen Aufträge erhalten. Wenn boomende Staaten mit Blick über ihre Landesgrenzen investieren, begreifen sie den Euro endlich als gemeinsamen Wirtschaftsraum – in dem national fixierte Politik das große Ganze gefährdet. Eine Währungsunion ist inhärent instabil, weil Länder wie Italien ja nicht mehr wie früher die Lira abwerten können, um ihre Exporte zu verbilligen. Der Ausweg ist, dass finanzstarke Staaten mit Blick über ihre Landesgrenzen investieren oder bei den Partnern Investitionen finanzieren.

Das wäre eine Art euroweiter Finanzausgleich, wie ihn national die USA oder Deutschland praktizieren. Wobei sich Rollen durchaus umkehren: So subventionierte ab den 1950er Jahren das industrielle Nordrhein-Westfalen das Agrarland Bayern, bis dieses Industrieregion wurde – und dann Nordrhein-Westfalen subventionierte, als dieses den Strukturwandel bewältigte.

Ein solcher Finanzausgleich wäre auch im Interesse Deutschlands. Seit Einführung des Euro stieg das Jahreseinkommen in der Währungsunion von 21 000 auf 34 000 Euro. Gerade für Exportländer wie Deutschland wäre der Kollaps des Euro katastrophal. Eine neue Deutsche Mark würde gegen Lira und Franc um bis zu 40 Prozent aufwerten – und so viele Jobs vernichten.[3]

Doch statt den Euro in den 2010er Jahren durch Investitionen zu festigen, setzte Langzeitkanzlerin Angela Merkel den Sparkurs für Südeuropa mit anderen Mitteln im eigenen Land fort: Sie erhob den schuldenfreien Etat, die sogenannte schwarze Null, zu ihrem Markenkern. Von 2014 bis zur Corona-Krise produzierte sie im Etat sogar Überschüsse. Eisernes Sparen appelliert an tiefsitzende Instinkte jener, die lieber Bohnensuppe statt Gänseleber essen. Merkel bediente diese Instinkte als Inkarnation der schwäbischen Hausfrau, die jeden Groschen doppelt umdreht. Das war doppelt falsch – für den Euro *und* für das eigene Land.

Die Regierung Merkel kürzte öffentliches Personal und Ausgaben so, dass sich staatliche Leistungen verschlechterten und Infrastruktur wie Schulen und Verkehrswege verfiel. Das passte zur neoliberalen Revolution von Margaret Thatcher und Ronald Reagan, den Staat klein zu halten. Der Staat hat 20 Jahre lang netto nach Abzug des Verschleißes nicht investiert, sagt Moritz Schularick, für den dies maßgeblich den Erfolg der Rechtspopulisten erklärt. «Es ist kein Zufall, dass die Populisten gerade jetzt aufdrehen. Wir haben drei Dekaden neoliberaler Attacken auf den Staat hinter uns. Die Schulen sind nicht in Ordnung, es fehlt an Polizisten und kein Zug fährt pünktlich.» Das beste Gegenmittel sei, den Staat zum Hort der Identifikation zu machen, wie es US-Präsident Roosevelt in der

1930er-Depression mit dem keynesianischen New Deal schaffte. «Wenn die Schulen in Ordnung sind, genug Polizei da und Züge pünktlich fahren, können Populisten die Lage nicht schlechtreden.»

Es ist eine bittere Ironie, dass Merkels Politik die niedrigen Sparer-Zinsen zusätzlich drückte. Wenn sich der Staat verschuldet, fragt er Ersparnisse in Form traditioneller Zinsprodukte nach. Wegen ihrer Überschüsse fiel Merkel als Nachfrager aus und drückte damit die Zinsen weiter. Ausgerechnet in dem Land, in dem der Zorn über Nullzinsen mit am stärksten anschwillt.

«Ihr Deutschen habt Anlass, die EZB-Politik scharf zu kritisieren», so der französische Leitartikler Guillaume Duval. «Diese Politik trifft die Ersparnisse der Armen und der Mittelschichten, während sie gleichzeitig die Preise von Immobilien und Aktien erhöht, die in Deutschland wie anderswo zum Großteil die Reichsten besitzen. Das Problem ist, dass es hauptsächlich die Deutschen sind, die verhindern, dass diese Politik geändert wird. Ihr wollt es nicht mehr? Sehr gut. Es liegt an euch, die schwarze Null nicht mehr zu idolisieren.»

«Wenn sich der Staat verschulden würde, gäbe es Nachfrage nach dem Sparangebot und die Zinsen gingen nach oben», meint Hagen Krämer. Staaten wie Deutschland könnten investieren, um die Infrastruktur für Bürger und Firmen zu verbessern – und dabei anderen Euroländern Aufträge verschaffen. Ausgaben, die nicht nur die eigene Nation in den Blick nehmen, sondern den ganzen Wirtschaftsraum: Das wäre ein Rooseveltscher New Deal für den Euro.

Deutschland, Österreich, die Niederlande oder Finnland mit ihren geringen Schulden hätten in den 2010er Jahren investieren sollen, um die Eurozone zusammenzuschweißen. Deutschland häufte allein 2019 50 Milliarden Euro Überschuss an.

Dieses Geld auszugeben, wäre nur logisch gewesen: Die finanzstarken Staaten profitierten übermäßig davon, dass sie in der Finanz- und Eurokrise zum sicheren Hafen für Anleger wurden – und deshalb wenig für ihre Staatsanleihen zahlten. Allein der deutsche Staat ersparte sich seit 2007 mehr als 400 Milliarden Euro,

Überall Überschüsse

Haushaltssalden Deutschlands, der Niederlande, Österreichs und
Luxemburgs in Prozent der Wirtschaftsleistung 2016–2019

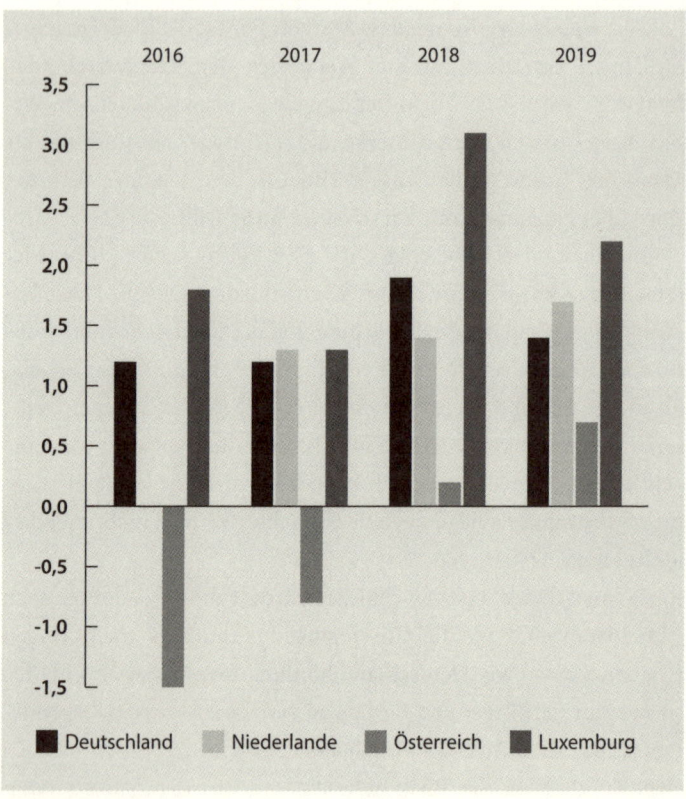

Quelle: Eurostat

die er in Zeiten normaler Zinsen für seine Schulden ausgegeben hätte. Das ist mehr als Österreichs jährliche Wirtschaftsleistung. Warum Nationen wie Deutschland diese Gelegenheit versäumten, den Euro zu stabilisieren, versteht nicht mal Ken Rogoff, der sonst auf Schuldenlimits drängt: «Deutschland ist eines der wenigen Länder mit Spielräumen, langfristig zu investieren. Das wäre nicht nur volkswirtschaftlich sinnvoll. Berlin könnte auch einen Beitrag zur Überwindung der Euro-Probleme leisten.»[4]

Statt zu investieren, bürdeten die Nordstaaten der EZB auf, die Eurozone mit billigem Geld anzuregen. Statt den Euro in den guten Jahren ab 2015 zur politischen Union weiterzuentwickeln, wie es schon unter François Mitterrand 1990 hätte geschehen sollen, vertändelten alle Eurostaaten Zeit. Sie hätten eine Zentralgewalt schaffen können, etwa die EU-Kommission befähigen, Investitionen vorzugeben und Überschuldung zu verhindern. Doch sie verpassten, die Euro-Konstruktionsfehler vor dem nächsten Sturm zu reparieren. «Die immer engere Union sollte wie der Stuhl, auf dem wir sitzen, vier Beine haben: Währungs- und Bankenunion, fiskalische und politische Integration», so der US-Geldmanager Mohamed El-Erian. «Die Eurozone hat eineinhalb Beine, eine volle Währungsunion und eine halbe Bankenunion.»

So ruhte der Euro auf einem Stuhl mit eineinhalb Beinen, als mit Corona tatsächlich der nächste Sturm kam: eine Krise vergleichbar mit der Depression der 1930er Jahre. Sofort begannen Spekulanten gegen Südeuropa zu wetten. Sofort dachten die Regierungen national. Das erste EU-weite Hilfspaket für 450 Millionen EU-Bürger umfasste nur 40 Prozent des ersten deutschen Pakets für 80 Millionen Deutsche. Als der Norden sofort gemeinsame Schulden ablehnte, war die Nord-Süd-Spaltung wieder da, inclusive Hitler-Bärtchen. «Die Deutschen», schimpfte der italienische Schauspieler Tullio Solenghi in einem millionenfach geteilten Videoselfie, «haben den Ersten Weltkrieg ausgelöst und den Zweiten Weltkrieg. Sie haben sechs Millionen Juden vernichtet, in den Gaskammern. Und sie haben bis heute diese Arroganz, als wären sie eine Herrenrasse.» Dass der Sparkurs der ersten Eurokrise das Gesundheitssystem in Italien und Spanien verschlechtert hatte, war eine bittere Corona-Pointe. Den Norden dagegen beschäftigten vor allem die Kosten der Hilfspakete. «Die epidemische Ausbreitung der Staatsschulden zerstört das Vertrauen ins Geldsystem, entwertet die Ersparnisse und bedeutet für künftige Generationen eine Last, die sie kaum tragen können», warnte der Autor Gabor Steingart.[5]

Ein Pakt für die Zukunft

Ob der Euro dauerhaft überlebt, entscheidet sich nicht schon 2020 oder 2021. Aber es lässt sich ein klarer Weg weisen, wie er bestehen könnte. Die Mitglieder müssen aus den Konstruktionsfehlern lernen und den Euro als gemeinsamen Wirtschaftsraum begreifen, in dem sie die Corona-Kosten in den nächsten Jahren gemeinsam schultern. Nur so lässt sich das Endspiel um den Euro gewinnen, das die Pandemie angepfiffen hat. Nur so lassen sich die positiven Effekte einer Währungsunion erhalten, wie sie, auf niedrigerem Niveau, schon aus früheren Epochen bekannt sind: als im zersplitterten Heiligen Römischen Reich Deutscher Nation der Taler 1566 zum offiziellen Zahlungsmittel vieler Einzelterritorien wurde und so den Handel anregte.

Gelingt ein langfristiger Coronakosten-Pakt für den Euro, kann er zum Vorbild für Reformen werden hin zur Etablierung einer politischen Zentralgewalt, die eine gemeinsame Wirtschaftspolitik mit Investitionen vorgibt und verhindert, dass sich die einen Länder überschulden, während andere Exportüberschüsse maximieren und ihren Sparhaushalt feiern. Es wäre ein *Hamiltonian Moment,* wie als der erste US-Finanzminister Alexander Hamilton 1789 die Vereinigten Staaten zentralisierte.

«Diesmal sollte helfen, dass alle Länder vom Virus betroffen sind und sich keiner Regierung vorwerfen lässt, sie habe die Krise durch Fehler wie zu hohe Schulden verursacht», sagt der Wirtschaftsweise Achim Truger. Die einseitige Zuschreibung von Schuld an Südeuropa wie in der ersten Eurokrise wäre absurd angesichts einer Pandemie, die sich von China aus verbreitete.

Was der Euro braucht, ist ein Wiederaufbauplan, gemeinsam finanziert, damit die Spekulanten nicht gegen einzelne Staaten wetten. So lässt sich die Kraft starker Einzelstaaten wie Deutschland nutzen – was nur gerechtfertigt ist, weil die besonders von der EU profitieren, wohin sie 60 Prozent ihrer Waren exportieren.

Durch so einen Wiederaufbauplan stabilisiert Europa den Euro

langfristig. Und damit die EU, jene aus den Trümmern der Weltkriege geborene Friedensunion, die durch einen Kollaps des Euro
gefährdet wäre. Man stelle sich im Zeitalter der aggressiven Kraft-
protze USA, China und Russland vor, wie viel schutzloser Europas
Staaten ohne die EU wären.

Wirtschaftliche Solidarität und politische Einigung wären auch
ein Mittel gegen den wachsenden Nationalismus in Europa, der
sonst von der Krise verstärkt werden könnte. «Der Grund dafür
liegt auf der Hand», schreibt der spanische Schriftsteller Javier Cercas. «Tiefe Krisen erzeugen Angst, und der Nationalismus präsentiert sich als Gegengift. Doch jedes Erstarken des Nationalismus in
Europa hat viel schlimmere Konflikte ausgelöst als jene, die ihn her-
vorriefen. So geschah es mit der Krise von 1929, die in den Zweiten
Weltkrieg mündete. Und wenn sich das Spiel 2008 nicht wiederholt
hat, dann auch deswegen, weil die EU den Nationalismus gebremst
hat.»

Der Corona-Schock muss nicht das Vertrauen ins Geldsystem
zerstören, wie es der Autor Steingart an die Wand malt. Es gibt
Mechanismen, durch die Europa die Kosten der Krise langfristig
bewältigen kann. Und das gilt ebenso für die USA und andere Industriestaaten.

Den Staaten kommt zugute, dass die Zinsen durch langfristige
Trends wie Flucht in Sicherheit, Alterung und Stagnation grundsätzlich niedrig sind. So lassen sich Schuldenberge leichter finanzieren als in früheren Krisen. Es gilt die Rechnung von Ex-IWF-
Chefökonom Olivier Blanchard: Sind die Zinsen niedriger als das
Wirtschaftswachstum, kann sich der Staat verschulden, ohne in ge-
fährliches Wasser abzudriften.

Moritz Schularick weist darauf hin, dass Staaten schon in früheren Zeiten mit hohen Schulden jonglierten – und dabei sogar
florierten. «In Großbritannien setzte sich die industrielle Revolution im 19. Jahrhundert zu einer Zeit durch, als die Staatsverschuldung das doppelte der britischen Wirtschaftsleistung betrug. In den
USA lag die Staatsverschuldung nach dem Zweiten Weltkrieg zeit-

weise bei 120 Prozent. Geschadet hat dies dem Nachkriegsboom nicht.»

Auch in anderen Ausnahmesituationen blieben Schuldenberge finanzierbar. Weil Investoren Staatsanleihen als sichere Zuflucht sahen – und deshalb deren Zinsen nicht stiegen. Weder in Deutschland nach der Finanzkrise 2008 noch in Großbritannien nach dem Zweiten Weltkrieg. Als Winston Churchill in seiner ersten Rede als Premierminister 1940 ankündigte, er habe nichts anzubieten als «Blut, Schweiß und Tränen», schloss das Schulden ein. Bis Ende des Kriegs verdoppelten sich die Verbindlichkeiten auf gefährliche 270 Prozent der Wirtschaftsleistung. Doch weder stiegen die Zinsen noch entstand Inflation, so dass der Fünf-Pfund-Schein, der «Blood, Sweat and Tears» zitiert, stabil blieb. Dieses Phänomen war in der Geschichte oft zu beobachten: Zwischen 1800 und 2011 trieben hohe Schuldenberge in 23 von 26 Fällen die Zinsen der jeweiligen Industrieländer *nicht* hoch.

Aktuell ist daher entscheidend, dass nicht Spekulanten gegen einzelne Staaten wetten und so deren Zinsen hochtreiben. Stoppt die Eurozone die Spekulanten durch einen Coronakosten-Pakt, schrumpfen die Schuldenberge durch wirtschaftliches Wachstum. Wenn die Zinsen unter der Wachstumsrate der Wirtschaft liegen, schrumpft der Schuldenberg relativ zur Wirtschaftsleistung, selbst wenn der aktuelle Staatsetat geringe neue Schulden macht. «Diese Differenz zwischen Zinsen und Wachstum war der zentrale Kanal, über den es vielen Ländern nach dem Zweiten Weltkrieg gelang, die hohen Kriegsschulden abzubauen. Was damals nur durch weitgehende staatliche Kontrolle des Finanzsystems und finanzielle Repression möglich war, erledigt die globale Sparschwemme mit ihren Niedrigzinsen heute quasi von allein», so Schularick.

Über die Stabilität öffentlicher Finanzen und damit einer Währung entscheidet nicht die Größe des Schuldenbergs – sondern seine Finanzierungskosten im Verhältnis zur Wirtschaftsleistung, analysiert Neil Irwin in der *New York Times*. Diese Relation darf nicht zu hoch sein. Notenbanker wie Fed-Chef Jerome Powell bieten an, diese Finanzierungskosten durch niedrige Leitzinsen zu drücken. Dann müssen die Regierungen nur noch durch keynesianische Ausgaben dafür sorgen, dass die Wirtschaftsleistung wieder steigt. Dann bleiben öffentliche Finanzen und die Währung stabil.[6]

«Der Corona-Tsunami erzeugt Schuldenwellen, die Wirtschaft und Finanzsystem zerstören, wenn sie bei Firmen und Bürgern bleiben. Deshalb muss sie der Staat übernehmen», formuliert Peter Bofinger. «Die gute Nachricht ist, große Staaten können diese privaten Verluste ohne Einschränkungen kompensieren. Wenn die zusätzlichen Staatsschulden nicht über private Investoren zu finanzieren sind, können die Notenbanken Staatsanleihen aufkaufen, im Prinzip ohne Grenzen.»

Das ist der zweite Mechanismus, mit dem sich die Corona-Schuldenexplosion langfristig bewältigen lässt: indem Notenbanken einen Teil der Schulden aufkaufen.

Die Notenbanken unterstützen ohnehin die Rettungspakete. Wenn der US-Präsident seinen Bürgern Schecks schickte, bezahlte letztlich die Fed die Rechnung, indem sie Staatsanleihen aufkaufte. Nach diesem Vorbild könnten die Notenbanken in größerem Umfang Schulden aufkaufen, um sie stillzulegen – weil die globale Pandemie einen historischen Ausnahmefall schafft. Wenn die Schulden bei den Zentralbanken ruhen, geht von ihnen nur eine geringe Gefahr aus. Die Währungen bleiben stabil.

Diese Art Staatsfinanzierung ist durch die Anleihenkäufe seit der Finanzkrise schon Realität, aber umstritten. Auf deutschen Wunsch verbietet der Euro-Vertrag, anders als in angelsächsischen Ländern, die direkte Staatsfinanzierung. In breiterer historischer Sicht ist dieses Verbot ein seltener Fall.

Frühe Zentralbanken wie die *Taula de Canvi* ab 1401 in Barcelona, die *Bank von Rialto* in Venedig 1587 und die *Wisselbank* von Amsterdam 1609 finanzierten den Staat mit, argumentiert EZB-Direktor Ulrich Bindseil im Buch *Central Banking before 1800 – A Rehabilitation*. «Die langlebigsten Zentralbanken schienen diejenigen

gewesen zu sein, die der Gesellschaft den Vorteil des Zentralbank-
kredits nicht verwehrten und denen gleichzeitig institutionelle
Arrangements Unabhängigkeit von der Regierung garantierten», so
Bindseil. «Alles in allem legt die historische Evidenz den Schluss
nahe, dass man Monetisierung von Staatsschulden nicht unbedingt
als von Übel betrachten muss.» Zumal heutige Zentralbanken unabhängiger von der Politik sind als früher, als schon mal ein König
in die Kasse griff, um einen Krieg zu bezahlen.

Ein Gespenst namens Inflation

Eine Sorge ist, dass die Geldschwemme der Zentralbanken Inflation
auslöst. Nicht sofort, denn in der Rezession fallen Preise wie der
von Öl. Aber mittelfristig, sobald Konsumenten wieder mehr kaufen. «Im schlimmsten Fall kann das eine Hyperinflation sein. Die
Angst davor sitzt in Deutschland aufgrund der Erfahrung nach den
Weltkriegen noch tief», analysiert Frank Wiebe im *Handelsblatt*.
Um dann zu schließen: «Aber so muss es nicht kommen: Wenn die
Wirtschaft wieder wächst, reicht eine sanfte Preissteigerung über
einen längeren Zeitraum aus, damit Schulden und Bruttoinlandsprodukt wieder in eine vernünftige Relation kommen.»

In der Tat ist die Inflation niedrig, seit in den 1990er Jahren die
Globalisierung einsetzte. Sie ist seit dem Eurostart niedriger als
während der inflationsarmen Deutschen Mark. Sie stieg weder
nach Dotcom-Crash und New Yorker Terrorattacken 2001 noch
nach der Finanzkrise 2008. Die EZB verfehlte in den vergangenen
Jahren ihr Inflationsziel von nahe zwei Prozent – sie hat Spielraum,
eine etwas höhere Inflation zu kontrollieren, die sie durch Anleihenkäufe auslösen mag.[7]

Eine etwas höhere Inflation ist erträglich, wenn die Kosten der
Krise, die es ohne Zweifel geben wird, in den Gesellschaften fair
verteilt werden. Dafür ist eine Sonderabgabe für jene erforderlich,
die durch die Krise ihre Marktanteile oder Gewinne steigern – etwa
digitale Dienstleister wie Amazon oder die Pharmabranche. Multi-

nationale Konzerne, die bisher ihre Steuerlast minimieren, sollten generell stärker herangezogen werden. Zahlen sollten außerdem die Reichen, die zuvor jahrzehntelang wie die Konzerne von der neoliberalen Politik profitierten – und in der Nullzinsära zusätzlich von Aktien- und Immobiliengewinnen.

Für ein solches Handeln gibt es Vorbilder. Nach dem Zweiten Weltkrieg erhob Westdeutschland eine einmalige Vermögensabgabe von 50 Prozent zugunsten jener, die ihren Besitz verloren hatten. Durch diesen Lastenausgleich wurde die Bundesrepublik damals zu einem der Länder mit den geringsten Vermögensunterschieden. Sie zog Vermögende heran und zahlte gleichzeitig einen Teil ihrer Schulden nicht zurück. «Es war ein riesiger Erfolg, es erlaubte Investitionen in Wiederaufbau und Schuldenabbau», so der französische Bestsellerautor Thomas Piketty. Auch in Japan habe das funktioniert.

Der existenzielle Einschnitt der Pandemie, in der sich unterbezahlte Pfleger und Verkäuferinnen als systemrelevanter erwiesen als Banker, sollte den Beginn einer neuen Umverteilung nach unten markieren. Die Kluft zwischen Arm und Reich schrumpfte nicht einmal während des kontinuierlichen Wachstums in den 2010er Jahren. Während die verfügbaren Real-Einkommen des bestverdienenden Zehntels in Deutschland seit 2000 um 22 Prozent stiegen, hat das schlechtest verdienende Zehntel weniger als damals.

Die Ungleichheit weiter zu ignorieren, würde noch mehr Unzufriedene den Populisten zutreiben, die die Demokratie sturmreif schießen.

Bleibt das Risiko, dass die großen Notenbanken in unbekanntes Terrain vorstoßen, mit Bilanzen drei Mal so groß wie in der Finanzkrise. Auch das lässt sich kontrollieren, wie die *Schweizerische Nationalbank* und die *Bank of Japan* zeigen. Ihre Bilanzen schwellen auf über 100 Prozent der Wirtschaftsleistung an. Dennoch ist weder Inflation entstanden noch Franken und Yen unter Druck. Der Großeinsatz der Notenbanken hilft, um nach dem historischen Corona-Schock Zeit zu gewinnen, um die Volkswirtschaften wieder in Gang zu bringen. Und dann über mehrere Jahre Staatsschulden und Notenbankbilanzen zu schrumpfen.

Das Ganze wird kein leichter Gang, er birgt ungeahnte Gefahren. Aber die beschriebenen ökonomischen Mechanismen und historischen Vorbilder zeigen Wege in das unbekannte Terrain, in das Regierungen und Notenbanken durch ihre Riesenausgaben vordringen. Sie skizzieren eine erste Karte dieser *terra incognita,* die es erlaubt, die gefährliche Reise zu bestehen – und die Völker in eine gute Zukunft zu navigieren. Gelingt das, wofür die Chancen gut sind, ist trotz des Corona-Schocks Vertrauen ins staatliche Geld gerechtfertigt.

Die Voraussetzung dafür ist, dass Regierungen und Notenbanken den Weg gemeinsam gehen. Vor der Krise ließen die Regierungen die Währungshüter oft allein, so dass sich diese weit vorwagten und Risiken erzeugten. Nun sollten sie eine Anti-Corona-Allianz bilden, überall in den Industriestaaten.

Neil Irwin zeichnet in der *New York Times* nach, wie US-Regierung und Kongress mit Ausgaben nach der Finanzkrise 2008 zu zögerlich waren. Und wie Notenbankchef Jerome Powell in der Corona-Krise geradezu frenetisch Ausgaben anmahnte. Eine völlige Umkehrung des traditionellen Rollenbilds, wonach Notenbanker Politiker ermahnen, weil sie *zu viel* Geld ausgeben.

Regierungen und Notenbanken sollten eine Anti-Corona-Allianz bilden, überall in den Industriestaaten. Dann muss einem um das staatliche Geld nicht bange sein – auch wenn Corona die Staatswährungen auf eine gefährliche Reise schickt.[8]

Es ist kein Zufall, dass sich angesichts dieser gefährlichen Reise Rivalen zu Euro und Dollar vordrängen. Neue Digitalwährungen wie Bitcoin, die bereits nach dem letzten Schock des etablierten Geldsystems entstanden, der Finanzkrise 2008. Durch die Herausforderungen der Corona-Pandemie wittern sie ihre Chance.

Das gilt auch für den bisher ehrgeizigsten Versuch, eine Konkurrenz zu den Staatswährungen zu entwickeln: den im Sommer 2019 enthüllten Plan von Facebook, zusammen mit Partnern die Digitalwährung Libra zu lancieren. Mitten in der Corona-Pandemie, im April 2020, präsentierte Facebook einen Neuentwurf seines Libra-Plans – kaum ein Zufall. Bitcoin, Libra und Co.: Wohin werden diese Digitalwährungen die Menschen führen, wenn wir ihnen Raum geben?

11. Kryptowährungen greifen Euro und Dollar an

Harald Seiz will der Welt demonstrieren, dass er es geschafft hat. Seiz wuchs in der deutschen Provinz auf. Die Mutter trank, die Oma auch. Später schlug er sich als Staubsaugervertreter durch, erzählte er Reportern des *Handelsblatts*. Vor einiger Zeit begann er, bei Instagram Fotos zu posten, die ihn vor einem Hubschrauber zeigen. Oder vor einem Lamborghini, mit seinen Initialen als Nummernschild. Seht her, der einstige Staubsaugervertreter hat es geschafft! Der Glanz der Fotos soll auf seine Finanzprodukte abstrahlen wie Karatgold Coin, eine Kryptowährung, die mit Gold gedeckt sein soll. Krypto und Gold: modern und solide auf einmal. Was will ein Anleger mehr?

Weltverbesserer und Weltkonzerne

Es war nach der Finanzkrise 2008, als die Idee entstand: Bitcoin, eine moderne Währung ganz ohne Banken und Staaten. Nachdem die spekulierenden Banken den Erdball in die schlimmste Wirtschaftskrise seit 80 Jahren gestürzt und die Staaten dabei zugesehen hatten, hörte sich das wie eine gute Idee an. Die Kryptowährung Bitcoin war das erste rein digitale Geld, das sich nicht anfassen lässt, von der komplexen Technik wird noch die Rede sein.

Privates, nicht vom Staat ausgegebenes Geld war Ende des 19. Jahrhunderts so gut wie ausgestorben. Eine auf staatlichem Geld basierende Marktwirtschaft setzte sich überall in den Industriestaaten durch. Aber in der Finanzkrise 2008, als das Vertrauen in staatliche Währungen schwand, erlebte das private Geld eine Wiedergeburt. Eine Währung ganz ohne Banken und Staaten: Das kam einer verbreiteten Stimmung entgegen. Das Verdrängen des Bargelds, so lässt sich hier sehen, war erst der Anfang. Kryptowährungen gehen einen Schritt weiter: Sie greifen die etablierten Staatswährungen selbst an und damit das staatliche Geldmonopol.

Es ist ein typisches Phänomen, dass in Krisenmomenten an neuen Währungen gebastelt wird. In der Hyperinflation 1923 bastelten manche Deutsche an einer Währung mit Wurst als Basiswert. Nach dem Börsencrash 1929 experimentierten sie mit der Stempelwährung des Finanztheoretikers Silvio Gesell, die Konsumenten zum Geldausgeben bewegen sollte.

Bitcoin ist über das Bastelstadium längst hinausgekommen, und nachdem die digitalen Münzen erstaunliche Wertzuwächse verbuchen konnten, gab es zahllose Nachahmer. Heute gibt es rund 3000 Kryptowährungen. Die Idee zieht ganz unterschiedliche Charaktere an: Weltverbesserer oder Figuren wie den früheren Staubsaugervertreter Harald Seiz, der der Welt mit Lamborghini-Fotos demonstrieren will, dass er es geschafft hat. Oder Mark Zuckerberg, der nichts mehr demonstrieren muss, weil die Welt weiß, dass er es geschafft hat. Facebook und Instagram, wo Seiz seine Belegbilder postet, gehören ihm. Während sich noch keine Kryptowährung massenhaft verbreitet hat, plant Zuckerberg ganz groß: Sein Digitalgeld Libra soll zur globalen Währung werden, mit der Menschen überall auf der Welt per Smartphone einkaufen.[1]

Rhetorisch ähneln sich die Privatisierer des Geldes. Bitcoin-Missionare wettern gegen Banken und staatliche Währungen. Sie nennen Euro und Dollar abschätzig *Fiatwährungen*. Vom lateinischen Wort *fiat* für *Es sei!* Sie wollen damit sagen, dass das moderne Geld der Zentralbanken eine unzuverlässige Suggestion ist – weil es, anders als früher, nicht aus Gold besteht oder damit gedeckt ist.

Zentralbanker wie Christine Lagarde entwerten angeblich systematisch die Währungen und betrügen die Sparer. «Noch nie in einer Friedensphase hat das Thema Geld so viel Verunsicherung hervorgerufen wie heute», behauptet Harald Seiz in seinem Buch *Die Zukunft des Geldes*, wovon er gleich auch eine englische Ausgabe herausgebracht hat. In vielen Ländern sei eine «massive Bargeldein-

schränkung längst Realität. Bis gestern noch offizielles Zahlungsmittel, heute schlagartig wertlos – auch das Geld in der Eurozone ist
vor so einem Schicksal nicht gefeit.»

Facebook startet überhaupt nur deshalb ein digitales Geld, weil
die Banken versagen, beteuert einer von Mark Zuckerbergs Mana-
gern. Das Kryptogeld sei notwendig, weil weltweit Milliarden Menschen kein Konto oder keine ausreichenden Bankleistungen hätten.
«Wenn sie ihr Geld digitalisieren, ändert das ihr Leben.» Seiz will
mit seiner Kryptowährung «das Leben für alle Menschen verbessern». Zuckerberg will mit Libra «das Leben für Milliarden Menschen erleichtern».

Zumindest im Fall von Libra ist die Kampfansage an Staatswährungen wie den Euro sehr ernst zu nehmen. Weil neben Harald Seiz
weitere drei Milliarden Menschen auf dem Erdball Facebook, Instagram und Whatsapp nutzen, die zu Mark Zuckerbergs Imperium
gehören. Nutzt nur jeder zwanzigste von ihnen Libra, wären das
schon 150 Millionen. Doppelt so viele Menschen, wie Deutschland
Einwohner hat. «Digitales Geld auf dem Smartphone ist nicht auf-
zuhalten», sagte mir der Princeton-Ökonom Markus Brunnermeier.
«Zukünftig können wir in Sekundenschnelle zwischen Währungen
wechseln. Das wird zu einem neuen Wettbewerb führen. Es werden
digitale Währungsräume wie Libra entstehen, die sich weniger an
Ländergrenzen orientieren als an sozialen Netzwerken. Am Ende
ist Facebook eine Zentralbank.» Es ist ein fundamentaler Angriff
auf Euro, Dollar und die anderen Staatswährungen. Es wäre das
Ende des Geldes, wie wir es kennen.

Die Frage ist jedoch, ob die aus der Finanzkrise geborenen Kryptowährungen den Menschen wirklich so sehr nutzen, wie ihre Ini-
tiatoren versprechen. Oder ob sie unterm Strich mehr Nachteile
schaffen, von Verlusten über Betrug bis zu neuen Finanzkrisen ge-
waltigen Ausmaßes.

Der Nakamoto-Mythos
oder Die Verklärung des digitalen Geldes

Als Bitcoin im Chaos der Finanzkrise 2008 startete, präsentierte es sich gleich als Mythos. Wer die Konkurrenz zu Banken und Staatswährungen erfunden hat, ist bis heute unklar. Der Erfinder veröffentlichte seine Konzeptpapiere unter dem Namen *Satoshi Nakamoto*. Dahinter verbirgt sich angeblich ein 1975 geborener japanischer Programmierer: «Es bedarf eines elektronischen Zahlungssystems», schreibt Nakamoto, «das auf kryptografischen Beweisen aufbaut statt auf Vertrauen.» Beweise statt des jahrhundertelangen Vertrauens in Staatswährungen, die angeblich unzuverlässigen *Fiatwährungen*. Als Nakamoto die ersten Bitcoin-Münzen kreierte, platzierte er dabei eine Botschaft: eine Schlagzeile der britischen *Times* über staatliche Bankenrettungen. Damit äußerte Nakamoto eine deutliche Kritik am bisherigen Finanzsystem.

Die von ihm persönlich geschürften Bitcoins waren zum Höhepunkt des Hypes 2017 fast 20 Milliarden Dollar wert. Sie sind seit über zehn Jahren unberührt, niemand tätigt mit ihnen Transaktionen. Milliarden, die einfach herumliegen. Bis heute wird wild spekuliert, wer sich hinter Nakamoto verbirgt. Ist es der verstorbene Hal Finney, ein Erfinder von Computerspielen? Oder der von Steuer- und Betrugsvorwürfen verfolgte Geschäftsmann Craig Wright, der sich als Nakamoto ausgibt? Oder, eher unwahrscheinlich, Tesla-Chef Elon Musk?[2]

Wenn Bitcoinianer neue Einheiten ihrer Währung am Computer kreieren, sprechen sie von *schürfen*. So wie *Gold schürfen*. Dass moderne Staatswährungen nicht mehr goldgedeckt sind, halten viele für den Beweis, dass diese wertlos sind.

Nutzer *schürfen* Bitcoin über ein Netzwerk von Computern. Jeder, der entsprechende Software auf seinen Computer lädt, kann Teil dieses Netzwerks werden. Zahlungen werden in eine Art ewiges digitales Kassenbuch eingetragen, die Blockchain. Diese Datenbank lagert nicht auf einem Computer, sondern auf tausenden weltweit. Sie hält alle Zahlungen kryptografisch verschlüsselt in einer endlosen Kette fest, aus der sich kaum etwas löschen lässt. Gleichzeitig sind die Zahlungen stets einsehbar.

Die Gültigkeit der Transaktionen wird jeweils mit aufwändigen Rechenaufgaben geprüft, für die Computer mit sehr großer Leistung nötig sind. Dabei konkurrieren Nutzer um die Lösung der Rechenaufgaben. Wem eine Lösung gelingt, der erhält als Belohnung Bitcoin. Auf diese Weise entstehen neue Einheiten der Währung.

Diese Rechenoperationen schlucken ungemein viel Energie. Allein die Produktion neuer Bitcoins verbraucht deshalb mehr Energie als alle neun Millionen Österreicher zusammen – was öfter kritisiert wird.

Weil sich aus der Blockchain-Datenbank kaum etwas löschen lässt, gilt sie als fälschungssicher. Wer eine Transaktion verschwinden lassen wollte, bei der er etwa jemandem Bitcoin überwiesen hat, müsste mehr Rechnerleistung einsetzen als viele Nutzer zusammen. «Wer so viel Rechenleistung unter seiner Kontrolle hat, betätigt sich besser als Miner und schürft so auf ganz legalem Wege Bitcoins», schreiben die Experten des Computermagazins c't.

Wie viele Bitcoins ein Nutzer hat, ist anhand seiner Bitcoin-Adresse öffentlich. Allerdings weiß niemand, welcher Mensch sich hinter einer bestimmten Adresse verbirgt. Jeder Nutzer kann so viele davon für sich schaffen, wie er möchte. Es handelt sich also praktisch um öffentliche Konten, die gleichzeitig Anonymität gewähren. Fälschungssicher und anonym, aber ohne zentrale Autorität wie eine Bank oder Regierung, die das Ganze kontrolliert: Das ist das Konzept, das Fans für besser halten als staatliche Währungen.

Sie preisen auch, dass die Anzahl der Bitcoins auf 21 Millionen begrenzt ist. Das soll den Wert der Kryptowährung stabil halten. Etwa alle vier Jahre wird die Zahl der Bitcoins auf die Hälfte reduziert, die mit Transaktionen geschaffen werden. Etwa Mitte des 22. Jahrhunderts könnten dann alle 21 Millionen Bitcoins geschürft sein.

Die Technologie der Blockchain als schwer zu fälschende Datenbank verspricht fraglos interessante wirtschaftliche Anwendungen weit über Währungen hinaus. Die Frage ist, ob die real existierenden Anwendungen bei Währungen wie Bitcoin ein echter Fortschritt sind.

Weil all die Bankmitarbeiter wegfallen, die übliche Zahlungen verwalten, ist bei Zahlungen über die Blockchain von gigantischen Einsparungen die Rede. Weltweit ließen sich 15 bis 20 Milliarden Dollar pro Jahr einsparen, so die Banco Santander. Diese Ersparnisse locken auch Facebook-Chef Mark Zuckerberg. Die Milliarden Nutzer seiner sozialen Medien mit einer Blockchain zu verbinden, brächte auf Knopfdruck mehr Kunden, als in der menschlichen Geschichte je eine Bank zu träumen wagte.[3]

Ein Instagram-Video zeigt, wie das Publikum frenetisch jubelt, als Harald Seiz im September 2019 eine Bühne erklimmt. Der Mittfünfziger, dunkler Anzug, weißes Einstecktuch, breitet die Arme aus wie ein Prediger. Seiz hat in die einstige Börse von Amsterdam geladen, um nichts weniger als eine Revolution der Finanzwelt anzukündigen. In dieser Region stand schließlich vor 600 Jahren Europas erste Börse.

Allerdings nicht in Amsterdam, wie Seiz behauptet, sondern drei Autostunden südlich in Brügge. Was hier in Amsterdam stattfand, war 1637 der Tulpenwahn, bei dem einfache Bürger leichtes Geld mit Spekulation zu verdienen glaubten. Aber wer will das alles so genau nehmen in einem Moment, in dem wieder Historisches anstehen soll. «Mein Ziel ist, in den nächsten fünf bis zehn Jahren ein besseres Leben für alle Menschen», verkündet Seiz. «Die nächste Generation von Zahlungsformen beginnt jetzt!»

Seiz hat früher Gold in kleinen Einheiten verkauft und über seine Firma Karatbars Fantasie-Geldscheine mit kleinen Goldplättchen ausgegeben. Seit 2018 dürfen Kunden den Karatgold Coin ordern, den offiziell eine Stiftung im weit entfernten Belize herausgibt. Von anfänglich einem bis acht US-Cent stieg die Kryptowährung nach einem Jahr auf 12 Cent. Jetzt verschenkt Seiz auf der Bühne Rolexuhren an Verkäufer, die seine Produkte an den Mann bringen. Dann leuchtet der Sonderpreis auf, für den erfolgreichsten Verkäufer. Treuen Instagram-Fans des Meisters kommt die Marke bekannt vor. «Hier ist ein Lamborghini!», schreit Seiz.

Er ist ein Einpeitscher wie Richard Fuld, der Chef der Investmentbank Lehman Brothers, der seinen Mitarbeitern vor der Finanzkrise 2008 versprach, *filthy rich* zu werden, stinkreich. Das Auftreten mag sich zuweilen ähneln. Inhaltlich jedoch dienen Fuld und Co. den Krypto-Missionaren als Negativhelden, als Begründung für ihre Mission.

«Aufgrund einer inflationären Aufblähung der Geldmenge in Europa und USA während der letzten 50 Jahre ist unser Geldsystem in hohem Maße anfällig und krank», tönt die Firma Sana Mono («gesundes Geld»). «Im September 2008 erfolgte der Zusammenbruch der US-Bank Lehman Brothers – ein erstes Signal für die Erkrankung unseres Geldsystems. Bitcoin ist eine künstlich geschaffene Weltwährung, mit dem Ziel, die Krankheit unserer etablierten Währungen zu heilen.»

Gute Währungen erfüllen drei Funktionen: Sie sind erstens Recheneinheit, zweitens Tausch- und Zahlungsmittel und drittens Wertspeicher. Alle diese Funktionen erfüllen die vermeintlich kranken Währungen Euro und Dollar problemlos. Produkte haben Preise in Euro oder Dollar, die also als Recheneinheit funktionieren. Man kann alles damit kaufen, sie sind in ihren Ländern gesetzliches Zahlungsmittel. Und Euro und Dollar behalten bei Inflationsraten von zuletzt unter zwei Prozent im Jahr weitgehend ihren Wert. Bei Geldanlagen wie Aktien und Immobilien vermehren sie ihn.

Alle drei Funktionen erfüllt? Damit leisten Euro und Dollar viel mehr, als sich selbst von den am weitesten verbreiteten der 3000 Kryptowährungen sagen lässt, die die Staatswährungen angreifen. Das Anti-Staatsgeld hat schwere Mängel wie im Altertum Ochsen und Bittermandeln, die starben und verdarben, weshalb sie als Währung nicht haltbar waren.

Bitcoins erfüllen bisher höchstens die dritte Geld-Funktion. Sie können, je nach Kursverlauf, als Wertspeicher dienen. Das klappt am besten in Ländern wie Argentinien oder Venezuela, wo Hyperinflation den Menschen die offizielle Währung durch die Finger rinnen lässt. Als Recheneinheit dagegen funktioniert die Kryptowährung Bitcoin nicht, es werden fast keine Produkte zu Bitcoin-Preisen angeboten. Auch als Zahlungsmittel wird Bitcoin kaum verwendet. Nur Japan akzeptiert es als gesetzliches Zahlungsmittel. Ach ja, und im Schweizer Kanton Zug kann man damit Steuern zahlen – sofern man in diesem Steuervermeiderparadies überhaupt welche zahlt.[4]

A bit of shitcoin: Der Krypto-Hype

Obwohl Kryptowährungen nicht wie Staatswährungen funktionieren, haben sie Anhänger, die sich ergeben für sie quälen. «Es wird kompliziert werden, die Hölle», beschreibt der Schweizer Finanzautor Marc Badertscher den Kauf der Kryptowährung Ether. «Sie werden am Schluss wegen der Gebühren möglicherweise weniger Geld haben als am Anfang. Man muss oft warten, manchmal unberechenbar lang. Und Sie werden sich fragen: Warum nur tue ich mir das an? Es gibt nur eine einzige Antwort: Man tut es, um einen kleinen Einblick in eine Welt zu kriegen, die in Zukunft wichtig werden könnte.»

Global erreichen Kryptowährungen 2020 leicht einen Marktwert von 400 Milliarden Dollar. In Städten wie Zürich stehen Automaten, die Franken in Kryptowährung tauschen. In der Schweiz arbeiten Firmen mit tausenden Mitarbeitern daran, Vermögenswerte zu digitalisieren. Schon gibt es dort in Anlehnung an das Silicon Valley ein «Crypto Valley». Schweizer Politiker rufen das Ziel aus, das im Finanzwesen traditionell starke Land zur *Kryptonation* zu machen. Geldhäuser wittern ein Geschäft, seit Bitcoin rasant stieg, wie das im Gefolge auch bei Harald Seiz' Karatgold Coin geschah. Die Deutsche Bank verkündet, Kryptowährungen hätten «zahlreiche

Vorteile gegenüber traditionellen Vermögenswerten, weshalb sie mehr und mehr Menschen verwenden könnten».[5]

Anhänger preisen die Kryptowährungen als seltenes Gut. Weil Bitcoin auf 21 Millionen Stück beschränkt sind, seien sie anders als die kranken Euros und Dollar antiinflationär. So wertbeständig wie Gold. Doch worin besteht der nachhaltige Wert von Bitcoin? Es gibt keinen, sagt der Nobelpreisökonom Paul Krugman. «Bitcoin fehlt eine entscheidende Eigenschaft: Ein Halt in der Realität. Obwohl der moderne Dollar nicht durch einen anderen Vermögenswert wie Gold gedeckt ist, ist sein Wert durch etwas anderes gesichert: Die US-Regierung akzeptiert ihn als Zahlungsmittel. Seine Kaufkraft wird durch die Notenbank stabilisiert, die die Geldmenge so steuert, dass Inflation oder Deflation verhindert wird. Im Gegensatz dazu hat Bitcoin keinen inneren Wert. Ist Bitcoin also eine Blase, die in Kummer enden wird? Ja.»

Der deutsche Ökonom Peter Bofinger vergleicht die Kryptowährung mit Geld, das ein Herr Müller mit Freunden beim abendlichen Würfelspiel schürft. Wie Müllers Würfelcoins fließen Bitcoins in keine wirtschaftlich produktiven Verwendungen von Unternehmen wie jene, die Staatswährungen einen inneren Wert geben. Anders als Euro oder Dollar muss kein Geschäft Würfel- oder Bitcoins als Zahlungsmittel annehmen. Dass Bitcoins auf 21 Millionen Stück beschränkt sind, hilft wenig, sobald tausende Kryptowährungen privates Geld zur Massenware machen.

Dafür fehlt den Kryptodevisen das Entscheidende, das eine Staatswährung stabilisiert: eine Zentralbank, die im Notfall durch Aufkäufe der Währung oder Steuerung der Geldmenge einspringt, um die Würfel- oder Bitcoins vor dem Verfall zu bewahren. All das technische Brimborium und die gefeierte Unabhängigkeit vom Staat sind deshalb nur eine Ablenkung davon, dass private Währungen nur so viel Wert haben, wie andere dafür zu bezahlen bereit sind – und das kann auch nichts sein.

«Die Komplexität des Abrechnungssystems hat für Herrn Müller den großen Vorteil, dass der grundlegende Mechanismus des Ganzen in den Hintergrund gedrängt wird», schreibt Bofinger. «Müller ist es gelungen, für seine buchstäblich aus dem Nichts geschaffenen Coin Abnehmer zu finden, die bereit sind, dafür staatliches Geld auszugeben. Die Coin haben keinerlei inneren Wert. Aber solange das keinem auffällt, können sie enorm im Kurs steigen. Wie beim Märchen von ‹des Kaisers neuen Kleidern› bedarf es nur eines kleinen Anlasses, dass das Ganze auffliegt.»

Als Bofinger seine These Anfang 2018 veröffentlichte, war das mutig. Bitcoin stand nahe seines Allzeithochs. Binnen Monaten war die Währung von unter 1000 auf fast 20 000 Dollar gestiegen. Anhänger schürten eine riesige Euphorie. Auch Harald Seiz nutzte dies, um den Karatgold Coin zu lancieren.

Im Lauf des Jahres zeigte sich, wie richtig Bofinger liegt. Bitcoin fiel von fast 20 000 auf 3000 Dollar. Ether, von unter 100 auf 1400 gestiegen, fiel unter 100 Dollar. Anleger verloren binnen Monaten hunderte Milliarden Erspartes.

Bitcoin erinnert an die niederländische Spekulationsblase mit Tulpen im 17. Jahrhundert. An die große Gartenhure, nach deren Preiscrash Anleger verzweifelten und jene, die sich umbrachten, auf dem *Ellendigen Kerkhof* landeten, dem Friedhof für Mittellose und Selbstmörder. «Bitcoin ist Geld der Vergangenheit, nicht der Zukunft», glaubt Hagen Krämer. Womöglich ist es so wenig zukunftsträchtig wie die Idee mancher Deutscher in der Hyperinflation 1923, eine Währung mit Wurst als Basiswert zu etablieren.

Die Bank für Internationalen Zahlungsausgleich nennt Kryptowährungen eine «Kombination aus Blase und Schneeballsystem». Der US-Ökonom Nouriel Roubini, der als einer der wenigen die Finanzkrise 2008 voraussah, nennt sie die «Mutter allen Betrugs. Vor allem Leute mit null Finanzwissen – Menschen, die nicht den Unterschied zwischen Aktien und Anleihen kennen – verfielen in einen manischen Krypto-Rausch.» Scharlatane hätten das ausgenutzt und den Ahnungslosen Bitcoins angedreht, die Roubini *Shitcoins* nennt. In Südkorea sind es viele junge Menschen, die sich an Kryptowährungen versuchen. «Durchschnittlichen jungen Menschen fehlt es hier an Chancen», sagt die 23-jährige Kim Hangyeol. Die Softwareentwicklerin lebt noch bei ihren Eltern und lernt nachts online Englisch. Erst brachten ihre Spekulationen mit Bitcoin Geld, dann verlor sie fast alles. «Ich schämte mich», sagt sie. Und spekuliert trotzdem weiter. «Ich kann meine Verluste sowieso nicht anders wettmachen.»

Nichts dran ist an der Beschwörung der Fans, Kryptogeld sei in Krisen ein sicherer Hafen. Das erwies sich in der Corona-Krise 2020, als Bitcoins abstürzten. «So Bitcoin is a shitty shitcoin hedge», twitterte Nouriel Roubini. «Wenn Sie Bitcoins kaufen wollen, sollten Sie bereit sein, Ihr ganzes Geld zu verlieren», warnt der britische Notenbankchef Andrew Bailey. In der Szene geht ein Bonmot um: Bitcoin kann in wenigen Monaten bei 100 000 Dollar stehen – oder bei null.

Weil keine Zentralbank und keine Regierung eingreift, lassen nacktes Angebot und Nachfrage Kryptowährungen schwanken. Falls sie nicht eh manipuliert werden. Nach Studien sind 95 Prozent aller Umsätze an Bitcoin-Börsen vorgetäuscht. Die US-Finanzprofessoren John M. Griffin und Amin Shams rechnen vor, ein einzelner Investor habe den Bitcoin-Kurs in der Manie 2017/18 hochmanipuliert.[6]

Facebook-Chef Mark Zuckerberg hat verstanden, dass die enormen Kursschwankungen verhindern, dass sich Kryptowährungen durchsetzen. «Der massenhaften Nutzung existierender Blockchain-Währungen stehen ihre Schwankungen entgegen, die sie bisher zu schlechten Tauschmitteln machen», heißt es im Konzeptpapier des Digitalgelds Libra. Zuckerberg will Libra daher an einzelne Staatswährungen wie Euro und Dollar knüpfen, oder an einen Korb von ihnen, damit die Währung möglichst wenig schwankt.

Die Ironie muss man in aller Ruhe genießen: Da treten Kryptodevisen an, um die angeblich kranken Staatswährungen wegzufegen – und Libra will sich genau von ihnen die Stabilität holen.

Voll halbseiden

Als Gegenentwurf zu Euro und Dollar fristen die Kryptowährungen auch zehn Jahre nach dem Start ein Schattendasein. «Der Charme stark schwankender Währungen, die von nichts gestützt sind als dem Glauben der Spekulanten, wird eingeschränkt bleiben», befindet Izabella Kaminska in der *Financial Times.* «Es gibt keinen Bedarf an Kryptowährungen», sagt der Finanzökonom Moritz Schularick. «Letztlich ist Bitcoin was für halbseidene Transaktionen.»

Dabei allerdings feiert Satoshi Nakamotos Kreation durchschlagende Erfolge. Hacker legen staatliche Computer lahm, so wie in der südafrikanischen Millionenstadt Johannesburg. Dann fordern sie Bitcoin als Lösegeld. In Südkorea stahlen Hacker an einer Kryptobörse an einem Sonntag 2018 30 Prozent der gehandelten digitalen Münzen. Die Kryptowährungen verloren 46 Milliarden Dollar an Börsenwert. «Die Hauptkunden von Bitcoin sind Drogen- und Menschenhändler», beobachtet der EU-Abgeordnete Markus Ferber, spezialisiert auf Finanzthemen.

Die Researchfirma Chainalysis zeichnete nach, wie sich die Terrororganisation Hamas über Bitcoin Geld besorgte. Unabhängig davon habe man fast drei Milliarden Dollar illegales Bitcoingeld auf Handelsbörsen geortet. In Österreich steigen die Cybercrime-Fälle jedes Jahr zweistellig, 2018 waren es 20 000. Bei ihrem üblichen Ermittleransatz *Folge dem Geld* stoßen Polizisten wie Erhard Friessnik auf Hürden: «Das hauptsächliche Zahlungsmittel für Kriminelle sind mittlerweile Kryptowährungen, weil sie zwar nachverfolgbar sind, aber man weiß nicht, wer dahintersteckt.» Bargeld abzuschaffen, um das Verbrechen abzuschaffen? Das ist wirklich eine Illusion, wenn illegale Geschäfte in Kryptowährungen abgewickelt werden können.

Beliebt sind Kryptowährungen, um Anleger in gesetzlich schwach regulierte Bereiche zu locken. Dabei wird Krypto gern mit einem Produkt kombiniert, dem natürliche Sympathien zufliegen.

Bei Envion war es die Ökologie. Das Start-up sammelte bei 40 000 Anlegern 100 Millionen Schweizer Franken ein, um per Ökostrom Kryptogeld zu produzieren. Zur Produktion kam es nie, die Schweizer Börsenaufsicht stufte einen der weltgrößten virtuellen Börsengänge als illegal ein – von Anfang an.

Bei Dr. Ruja Ignatova war der Sympathiefaktor ein Studium an der Uni Oxford. 2016 feierten Tausende die Bulgarin, die zuvor mit einem Metallgusswerk im Allgäu pleitegegangen war, im Londoner Wembley Stadion. Zum Song «This Girl is on fire» schritt die voluptiöse Mittdreißigerin im roten Kleid über die Bühne. Ihre Schöpfung Onecoin sei «der Bitcoin-Killer», tönte sie.

Im Jahr darauf verschwand die rote Ruja restlos. Und spurlos. Die Justiz erkannte ein Pyramidenspiel, bei dem nur die ersten Beteiligten verdienen. Anleger verloren wohl mehr als vier Milliarden Dollar. Das ist mehr als der Jahresumsatz des Modekonzerns Hugo Boss.[7]

Bei Harald Seiz ist der Sympathiefaktor das Gold. Eine «voll lizenzierte» Bank in Miami, die eine Mine mit Goldreserven von 900 Millionen Euro besitzen soll. «Unser Zahlungssystem der Zukunft wird Gold sein», ruft er dem Publikum zu, das im September 2019 in die frühere Börse von Amsterdam gekommen ist. Seiz hat für den Tag den früheren Fußballstar Patrick Kluivert verpflichtet, der sagt: «Der Kryptocoin wird sehr groß werden.» Seiz hat auch den früheren Fußballstar Lothar Matthäus verpflichtet, der sagt: «Das Wichtigste ist, Du musst daran glauben.»

An Staatswährungen wie Euro und Dollar, hinter denen kein Gold steht, glauben die Menschen tatsächlich. Und Seiz' Kryptowährung? Ende Februar 2020 postete er auf Instagram eines seiner Bilder, mit denen er der Welt demonstrieren will, dass er es geschafft hat. Es zeigt ihn diesmal vor einem Wolkenkratzer. Er schreibt: «Ist Dein Glaube stark genug, um Erfolg zu haben?» Darunter schreibt ein gewisser Isi Asvat: «Habt Ihr vergessen, dass 100 Karatgold Coin ein Gramm Gold einbringen sollten? 99 Prozent der Leute haben das Gold nicht gekriegt.»

Schon Monate vor dem pompösen Auftritt in Amsterdam, der Stadt des Tulpenwahns, hatte die namibische Zentralbank Karatbars verboten – als Pyramidenspiel. Schon Monate zuvor ermittelte die US-Aufsicht, weil die angeblich «voll lizenzierte Bank» in Miami keine Lizenz besaß. Später besuchten *Handelsblatt*-Reporter Seiz in seinem Büro, dessen Boden nach Marmor aussieht, mit Porträts von ihm selbst an der Wand. Seiz räumt ein, dass das Gutachten über Goldreserven in Höhe von 900 Millionen Euro gefälscht ist. «Geradezu hilflos wirkt er, als er die Beteiligung an der Mine in Madagaskar nachweisen soll. Auf einem großen Flachbildschirm öffnet er Dokumente in französischer Sprache. Seiz starrt auf den Monitor. Er scrollt runter, er scrollt hoch. Irgendwo muss doch stehen, dass da eine Mine ist, die ihm gehört. Schließlich sagt er, dass er gar kein Französisch spreche.»[8]

12. Facebooks Digitalwährung Libra:
Versprechen und Gefahren

Volker Wieland bekleidet eine einflussreiche Position. Der Frankfurter Finanzprofessor beobachtet für die deutsche Regierung die wirtschaftliche Entwicklung, als einer von fünf Chefberatern, den Wirtschaftsweisen. Es hat Gewicht, wenn der frühere Mitarbeiter der US-Notenbank Chancen für digitale Währungen sieht. Wie die meisten Kollegen hält er zwar die bisherigen Versuche für keinen Erfolg. «Bitcoin hat die darin gesetzten Erwartungen eher enttäuscht. Der Preis ist extremen Schwankungen unterworfen, und auf zeitweise sehr hohe Preisanstiege folgte ein Preisverfall.» Wieland erkennt aber großes technisches Potenzial: «Grundsätzlich bieten die Blockchain-Technologien einen Weg, Prozesse zu dezentralisieren. Da können sich durchaus bedeutende Effizienzgewinne erzielen lassen.»

Der Angriff auf Euro und Dollar

Mit Blockchain lässt sich der Staat endlich auf Diät setzen, glauben Liberale wie der FDP-Abgeordnete Frank Schäffler: «Wir werden eine Disruption von bislang als staatlich definierten Aufgaben erleben. All die Dinge der Dokumentation, wofür wir heute den Staat oder eine von ihm beauftragte Stelle brauchen, werden sukzessive abgelöst durch Blockchain oder andere Dinge.»

Euro-Kritiker Schäffler beruft sich auf einen prominenten neoliberalen Vordenker. Der österreichische Nobelpreisökonom Friedrich von Hayek forderte 1976 in einem Aufsatz die «Entnationalisierung des Geldes», einen Wettbewerb der Währungen – weil die Staaten ihr Monopol missbrauchten und hohe Inflation erzeugten. «Mit dem Aufkommen von Bitcoin und anderen Kryptowährungen ist dieser private Geldwettbewerb zum ersten Mal in Gang gekommen», sagt Schäffler. «Davon verspreche ich mir sehr viel. Dadurch, dass es private, bessere Alternativen gibt, kommt das staatliche Geldwesen unter Druck.» Zentralbanken wie die EZB produzierten durch ihre Politik schlechtes Geld, so Schäffler, der bereits vor Jahren erklärte: «Ich würde die EZB am besten morgen schon abschaffen.»[1]

Die Antihaltung gegen die Zentralbanken passt zu einer populären Stimmung überall im Westen gegen etablierte Institutionen und Parteien. Sie wird verschärft durch den Aufstieg der Rechtspopulisten. Der französische Front National oder die italienische Lega stellen EZB, Euro und EU infrage. Die Briten treten aus der EU gleich aus. Und US-Präsident Donald Trump kündigt nicht nur den internationalen Konsens zum Klimaschutz oder Freihandel auf. Er attackiert die unabhängige US-Notenbank, als sei die sein Erfüllungsgehilfe.

Diese populäre Stimmung nutzt Facebook-Chef Mark Zuckerberg für den bisher ehrgeizigsten Versuch, Staatswährungen Konkurrenz zu machen – und das Finanzsystem zu revolutionieren. Dieser erstmals im Juni 2019 vorgestellte Plan ist ernster zu nehmen als die wortgleiche Revolutions-Ankündigung von Harald Seiz. Schon der Name steht für Ansprüche historischen Ausmaßes: *Libra*, wörtlich Waage, hieß ein Gewichtsmaß im Römischen Reich, das vor 2000 Jahren einen Großteil der damals bekannten Welt unterwarf. Bis in die Neuzeit war das Wort in Europa als Währungsbezeichnung verbreitet, etwa in Frankreich als *livre* oder in Italien als *lira*. Aus der Bezeichnung *libra pondo*, ein (römisches) Pfund Gewicht, leiteten die Briten ihr *pound* ab. Die Abkürzung «lb» für das britische Pfund und das Währungssymbol £ erinnern noch an diesen Namen.

Libra soll eine Revolution des Finanzsystems werden wie am Ende des Mittelalters, als die oberitalienischen Kaufleute die moderne Geldwirtschaft anstießen. «Die genaue Ausgestaltung ist noch unklar, aber unter Umständen könnte Libra in gewissem Maße das derzeit verwendete Geld verdrängen», sagte mir Bundesbank-Vorstand Joachim Wuermeling. «Private Währungen sind stets an der Gier der Emittenten gescheitert, wie früher Fürsten, die Währungen manipulierten, indem sie das Silber in den Münzen streckten. Libra könnte jetzt eine völlig andere Dimension erreichen.»

«Weltweit Geld zu schicken, sollte so einfach und kostengünstig und sogar noch sicherer sein als das Senden einer Nachricht oder eines Fotos«, heißt es im Konzept zum Konzerngeld. Die Idee ist, durch Libra Geldtransfers zu beschleunigen und zu verbilligen – «radikal», wie es im Papier heißt. Das soll vor allem Milliarden Menschen in den ärmeren Teilen der Welt zugutekommen, die bisher keine oder keine günstigen Finanzprodukte nutzen können. Aber auch den Alltag der Bewohner der Industriestaaten soll die Digitalwährung vereinfachen – indem (Libra-)Geld eben so simpel übers Smartphone verschickt wird wie ein Foto. Der Einsatz der Blockchain soll dabei sowohl Sicherheit durch Verschlüsselung wie offenen Zugang gewährleisten. Und dezentrale Kontrolle – indem «kein einzelnes Organ das Netzwerk kontrollieren kann», wie es im Konzept heißt.

Mark Zuckerberg, Jahrgang 1984, brach mit 19 sein Studium an der renommierten Harvard Universität ab, um eine Kontaktplattform für Studenten zu starten, *the facebook*. Sein frühes Motto war: *Move fast and break things*. Kommilitonen warfen ihm damals vor, die Idee zu Facebook von ihnen geklaut zu haben, was er zurückwies. Heute ist Zuckerberg einer der reichsten Menschen des Planeten. Drei Milliarden Menschen nutzen mindestens einmal im Monat Facebook, Instagram und WhatsApp – und könnten damit Zuckerbergs Konzerngeld zur wahrhaft globalen Währung machen. Das Gründungsdokument strahlt diese Ambition in jeder Zeile aus, in Formulierungen wie «damit Milliarden Menschen sich darauf für ihre finanziellen Bedürfnisse verlassen können».

Eine globale Währung wäre allerdings ein neuerlicher Machtzuwachs für einen Konzern, der bereits zahllose Datenskandale ausgelöst hat und bei sozialen Medien nahezu ein Monopol besitzt.

Diese Aussicht verschreckt instinktiv viele Menschen. Facebook steckt seit Jahren in Kontroversen. Nachdem persönliche Daten von mehreren zehn Millionen Nutzern bei der berüchtigten Firma Cambridge Analytica landeten, die im Wahlkampf 2016 für Politiker wie Donald Trump arbeitete, musste der Konzern eine Rekordsumme von fünf Milliarden Dollar zahlen. Um Vorbehalte zu zerstreuen, hüllt Zuckerberg das Konzerngeld in eine Parfumwolke. Ingredienzen: ein menschenfreundliches Narrativ – und eine Demutsübung.

In Demut übt sich Facebook, indem es offiziell nur einer der vielen Gründer der Währung ist. Die «sichere Blockchain» als Basis «für die täglichen finanziellen Bedürfnisse von Milliarden Menschen», wie es im Konzeptpapier heißt? Wird von der Libra Association beaufsichtigt, «einer unabhängigen Organisation im schweizerischen Genf», 14 Flugstunden von Facebooks Hauptquartier in Kalifornien entfernt. «Facebook hat darin keine speziellen Rechte.» Auch die «Finanzreserve aus Geld und Staatsanleihen», die jede einzelne Währungseinheit stützen soll, wird von der Libra Association beaufsichtigt.

Allerdings dürfte der Einfluss Zuckerbergs in Wahrheit groß sein. Zwar beteiligten sich an der Libra Association zunächst so potente Partner wie Visa, Mastercard, eBay oder PayPal. Sie verließen das Konsortium allerdings nach und nach, als Politiker und Finanzaufseher in den USA und Europa Libra kritisierten. Die früheren Partner lassen es seitdem offen, ob sie zu Libra zurückkehren. Seitdem gibt es im Konsortium zwar viele Namen, aber keinen großen Spieler mehr, der es mit Facebook aufnehmen könnte. Selbst das parfumwolkige Konzeptpapier betont Facebooks Rolle, als wolle der Obercontroller sicherstellen, dass keiner sein Geld verplempert: «Während Facebook-Teams eine zentrale Rolle bei der Schaffung der Association und der Libra Blockchain spielten …»

Zuckerbergs Hinwendung zum Geldgeschäft folgt einer lang geplanten Strategie, die schon vor dem Börsengang 2012 diskutiert wurde. Schon 2014 heuerte er David A. Marcus an, den Präsidenten der Zahlungsfirma PayPal. Marcus entwickelte für Facebook die Bezahl-App P2P und ist Leiter der Blockchain-Gruppe.[2]

Eine Chance für die Armen

Zu Zuckerbergs Parfumwolke gehört ein menschenfreundliches Narrativ. «Weltweit Geld zu schicken, sollte so einfach und kostengünstig und sogar noch sicherer als das Senden einer Nachricht oder eines Fotos sein, egal wo du bist, was du tust und wie viel du verdienst», wirbt das Konzeptpapier. Auf einer Tech-Konferenz ließ sich Zuckerberg für den Geld-so-einfach-wie-Foto-schicken-Satz bejubeln. Die Zuhörer hielten ihre Handys hoch wie bei einem Popkonzert. Hier ist die Zukunft!

Dabei hatte der Meister den Mund womöglich etwas zu voll genommen: Wie sich mit Libra zahlen lässt, war da noch sehr unklar. Dass erst einmal 1000 Zahlungen per Sekunde möglich sein sollen, verblasst angesichts der Tatsache, dass Visa in der gleichen Zeit 24 000 schafft und Alibaba 250 000.

Zuckerberg betont aber gleich, dass es ihm um Höheres geht als nur darum, dass Wohlstandsmenschen einfacher online shoppen. Er führt die 1,7 Milliarden Menschen weltweit an, die nicht einmal ein Bankkonto haben. Eine Milliarde von ihnen haben aber ein Handy, mit dem sich zahlen ließe.

Um den Armen der Welt zu helfen, bringt Zuckerberg die moderne Technik in Anschlag. Bisher nutze die Menschheit Instrumente tief aus dem 20. Jahrhundert. Ärmere zahlten für 100 Dollar Kredit mitunter 30 Dollar Finanzierungskosten. Überweisungen über die Grenzen sind oft teuer. Zuckerberg will die Gebühren halbieren, wenn etwa Migranten Geld in die Heimat schicken. Das würde Nutzern jedes Jahr 30 Milliarden Dollar ersparen.

All das sind so gewaltige Ziele, dass Zuckerberg auch Beifall von Ökonomen erhält, die Gefahren sehen. «Kryptowährungen wie Libra decken die Ineffizienzen in unserem Finanzsystem auf. Zum Beispiel bei grenzüberschreitenden Geldtransfers, die in der

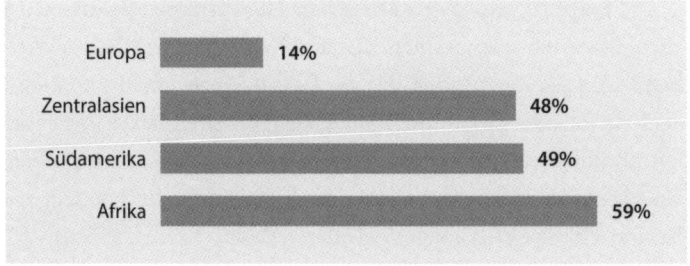

Millionen ohne Konto

Bevölkerungsanteil der über 15-Jährigen ohne Bankkonto, 2017

Europa	14%
Zentralasien	48%
Südamerika	49%
Afrika	59%

Quelle: Weltbank

analogen Finanzwelt immer noch mit sehr hohen Kosten verbunden sind», sagt Jon Cunliffe, Vizechef der britischen Notenbank. «Generell sollten wir offen für neue Technologien sein», argumentiert Volker Wieland. «Wir sollten nicht alles gleich verbieten. Verglichen mit dem, was Libra einmal sein könnte, ist Bitcoin ein kleines Pflänzchen. Libra ist eine coole Idee. Menschen erhalten die Möglichkeit, in stabiler Währung zu zahlen oder Geld zu verdienen», so der Finanzprofessor. «Wenn sie über Plattformen wie Facebook Zahlungen zu günstigeren Konditionen als über das Bankensystem abwickeln können, ist das erstmal eine gute Sache. Das würde in Afrika genauso bereitstehen wie in Bayern. Insbesondere in weniger entwickelten Ländern würde es Menschen vermutlich einen deutlich besseren Zugang zu bargeldlosen Transaktionen geben.»

Moritz Schularick glaubt, dass Libra grenzüberschreitende Zahlungen verbilligen könnte. Das hilft den Armen der Welt, aber auch jedem Amerikaner, der Geld nach Europa überweist und umgekehrt. «Da geht es um hunderte Milliarden, wenn nicht Billionen. Wenn Facebook Nutzer überzeugt, dass sich der Umweg über Libra statt über normale Währungen lohnt, kann es fliegen.» Der Europa-Abgeordnete Markus Ferber sieht einen Bedarf bei westlichen Mittelständlern, die Geschäfte in Gegenden mit hoher Inflation oder schlechtem Banksystem machen. In Südamerika und Afrika genauso wie in der Türkei, auf dem Balkan oder in Osteuropa.

Die Frage ist, wie vielen Menschen Libra wirklich derart helfen wird. Etwa unter den Armen, die kein Konto haben. In einer Weltbank-Umfrage begründen das zwei Drittel von ihnen zumindest auch damit, dass sie gar nicht genug Geld für ein Konto haben. Vielen Kontolosen dürfte Libra wenig helfen, weil sie in China leben, wo Facebook verboten ist, oder in Indien oder Indonesien, wo Kryptozahlungen verboten sind oder verboten werden sollen.

Auch der Nutzen für westliche Kunden steht infrage. Ja, Überweisungen in entfernte Länder könnten billiger werden, aber «bei nationalen Zahlungen ist Libra weniger einleuchtend», gibt Moritz Schularick zu bedenken. «Überweisungen kosten national nichts.» In der Europäischen Union gilt das auch für Zahlungen in andere Mitgliedsländer.

Im nächsten Schritt will Brüssel die Kosten für Überweisungen und Bargeldabhebung in Staaten außerhalb der EU senken. Zahlungen per Bank- oder Kreditkarte kosten den Käufer national auch meist nichts. «Für Industrieländer bietet Libra keine Vorteile», meint der amerikanische Währungsforscher Barry Eichengreen. Denn die Einwohner dort hätten bereits verlässliche Währungen und könnten günstig Geld überweisen.[3]

Ein großartiges Geschäft

Womöglich sind Zuckerbergs Versprechungen also etwas zu optimistisch. Hüllt er nicht auch seine bisherigen Kernprodukte wie Facebook in eine Parfumwolke menschenfreundlicher Vernetzungsfantasien? Menschen verbinden sich über Facebook, Whatsapp und Instagram. Das ist auch wirklich großartig. Dabei verschweigt Zuckerberg jedoch gern, dass seine sozialen Medien ein nie dagewesenes Ausmaß an Hass, Fakenews und Manipulation der Demokratie transportieren – wie die aus Russland gesteuerte Attacke bei den US-Präsidentschaftswahlen 2016, die Donald Trump mit ins Amt spülte. Über die Menschenfreundlichkeit von Facebook lässt sich streiten. Eines ist aber unumstritten: Es ist eine Cashmaschine sondergleichen.

Facebook beschäftigt nur sieben Prozent der Mitarbeiter des weltgrößten Autoherstellers Volkswagen, der zehn Millionen Fahrzeuge verkauft. Aber es erzielte 2019 genauso viel Gewinn: fast 20 Milliarden Dollar. Die Gnadenlosigkeit (*«Move fast and break things»*), mit der Zuckerberg sein Werbegeschäft mit Goldrand aufbaute, wirft ein anderes Licht auf seine Währungspläne. «Wir glauben, dass die Welt eine globale und wahrhaft digitale Währung braucht, die die Eigenschaften der besten Währungen der Welt vereint» – solche großen Töne lassen sich auch als Ankündigung eines großartigen Geschäfts interpretieren.

Im April 2020 verkündete Libra Veränderungen, ohne seine Ziele aufzugeben (mehr dazu im Kapitel *Wie sich das Konzerngeld stoppen lässt*). Um zu verstehen, welche Dimensionen Libra erreichen könnte, geht es hier zunächst um die Reaktionen auf die grundsätzlichen Pläne, die 2019 vorgestellt wurden.

40 Prozent der Weltbevölkerung nutzen jeden Monat Facebook und Co. Sie alle kaufen viele Sachen. Warum nicht über Libra? Mit jedem US-Nutzer erlöst Facebook schon heute 40 Dollar pro Jahr. Libra könnte das steigern, auch indem es noch mehr Nutzer in die sozialen Medien lockt. Zudem locken überall etablierte Finanz-Geschäfte, die sich übernehmen lassen. Da sind die Gebühren, die bisher Banken für Konten und Überweisungen kassieren. Da sind die Kreditkartengebühren, ein bis zwei Prozent der Kaufsumme. Ein großer Kuchen, den sich bisher Visa und Mastercard teilen. «Wenn Facebook davon was abkriegen kann, nehmen sie es gerne», sagt Moritz Schularick.

Libra könnte das Konsumentenverhalten verändern, schwärmten Bankanalysten. So wie man sich heute mit seinem Facebook-Profil in hunderte Internetseiten einloggen kann, die nichts mit Facebook zu tun haben, soll das bei Onlinekäufen aller Art möglich sein. Mit Libra könnte der Konzern zudem Händler in seine sozialen Medien locken, die dort Produkte verkaufen – und ihnen dann zusätzlich Kredite anbieten, wie es Amazon schon tut.[4]

Unübersehbar folgt Facebook anderen Digitalgiganten, die längst in die Finanzbranche eingedrungen sind. Mit Apple Pay und Google Pay lässt sich per Smartphone an der Ladenkasse zahlen. Google plant Girokonten, Apple bietet ebenso wie Amazon Kreditkarten an. In China sind Tencent und Alibaba soziale Medien, Händler, Zahlungsdienstleister und Bank in einem. Mit dem Zahlungsprodukt Facebook Pay geht der Konzern schon in diese Richtung. Mit Libra will er sich noch stärker ins Leben seiner Nutzer wühlen als die Konkurrenz. James Mackintosh befindet im *Wall Street Journal*: «Wenn du Facebooks Libra kaufst, gibst du dem Giganten eine Lizenz, Geld zu drucken. Es könnte irre profitabel werden. Für die Nutzer aber erscheint Libra viel weniger reizvoll, als Facebooks Hype suggeriert.»

Das hat ausgerechnet mit der Absicherung zu tun, die das Digitalgeld stabiler als Bitcoin machen soll. Kundengelder sollen in eine Finanzreserve fließen, sie werden etwa in Staatsanleihen angelegt. Doch von den Zinsen sehen die Nutzer nichts. Die gehen nur an die Firmen der Libra Association. Tauscht nur jeder zehnte kontolose Erdbewohner und jeder dritte Facebook-Nutzer zehn bis 50 Dollar in Libra, wirft das bei nur ein Prozent Zinsen schon eine halbe Milliarde Dollar im Jahr ab. Nimmt man an, dass sich mobile Zahlungen wie in China verbreiten, steigt der Gewinn allein aus der Finanzreserve auf zwei Milliarden.

Natürlich kann er niedriger ausfallen. Oder noch höher, so Mackintosh: «Wenn Libra dem historischen Muster fast jeder Bank folgt, könnte es den Gewinn steigern, indem es die Finanzreserve riskanter anlegt oder neue Münzen ohne Reserve ausgibt.» Das schließt Facebook bisher aus, doch auch Moritz Schularick sieht einen Anreiz dafür: «So richtig interessant wird es, wenn Facebook sagt: Die Deckung erfolgt nicht mehr 1:1, sondern 1:2. Libra schafft dann Geld. Dann winken riesige Gewinne, die bisher Notenbanken und privaten Banken vorbehalten sind.»

Angesichts all der möglichen Vorteile für Facebook und seine Partner erscheint es wichtig, die möglichen Gefahren für die übrige Menschheit zu untersuchen.[5]

Eine offensichtliche Gefahr ist für viele der Datenschutz. Unisono äußerten US-Notenbankchef Jerome Powell und der deutsche Finanzminister Olaf Scholz sofort Bedenken. Facebook baut genau wie Google oder Amazon sein Geschäftsmodell darauf auf, persönliche Daten zu sammeln. «Soziale Netzwerke wie Facebook sind die Datensammler schlechthin», beobachtet der Autor Ulf Schönert. «Facebook bietet Möglichkeiten, wie wir unsere Daten vor anderen Nutzern verbergen können. Doch was auch immer wir unserem Chef oder unseren Eltern vorenthalten: Der Konzern selbst bekommt das alles nach wie vor zu sehen, Einschränkungen sind unmöglich. Alternativen gibt es nicht. Wer soziale Netzwerke nutzen will, muss in den sauren Apfel beißen und seine Daten zur Verfügung stellen.»

Zu erfahren, wofür jemand mit Libra sein Geld ausgibt, erscheint besonders lukrativ. «Konzerne sind nur ihren Aktionären verpflichtet», analysiert der Luxemburger Notenbanker Yves Mersch. «Sie haben privilegierten Zugang zu persönlichen Daten, die sie missbräuchlich zu Geld machen können.»

Facebook hat zwar zugesagt, die Datenspuren seiner sozialen Netzwerke von Libras Finanzspuren zu trennen. Die Libra Association will die Privatheit der Nutzerdaten schützen und Datengesetze einhalten. Doch wie glaubwürdig sind solche Ankündigungen? Als Facebook verkündete, der oberste Schweizer Datenschützer werde die Organisation überwachen, war der gute Mann davon völlig überrascht. Datenschutzbehörden aus den USA, Australien, Großbritannien und der EU kritisierten das Projekt öffentlich, weil sie dem Konzern nicht trauen: «Viele von uns hatten in der Vergangenheit bereits mit Facebook zu tun, als der Umgang mit Daten nicht den Anforderungen der Aufseher oder der Nutzer entsprach.» Bemerkenswert erscheint, dass Mastercard-Boss Ajaypal Singh Banga seinen Ausstieg aus Libra auch mit Datenschutzbedenken begründete. Zentrale Akteure hätten ihm keine harte Zusage gegeben, «Handlungen zu vermeiden, die nicht völlig legal sind».

Zumindest in Europa gelten relativ strenge Gesetze. Mit der Datenschutz-Grundverordnung (DSGVO) hat Brüssel ein weltweit beachtetes Schutzniveau errichtet. Ein prominenter EU-Notenbanker kann sich aber «nicht vorstellen, dass das bei Libra ausreicht. Die Gefahr des Missbrauchs ist sehr groß, weil diese Anbieter potenziell große Datenmengen zentralisieren.» Der Schweizer Autor Alexander Trentin analysiert, Facebook wolle bei Libra das Konzept von WeChat Pay kopieren. WeChat Pay ist einer der führenden Bezahldienstleister in China, die alles über ihre Kunden wissen.

Auch der EU-Abgeordnete Markus Ferber misstraut Facebook. «Die sagen doch schon heute: Nach fünf Posts kenne ich deine sexuelle Orientierung.» Ferber fürchtet, dass Facebook mit Libra so mächtig werden könnte wie Chinas Zahlungsanbieter Alibaba. Nach einem Gespräch mit deren Finanzarm wurde ihm mulmig, schilderte er mir. «Alibaba ist Amazon, Facebook und Paypal in einem. Die sagen, wir haben von allen Banken der Welt die wenigsten ausfallgefährdeten Kredite. Die wissen mehr als meine Bank. Die kennen alle Daten: Gehalt, Handyverträge, Versicherungen, Familienverhältnisse. Herr X, Sie wollen eine Küche kaufen? Sie können sich nur eine für 3000 Euro leisten.»[6]

Verbrechen & Co.

CSU-Politiker Markus Ferber, im EU-Parlament seit Jahren auf Finanzthemen spezialisiert, sah bei Libra sofort weitere Gefahren: «Geldwäsche, Terrorismus, Mordaufträge: Es ist alles denkbar, was normale Bürger nur aus dem Fernsehen kennen.» Das Problem ist, dass Facebook und Libra zwar viel über ihre Kunden wissen, die Sicherheitsbehörden aber womöglich außen vor bleiben. Wer heute auf ein normales Bankkonto 5000 Euro einzahlt oder überweist, muss seinen Personalausweis vorzeigen. Auf Druck des Staates sind solche Transaktionen nicht mehr anonym. Wie das genau bei Libra funktioniert, wird sich trotz deren Versprechungen, illegale Aktivitäten hart zu bekämpfen, erst zeigen. Libra fließen wie Bitcoins international, schwer zu überprüfen, ob sie überhaupt von einer realen Person kommen. «Wie will Libra die Bekämpfung von Geldwäsche umsetzen?», fragt Ferber. «So eine Kryptowährung lebt ja davon, dass sie gewissen Regeln nicht unterworfen ist. Wenn Du über Deinen Facebookaccount Geldgeschäfte machst, brauchst Du keinen Ausweis. Man kann auch einen Fakeaccount eröffnen. Oder 10 Fakeaccounts.»

Libras Lobbyisten schwärmten in den vergangenen Monaten aus, um die massiven Bedenken gegen das Projekt zu zerstreuen. Markus Ferber etwa versuchten sie damit zu beruhigen, ein Facebook-Account reiche nicht, um Libra zu nutzen. Die Libra Association will mit Behörden zusammenarbeiten und Programme gegen Geldwäsche, Betrug und Terrorfinanzierung auflegen.

Doch wenn das Konsortium die Nutzer identifiziert, um Kriminalitätsgesetzen zu gehorchen, bedroht das unter Umständen den Datenschutz, weil es die Kenntnis des Kunden auch zu kommerziellen Zwecken gebrauchen kann, warnt Alex Pentland vom Massachusetts Institute for Technology (MIT). Die Libra-Betreiber wären in der Lage, die Nutzer genau zu verfolgen: «Diese Daten wären zwar für das zielgerichtete Werbegeschäft von Facebook und die Strafverfolgung von Vorteil, ermöglichen aber auch eine Bevölkerungskontrolle in nie da gewesenem Ausmaß: Libra weiß, wo sich die Nutzer aufhalten und sieht ihre Transaktionen. Es wird eine echte Herausforderung für die Regulierungsbehörden, sicherzustellen, dass diese Macht nicht missbraucht wird.»[7]

Wie sicher Libra ist

Und was ist mit der Gefahr, dass Nutzer von Libra ihr Geld verlieren? Mark Zuckerberg hat aus den Kurskapriolen von Bitcoin und Co. gelernt. Die Währung soll durch eine sichere Finanzreserve mit Wertpapieren gestützt werden. Doch es stellt sich die Frage, wie sicher Libra wirklich ist. «Verluste durch Betrug, Missmanagement und Zahlungsunfähigkeit treffen die Nutzer, anders als bei einem normalen Bankkonto oder Geldschein», warnte James Mackintosh im Sommer 2019 im *Wall Street Journal.* «Die Libra-Gründer haben schreckliche Anreize: Wenn die Finanzreserve so gemanagt werden kann, dass es Kapitalverluste aber Cash-Renditen gibt, kassieren sie die Gewinne, während die Nutzer die Verluste tragen.» Die New Yorker Juraprofessorin Katharina Pistor warnte, die Libra-Gründer könnten mit einer Zweidrittelmehrheit entscheiden, riskanter anzulegen als in sichere Staatspapiere. Dann drohen Verluste.[8]

Und wenn plötzlich viele Anleger ihr Vertrauen verlieren und ihre Libra in Staatswährungen tauschen wollen? Dann steht anders als bei Dollar oder Euro keine Zentralbank bereit, um die Währung zu stützen. Nutzer könnten viel Geld verlieren, die Libra Association dagegen muss nicht einspringen. «Keines der beteiligten Unternehmen hat daher wirklich etwas zu verlieren», kritisiert Katharina Pistor.

Es gibt nicht mal eine Garantie, dass die Nutzer für die Libra wieder ihre Euro oder Dollar zurückbekommen. Die Macher schrieben: «Jeder kann in hohem Maße sicher sein, dass er seine digitale Währung zu einem Wechselkurs in ein lokales Zahlungsmittel umtauschen kann.» *In hohem Maße sicher?* «Die größte Gefahr für den Nutzer ist, dass er sein Geld nicht zurückbekommt», warnte Bundesbank-Vorstand Wuermeling. «Die Mutter aller Fragen ist: Wer haftet am Ende, wenn alle wieder umtauschen wollen?», sagte Markus Ferber. «Facebook kann so eine Garantie geben. Wenn es aber nicht klappt, verkraftet das die organisierte Kriminalität leichter als ein normaler Bürger. Beim Euro dagegen haftet am Ende die EZB.»[9]

Würde Libra wirklich zu einer global bedeutsamen Währung, wären die Zentralbanken stark herausgefordert. Sie könnten nicht mehr die Wirtschaft eines Landes über ihre Geldpolitik steuern, weil eine Konkurrenzwährung großen Raum einnimmt. Werden Zentralbanken geschwächt, gefährdet das ganze Volkswirtschaften. Bei einer entsprechenden Akzeptanz von Libra könnte die Kontrolle der Notenbank über den Euro sinken, warnt EZB-Direktor Yves Mersch. Libra könnte die Geldpolitik unwirksamer machen und die internationale Rolle des Euro untergraben.

Auch die Regierungen werden herausgefordert. «Lassen sie die Entstehung von privaten Geldsystemen in großem Stil zu, geben sie ein wesentliches Element der monetären Souveränität aus der Hand», sagt der österreichische Ökonom Guido Schäfer. «Bei dieser Schlacht geht es nicht bloß um die Gewinne aus dem Drucken von Geld», so Ken Rogoff. «Letztlich geht es um die Fähigkeit des Staates, die Wirtschaft zu regulieren und Steuern zu erheben.»[10]

Marktliberale wie Greg Ip vom *Wall Street Journal* verbreiten die Botschaft, das Konzerngeld werde stabiler als staatliche Währungen sein: Es gebe weder einen Bank-Run panischer Sparer noch staatliches Fehlverhalten wie überhöhte Schulden. Andere Ökonomen fürchten dagegen, dass Libra die nächste apokalyptische Finanzkrise auslöst. Wird es zur globalen Währung, wird Libra mit seiner Finanzreserve zum womöglich größten Investor der Welt – mit allen Risiken. «Libra lässt heißes Geld viel einfacher um den Globus zirkulieren», analysiert Rana Foroohar in der *Financial Times,* «es kann nicht nur lokale, sondern auch globale Finanzblasen erzeugen.» Sobald das Vertrauen der Nutzer schwindet und viele ihr Geld zurückwollen, gerät der Planet ins Wanken. Der britische Ex-Notenbankchef Mark Carney zog bereits den Vergleich zur Finanzkrise 2008. Das sieht auch jemand wie Volker Wieland, der Libra ja einerseits für eine coole Idee hält. Andererseits: «Wenn Vertrauen schwindet und Anleger Geld von Libra abziehen, kann es starke Schwankungen geben. Es gibt die berechtigte Furcht: Hier entsteht ein großer Spieler, der die Finanzstabilität gefährdet.»

«Droht das System zusammenzubrechen, könnte Libra es nicht retten», sagt mir eine prominente Notenbankerin. Eingreifen müssten dann letztlich doch wieder die Zentralbanken. Also jene Institutionen, die doch angeblich das Geld krank gemacht haben. Sie müssten eingreifen, nachdem die Erträge an die Libra-Gründer geflossen sind. «So darf die Risikoverteilung nicht sein», sagt die Notenbankerin. «Libra wäre ein weltumspannendes Zahlungssystem. Wenn da etwas schiefgeht, entsteht unmittelbar ein globales Problem. Das geht weit über das hinaus, was wir bisher kennen.»

Wer wird sich durchsetzen? Die Wahrer der etablierten Geldordnung – oder Digitalkonzerne mit ihrem Gewinnstreben? «Es ist ja ein großartiges Geschäftsmodell von Facebook», ätzt Peter Bofinger. «Sie produzieren diese Libra-Tokens, das kostet sie nichts, und verkaufen die gegen gutes Geld. Was will man denn mehr haben als Geschäftsidee, dass ich was völlig Wertloses gegen gutes Geld verkaufe?»[11]

13. Wie sich das Konzerngeld stoppen lässt

Es war ein frostiger Tag im Winter, als Facebooks Lobbyisten zu Markus Ferber vordrangen. Den CSU-Politiker haben schon viele Lobbyisten besucht. Ferber, Jahrgang 1965, sitzt seit mehr als 25 Jahren im EU-Parlament. Seitdem ist viel passiert: Euro-Start 1999, Dot.com-Crash 2001, internationale Finanzkrise 2008, Eurokrise 2010–2015, Corona-Krise 2020. Kaum war die Finanzkrise 2008 überstanden, befahl ihm ein präpotenter Lobbyist von Goldman Sachs, er dürfe nun keinesfalls Amerikas Banken das Geschäft vermiesen. Ferber antwortete: «Für mich sind Sie Darth Vader!» Wie weit der Arm der Geldhäuser reicht, erlebte er, als er über schärfere Gesetze für die Banken verhandelte. Sein Gegenüber auf Regierungsseite, der britische Staatssekretär für Finanzen, hatte jahrelang als Investmentbanker gearbeitet.

Ferber hat viel erlebt, selten allerdings waren Lobbyisten so hartnäckig wie die Abgesandten von Mark Zuckerberg. Wochenlang drängten sie auf einen Termin, bis er sie am 15. Januar 2020 um 10.30 Uhr im Straßburger EU-Parlament vorließ. Draußen vor seinem Büro in der 11. Etage zeigte das Thermometer acht Grad, drinnen versuchten die beiden Lobbyisten Ferber für Libra zu erwärmen. Ein normaler Facebook-Account reiche nicht, um die Währung zu nutzen, beteuerten sie. «Die meinen das Ganze sehr ernst», schilderte mir der Abgeordnete später.

Facebook macht Konzessionen

Die Lobbyisten gaben sich konziliant, nachdem Facebook in Sachen Libra zunächst nassforsch aufgetreten war. Jetzt kündigten sie Ferber Zugeständnisse an. Monate, bevor sie diese im April 2020 in einem neuen Konzeptpapier offiziell machten. Es solle neben Libra als Währungskorb zusätzliche Libra geben, die die Währung einer Region 1:1 nachbilden. Also regionale Euro-, Dollar-, Yen-Libra. So lassen sich Währungsschwankungen für die Nutzer vermeiden. «Die haben Riesenstress mit der Aufsicht», berichtete Ferber.

Nachdem die Währungspläne 2019 bekannt wurden, äußerten Finanzaufseher auf beiden Seiten des Atlantiks Bedenken. Mark Zuckerberg habe womöglich eher «Drogendealer und Steuervermeider» als Kunden im Blick, schimpfte der US-Abgeordnete Brad Sherman in einer Anhörung. Die EU-Finanzminister wollen das Digitalgeld erst erlauben, wenn Risiken wie Geldwäsche, Terrorismus und neue Finanzkrisen geklärt sind. «Die Politik wird das Geldschöpfungsmonopol des Staats verteidigen», schätzt Moritz Schularick. «Aus gutem Grund: Wir haben in der Finanzkrise gesehen, wie Geldpolitik und Realwirtschaft zusammenhängen.» Nach anderen großen Firmen stieg auch der Mobilfunkanbieter Vodafone aus, über dessen Zahlungsdienst sich Libra leichter in Afrika verbreiten könnte. Bald sah es so aus, als ob Libra womöglich gar nicht an den Start geht. Oder nur stark eingeschränkt.[1]

Auf der anderen Seite ist es gar nicht so leicht, das Konzerngeld zu regulieren, warnen Finanzexperten wie Markus Ferber. Weil es kein reines Zahlungssystem in bestehenden Währungen ist, steht Libra außerhalb der Regeln für Angebote wie Apple Pay – etwa, was Verbraucher- und Datenschutz betrifft. «Europa ist angreifbarer als die USA. In Litauen kriegt man einfach eine Lizenz für eine virtuelle Bank, in Malta einfach eine für eine Bank und Glücksspiel.» Eine ortsungebundene Währung lässt sich auch nicht so einfach verbieten. Selbst wenn dies Österreich oder Italien täten: Wie lässt sich verhindern, dass ein Bürger Libra nutzt, die er im Ausland gekauft hat?

Für weltweit präsente Banken gelten seit der Finanzkrise strengere Vorgaben. «Im Grunde bietet Libra Dienste an wie eine Bank, ist aber keine und wird auch nicht so beaufsichtigt», warnt Bundesbank-Vorstand Joachim Wuermeling. «Dieses Plattformgeld steht völlig quer zu allem, was wir kennen. Facebook sitzt in den USA.

Das Geld wird in der Schweiz geschöpft, Finanzakteure in einzelnen Ländern geben es aus und es dürfte irgendwo auf der Welt auf Facebookkonten liegen. Das ist, als ob eine Autofirma den Kabelbaum in Tschechien genehmigen lässt, die Bremsen in Spanien und den Blinker in Italien – aber keiner schaut auf das ganze Auto.»

Funktionierende Staatswährungen erfüllen drei Funktionen: Recheneinheit, Tausch- und Zahlungsmittel, Wertspeicher. Facebook dekonstruiert diese Funktionen – und baut Teile davon in sein Konzerngeld ein. «Libra lässt sich nicht mit unserer klassischen Vorstellung von Geld erfassen. Das ist Disruption, wie Digitalkonzerne sie in anderen Bereichen betreiben», analysiert Wuermeling. Der Bundesbank-Vorstand fordert globale Regeln und Institutionen, um Anbieter wie Libra zu überwachen. Der britische Notenbankvize Jon Cunliffe pflichtet ihm bei: «Wir müssen erst wissen, was die Risiken des neuen Geldes sind. Das ist gar nicht so einfach. Da neue Technologien über nationale Grenzen hinweg wirken, brauchen wir eine enge internationale Zusammenarbeit.» Aber werden sich die Industriestaaten darauf verständigen? In einer Zeit, da Regierungschefs wie Donald Trump aggressiv renationalisieren und internationale Organisationen zerstören?

Nachdem monatelang wenig zu hören war, preschte Facebook mitten in der Corona-Pandemie mit Änderungen für Libra vor. Es soll einen starken Kapitalpuffer geben, der Risiken auffängt. Neu auch: Die regionalen Libra in Euro, Dollar etcetera, die Facebook Markus Ferber schon zuvor angekündigt hatte. Außerdem «starke Standards gegen Geldwäsche, Terrorfinanzierung und Kriminalität», so das neue 29seitige Konzeptpapier. «Wir haben nun eine starke Antwort auf viele Fragen und Sorgen der Aufseher», erklärte Libra-Vorstand Bertrand Perez. Gegen Geldwäsche, Terroristen oder Hacker «wird Libra besser funktionieren als das herkömmliche Finanzsystem». Auch mit Personalien will man punkten. So kürte die Libra Assocation Stuart Levey von der britischen Großbank HSBC zum Vorstandschef. Mit Sterling Daines vom Schweizer Geldhaus Credit Suisse als oberstem Compliance-Beauftragten wurde ein weiterer Manager aus der traditionellen Bankbranche verpflichtet.

Alle diese Neuerungen sollen die Bedenken zerstreuen, dass die Digitalwährung illegale Aktivitäten fördert und Staatswährungen verdrängt: «Unsere Vision war nie, mit Fiatwährungen zu konkurrieren», so das Konzeptpapier. Es ist bemerkenswert, dass Facebook beim Versuch, die Aufseher zu besänftigen, starke Staatswährungen wie Euro und Dollar als *Fiatwährungen* bezeichnet. Also mit dem Kampfbegriff von Gegnern staatlicher Währungen, die diese als unzuverlässige Suggestion brandmarken, als Geld, das aus dem Nichts geschaffen wird, anders als früher nicht aus Gold besteht oder damit gedeckt ist.

Die Kritik an Libra bleibt trotz der Zugeständnisse stark. Facebook versucht, die Unsicherheit der Coronakrise zu nutzen, urteilt der deutsche Linken-Politiker Fabio De Masi. «Die Datenmacht von Facebook bleibt ein Systemrisiko für unser Geldsystem.» Der US-Konzern drohe – genau wie Apple oder Alibaba – zur mächtigen Schattenbank zu werden. Der deutsche Finanzminister Olaf Scholz erklärte, «wir werden keine private Weltwährung zulassen. Das Währungsmonopol muss in der Hand der Staaten bleiben.»

Facebook will mit den Veränderungen an seinem Konzept staatlichen Widerstand überwinden und beantragte zunächst eine Zulassung in der Schweiz, die örtliche Politiker zur Nation der Kryptowährungen formen wollen. «Das Kalkül der Macher könnte damit aufgehen: Libra würde flexibel dort starten, wo der politische Widerstand gering ist», analysiert Felix Holtermann im *Handelsblatt*. Vielleicht brauche man ja zusätzlich zur Zulassung in der Schweiz gar keine EU-Lizenz, so die Macher. Doch auch wenn eine EU-Lizenz notwendig wäre, wäre das womöglich kein unüberwindliches Hindernis. Notfalls kaufe sich der Konzern eben eine europäische Bank und erfülle so alle Anforderungen, so der CDU-Politiker und Blockchain-Experte Thomas Heilmann.[2]

Mark Zuckerberg umgarnt die US-Regierung

Sicher ist, dass Mark Zuckerberg seine Lobbymacht einsetzt, um den Widerstand gegen Libra zu brechen. Facebook ist es gewohnt, Ziele eisern durchzusetzen. Im Großen wie im Kleinen. Beim milliardenschweren Kauf von Konkurrenten wie Instagram und Whatsapp, bei dem Kartellwächtern zu spät Bedenken kamen. Und genauso bei aufsässigen Nutzern. So erklärte der Konzern tatsächlich vor Gericht, er verstehe eine juristische Entscheidung auf Deutsch nicht – und verlangte eine Übersetzung, um einen Kläger abzuwimmeln. Dabei hat Facebook in Österreich, der Schweiz und Deutschland 40 Millionen Nutzer, denen es selbstverständlich alle Informationen auf Deutsch bereitstellt.

Ja, seit mit den Daten von Millionen Amerikanern der US-Wahlkampf 2016 manipuliert wurde, steht Facebook unter Druck. Überall fordern Politiker, die Macht der Digitalkonzerne zu begrenzen. Dem Geschäft jedoch hat das kaum geschadet. «Am Ende könnte Zuckerberg gestärkt aus der Debatte hervorgehen», urteilt Thomas Kuhn in der *Wirtschaftswoche*. «Er kommt Datenschützern ein bisschen entgegen, ohne sein Geschäftsmodell zu untergraben. Zuckerberg ist davon überzeugt, dass den meisten Nutzern Datenschutz ohnehin nicht wichtig ist. Das hat er mehrfach in Umfragen untersuchen lassen. Er verteidigt sein Netzwerk als Bollwerk gegen private Meinungszensur und nimmt billigend in Kauf, dass Facebook zur Plattform für politische Fake-Botschaften wird. Wirtschaftlich steht Facebook besser da denn je. Facebook ist ‹ein Konstrukt, das oberhalb der Regierungen vieler Länder und deren Aufsichtsbehörden steht›, sagt David Carroll, einer der renommiertesten Datenschützer der USA.»

Kaum ein prominenter US-Politiker legt sich mit der Meinungsmacht des sozialen Netzwerks an, in dem sich jeder vierte Amerikaner über Politik informiert. Präsidentschaftskandidaten geben mehr als 100 Millionen Dollar für Spots auf der Website aus.

Zuckerberg präsentiert sich selbstbewusster denn je. Manager mit abweichender Meinung drängt er aus der Firma, beobachtet das *Wall Street Journal*. Investoren sagte er, Facebook habe seine Standpunkte zuletzt nicht klar kommuniziert, «weil wir Angst hatten, Leute vor den Kopf zu stoßen. Mein Ziel für das nächste Jahrzehnt ist nicht, geliebt zu werden – sondern verstanden.» Während der Corona-Krise setzte er sich in einer großen Kampagne in Szene, die laut Insidern die öffentliche Meinung über Facebook verbessern sollte. Nachdem durch die Corona-Pandemie die Werbeerlöse geschrumpft sind, verspricht die neue Währung Libra neue Erlöse. «Facebook wird zum Zahlungsdienstleister, und der Umsatz pro Nutzer sollte deutlich steigen», erwartet Jörg Lang in *Börse Online*. Zuckerberg findet das Konzerngeld unverzichtbar, um sein globales Imperium zu vergrößern. Dafür umgarnt er geschickt die amerikanische Regierung.[3]

Facebook gab für Lobbying in Washington 2019 17 Millionen Dollar aus, mehr als fast alle anderen Unternehmen. Mark Zuckerberg suchte gezielt die Nähe des volatilen US-Präsidenten Donald Trump, der den Techkonzernen grundsätzlich Skepsis entgegenbringt und Facebook zuvor kritisierte. Bei einem Treffen schmeichelte er, Trump sei auf Facebook so populär wie kein anderer Politiker der Welt – womit sich dieser seitdem immer wieder öffentlich brüstete. Weitere Angriffe auf Facebook unterblieben seitdem. Als Twitter begann, hetzerische Posts zu kennzeichnen, verkündete Zuckerberg sofort, so etwas lehne er für seine sozialen Medien ab – woraufhin in einem seltenen Moment hunderte Mitarbeiter öffentlich protestierten.

Unverhohlen warb Zuckerberg schon im Herbst 2019 damit, das Konzerngeld stark an den Dollar zu binden. So könnte Libra zwar andere Staatswährungen auf dem Globus schwächen – den Dollar aber stärken. In amerikanischem Geld werden zwei Drittel des internationalen Handels abgerechnet, es ist die erfolgreichste Papierwährung. Wobei der Begriff leicht irreführt, die labbrigen Scheine bestehen zu drei Vierteln aus Baumwolle und zu einem Viertel aus Leinen. Der US-Regierung käme eine Stärkung ihrer Währung gelegen, weil sie als Leitwährung derzeit so umstritten ist wie noch nie: Die Schwellenländer Russland, Indien, Brasilien, Südafrika und China wollen sich entdollarisieren. «Die Welt ist abhängig von der US-Geldpolitik, aber die USA scheren sich wenig um den Rest der Welt», sagt Moritz Schularick. «Dass sich die USA billig in Dollar verschulden, löste die Finanzkrise 2008 mit aus. Und über den Dollar machen die Amerikaner mit Sanktionen Druck in der ganzen Welt.»

Der Ärger über den Greenback ist alt. Schon Frankreichs Präsident Charles de Gaulle regte sich in den 1960er Jahren über die Dominanz des Dollars auf, die US-Finanzminister John Connally unnachahmlich arrogant zelebrierte: «Es ist unsere Währung, aber euer Problem.» Jetzt aber wird es ernst. Mit dem Euro ist dem Greenback erstmals ein ernsthafter Rivale erwachsen. Der Anteil des Dollars als globale Reservewährung sank seit 1970 von 80 auf 60 Prozent.

Da käme es der US-Regierung gelegen, wenn Libra helfen würde, die Vorherrschaft des Dollars als Leitwährung zu festigen. Denn dann könnte sie ihren Schuldenberg, der durch die Corona-Pandemie drastisch zunimmt, weiter günstig finanzieren. Sie hätte Zugriff auf die wichtigste physische Währung der Welt – plus das wichtigste Digitalgeld Libra. Und ihr winkte ein neues Druckmittel: Sie könnte Regierungen und Investoren den Umtausch von Libra in Dollar verweigern.

Mark Zuckerberg spielt jedoch nicht nur die Dollar-Karte. Er warnte die US-Regierung auch, ohne Libra könne ihr ärgster Widersacher China vorbeiziehen. China bewege sich rasch, um einen staatlichen Digital-Yuan zu lancieren, erklärte er vor dem Kongress. «Libra wird vor allem an den Dollar gekoppelt sein und Amerikas finanzielle Führung und seine demokratischen Werte in der ganzen Welt verbreiten.» Noch schlimmer als sein Konzerngeld, argumentierte Zuckerberg listig, wäre doch eine Dominanz Chinas.

Dieser Hinweis verfängt. Vorbei ist die Zeit von *Chimerika,* wie die damalige Symbiose der Supermächte in den Nullerjahren hieß.

Nun ist China für die USA der Erzrivale um die globale Vorherrschaft, den sie mit beispiellosen Strafzöllen überziehen. Durch die Corona-Krise wird China geopolitisch stärker: Während es die im eigenen Land ausgebrochene Epidemie rasch überwunden hat und sich dann international als Helfer inszenierte, zeigten sich die USA schwach. «Nach den Terroranschlägen 2001 und der Finanzkrise 2008 stand Amerikas Führungsrolle nie infrage», urteilt der amerikanische Politikberater Ian Bremmer. «Das wird nach der Corona-Pandemie anders sein.»

An einer digitalen Währung tüftelt die Regierung in Peking seit fünf Jahren. Inzwischen testet sie den elektronischen Yuan in den vier großen Städten Shenzhen, Suzhou, Chengdu und Xiong'an. Mit den Zahlungssystemen von Alibaba und Tencent lässt sich das Digitalgeld schnell verbreiten. Vielleicht geht es der Regierung dabei um technologischen Vorsprung, vielleicht um eine Milliarden-Einnahmequelle, vielleicht um eine Waffe gegen den Dollar. Vielleicht auch um alles zusammen. Präsident Xi Jinping gab in einer Rede die Devise aus, China solle die Chancen ergreifen, die die Blockchain-Technologie biete.

Zuckerbergs Hinweis verfängt auch deshalb, weil andere die US-Regierung vor Chinas Plänen warnen. Die Deutsche Bank glaubt, Peking bedrohe die Alleinstellung des Dollar. Der Währungsforscher Ken Rogoff wirbt, die Zusammenarbeit mit Libra wäre doch besser als die mit China. Die Harvard University spielte mit Ex-Finanzminister Larry Summers Szenarien durch, wie Nordkorea Atomwaffen mit einer Reichweite bis nach Amerika entwickelt – finanziert durch digitale Yuan, die die Sanktionen umgehen. Das Szenario ist gar nicht so weit von der Realität entfernt, weil Nordkorea offenbar bereits über die Kryptowährung Monero Atomwaffen finanziert.[4]

Kein Wunder, dass sich Washington längst weigert, Libra gemeinsam mit den anderen G7-Staaten zu beerdigen. «Ich habe kein Problem damit, dass Facebook eine digitale Währung schaffen will», tönte US-Finanzminister Steven Mnuchin, ein ehemaliger Banker.

Mithilfe der US-Regierung hat das Konzerngeld gute Chancen, sich global zu verbreiten. Geld sollte kein staatliches Monopol mehr sein, doziert Greg Ip im *Wall Street Journal*. «Kryptowährungen wollten das staatliche Monopol aufbrechen. Facebook könnte das mit Libra gelingen, indem es eine De-facto-Notenbank schafft. Manchmal braucht es einen Monopolisten, um einen Monopolisten zu schlagen.»

Andere Digitalkonzerne warten schon

Und wenn sich Libra nicht durchsetzt? Oder nur in reduzierter Form, die keiner Währung mehr gleichkommt? Der Angriff auf die staatlichen Währungen kommt trotzdem, denn andere Digitalkonzerne stehen bereits in den Startlöchern. Alibaba, Google, Amazon und andere sind ja längst ins Geldgeschäft vorgedrungen. Per Smartphone und Apple Pay oder Google Pay lässt sich an der Ladenkasse binnen Sekunden zahlen. Apple bietet eine Kreditkarte an, Google plant Girokonten, Amazon vergibt seit Jahren Kleinkredite. In China zahlen hunderte Millionen mit Handy statt Bargeld. Konzerne wie Alibaba und Tencent sind Händler, Social-Media-Plattform, Zahlungsanbieter und Bank in einem geworden. Eine digitale Währung, wie sie Facebook plant, wäre da ein logischer nächster Schritt.

Die Branchenkenner Tyler und Cameron Winklevoss prophezeien, dass jeder große US-Digitalkonzern in den nächsten Jahren ein solches Projekt realisieren wird. Die Brüder, die Zuckerberg einst vorwarfen, von ihnen die Idee für Facebook geklaut zu haben, stehen mit ihrer Vorhersage keineswegs allein. Auch der Wall-Street-Analyst Tom Lee erwartet, dass die übrigen Techkonzerne Facebook folgen. Die großen Internetfirmen beschäftigten sich alle mit der Schaffung neuer Geldformen, was ein Beleg dafür sei, «dass digitale Währungen nicht wieder von der Bildfläche verschwinden».

Beispielsweise tüftelt Amazon laut Insidern seit Jahren an eigenen Plänen. Wer die Seite *amazoncoin.com* besucht, also nach einer Digitalmünze von Amazon sucht, landet auf der Startseite des Onlineriesen. Der Konzern hat sich auch die Adresse *amazoncryptocurrencies.com* reserviert. Für Konzern-Chef Jeff Bezos würde Amazon-Geld einen Traum erfüllen: Möglichst viele Schritte der Wertschöpfung von der Fertigung eines Produkts über den Kauf und die Lieferung bis zur Bezahlung anzubieten. Firmen jenseits von Amazon wären in so einem geschlossenen System nur als Dienstleister nötig – und vielleicht bald gar nicht mehr.

Es wäre die Vollendung des Geschäftsmodells, wie er es einst auf eine Serviette gezeichnet haben soll. Als er noch selbst auf dem Fußboden seines Hauses kniete, um für seine neue Firma die ersten Bücher in Kisten zu packen. Auf der Serviette prangte ein oranger Kreis, darin das Wort *growth,* Wachstum. Wachstum senkt die Kosten, das senkt die Preise, das bringt neues Wachstum. Und immer so weiter.

«Handel, Zahlung und Kredit, da hast du die Wertschöpfungskette beinahe komplett», analysiert Markus Ferber. «Der Alibaba-Konzern macht es vor.» Auch in China erwägen Konzerne Konzerngeld. Alibabas chinesischer Rivale Tencent lässt eine Projektgruppe forschen. «Dass das Unternehmen an einer eigenen Währung tüftelt, wirkt angesichts seines Blockchain Whitepapers alles andere als unwahrscheinlich», analysiert ein Branchenbeobachter.

Wer auch immer künftig Konzerngeld auflegt: Eine neue Antihaltung vieler Bürger im Westen gegen die etablierte Politik und ihre Organe wie Notenbanken wird bei der Verbreitung des neuen Geldes helfen. Diese Haltung wurzelt oft im verständlichen Frust über stagnierende Einkommen und das hohe Tempo des kulturellen Wandels in der global-digitalen Ära. Die verfügbaren Real-Einkommen des bestverdienenden Zehntels in Deutschland sind seit der Jahrtausendwende um 22 Prozent gestiegen, während das am schlechtesten verdienende Zehntel weniger hat als damals.

Lautstark artikuliert wird der Frust weniger von Linken als von Rechten. Viele protestieren gegen Euro-Rettungspolitik und Niedrigzinsen. Noch mehr begehren, angestiftet von Populisten, gegen Migration und Muslime auf. Mancher von ihnen könnte sich für ein Anti-Staatsgeld begeistern, wie es 1976 der greise Libertäre Friedrich August von Hayek skizzierte: «Der einzige Weg, letztlich die Zivilisation zu retten, wird darin bestehen, den Regierungen ihre Macht über das Geld zu entziehen. Ich wünschte, ich könnte den Rat geben, langsam vorzugehen. Aber die Zeit mag kurz sein.»

Auch die weitreichenden Auswirkungen der Corona-Krise könnten privatem Geld helfen. Verschärft sich durch die Corona-Rezession der Ausnahmezustand des Geldsystems, spielt das dem Konzerngeld in die Hände. Sinken die Zinsen für Sparer flächendeckend unter null, könnten sie schneller zu Libra & Co. greifen.[5]

Was Konzerngeld einem Konzern verspricht, lässt sich am Beispiel von Facebooks Libra durchspielen. Es ist genauso auf Alibaba, Amazon und Co. anwendbar.

Wie Facebook zum doppelten Gorilla wird

Der Traum eines Konzerns muss sein, dass wir über Preise in seiner Währung nachdenken und nicht mehr in Euro. Durch die Finanzreserve könnten Libra oder Konkurrenzprojekte zudem in manchen Ländern zum größten Besitzer von Staatsanleihen werden. Und so den Regierungen Zugeständnisse abpressen. «Es könnten Abhängigkeiten entstehen», sagt mir Bundesbank-Vorstand Joachim Wuermeling.

Er sieht bei privatem Geld noch ein weiteres Ziel: Eine Firma kann damit zum beherrschenden Digitalkonzern werden. «In Europa dominiert keine digitale Plattform. Amazon, Google und Facebook machen sich Konkurrenz. Das ist auch gut so. In anderen Ländern geht das schon in Richtung Monopol. Mit Libra könnte Facebook in manchen Ländern eine Vorrangstellung beim Digitalen insgesamt erreichen. Das ist ja genau das Ziel, das dominante übrigens, denke ich.»

Der globale Erfolg von Facebook oder Google in ihrer Sparte beruht auf dem Netzwerkeffekt: Je mehr Menschen Facebooks soziale Medien oder die Google-Suchmaschine nutzen, desto interessanter wird es für andere, diese Datenautobahn zu nutzen. Anders als bei Autobahnen für Autos erzeugen Massen hier keine Staus. Facebook und Google verdrängen so langsam ihre Rivalen bei sozialen Medien oder Suchmaschinen. Wachsen sie auf eine gewisse Größe, werden ihre Rivalen irrelevant und sie zum Alleinherrscher. Zum Gorilla, der allen Ehrfurcht gebietet.

Facebook nutzt sein Monopol bei sozialen Medien, um mit Konzerngeld eine neue Sparte zu erobern, erwarten die deutschen Ökonomen Hanno Beck und Aloys Prinz: «Libra hat das Potential, ein neuer Gorilla zu werden, denn auch Währungen weisen Netzwerkeffekte auf: Je mehr Menschen eine Währung nutzen, desto größer ist ihr Nutzen für alle Beteiligten. Diese kritische Masse hat Facebook mit seinen Milliarden Nutzern sicher. Wenn sich das neue Digitalgeld etabliert hat, könnte es rasch dazu kommen, dass andere Formen von internetbasierten Zahlungssystemen nicht mehr wettbewerbsfähig sind. Dank des doppelten Netzwerkeffektes könnte Libra die Funktion einer Weltwährung erreichen. Facebook wäre dann ein doppelter Gorilla.» Andere Währungen müssten sich anpassen oder verschwinden.[6]

Eine Horrorvision. Die Bürger des Westens sollten aufstehen, um den Einfluss des Konzerngeldes zu begrenzen, ob von Facebook, Alibaba oder einer anderen Firma. Sie sollten aufstehen, bevor ein solches Geld zu viel Macht über ihre Daten, ihre Finanzen, ihr ganzes Leben gewinnt. Die Macht dazu haben sie.

Was die Bürger und der Staat tun können

Als der venezianische Kaufmann Marco Polo im 13. Jahrhundert China bereiste, sah er viele Wunder, die der Westen nicht kannte: Porzellan, Kohle, Brillengläser und Schießpulver. Mit am meisten verwunderte ihn das Papiergeld, das der Herrscher Kublai Khan aus der Rinde des Maulbeerbaums fertigen ließ. Nun gab es Untertanen, die lieber traditionelle Währungen wie Perlen, Eisenbarren, Salz oder Gold benutzen wollten. Um sein Papiergeld durchzusetzen, ließ Kublai Khan sie kurzerhand hinrichten.[7]

Diese Art Followerpower fehlt Mark Zuckerberg, Jeff Bezos und Co., trotz all ihrer Macht. Anders als Kublai Khans Untertanen haben Bürger in Demokratien die Wahl. Keiner muss Konzerngeld benutzen. Jeder kann dem Marketingsprech widerstehen, das eine Revolution des Finanzsystems anpreist.

Die Einwohner Nordamerikas, Europas und weiter Teile Asiens haben schon funktionierende Währungen. Die gelegentlichen Mängel von Dollar, Euro und Yen verblassen angesichts der Gefahren von Konzerngeld. «Was Konzerngeld liefern kann, brauchen wir nicht», sagt der EU-Abgeordnete Markus Ferber. «Und was Konzerngeld liefern will, wollen wir nicht.»

Die Bürger können noch etwas Wichtiges tun: Ihre Politiker bestärken, private Währungen strikt zu regulieren. Angesichts des entschiedenen Widerstands in Europa und der unklaren Haltung der USA ist die Situation unübersichtlich. Es kommt nun darauf an, Konzerngeld verschiedener Konzerne zu kontrollieren – und sich nicht von den Lobbyisten einseifen zu lassen.

Für digitales Geld könnte es tatsächlich einen Markt geben, der immer größer wird. Wie darauf reagieren? Es gibt einen Königsweg, der viele Probleme lösen und den Angriff des Konzerngelds abwehren würde: Zentralbanken sollten selbst digitale Versionen ihrer Währungen herausbringen. Die schwedische *Riksbank,* im 17. Jahrhundert eine der ersten Zentralbanken der Welt, arbeitet seit Jahren an einer *E-Krona.* Weltweit arbeiten inzwischen 50 Notenbanken an ähnlichen Projekten.

Wirtschaftsverbände fordern das staatliche Digitalgeld, um unabhängiger von Kreditkarten- und Digitalkonzernen zu werden. «Ein E-Euro wäre gut für den Finanzplatz Europa und seine Einbindung ins Weltfinanzsystem», sagt der deutsche Finanzminister Olaf Scholz. US-Fed-Gouverneurin Lael Brainard begründet staatliches Digitalgeld explizit mit dem Libra-Plan. IWF-Vizechef Tao

Zhang sieht in der Weltwirtschaft eine Revolution im Gange – die Zentralbanken müssten innovativ sein, um nicht überflüssig zu werden.

Natürlich gibt es Hürden für digitales Zentralbankgeld. Bürger müssten im Regelfall ein Konto bei der Notenbank halten. Diese bekäme dadurch völlig neue Aufgaben wie etwa, Geldwäsche und andere illegale Aktivitäten zu verhindern. Auf der anderen Seite müsste sie die Daten der Bürger schützen. Und: Die privaten Banken könnten viel Geschäft verlieren. Doch das sind alles lösbare Probleme – kein Grund, digitale Staatswährungen auszuschließen. «Die Zentralbanken sollten elektronisches Bargeld für den Bürger bereitstellen», fordert Princeton-Ökonom Markus Brunnermeier. «Entweder die Zentralbanken machen es – oder die Techkonzerne übernehmen das Ganze.»[8]

Letztlich geht es darum, den Bürgern ein Geld zu sichern, das ihr Vertrauen verdient – anders als privates Konzerngeld, das sich am Ende nach Gewinninteressen richtet. Seit dem Silber-Schekel der Sumerer vor 5000 und den ersten Goldmünzen der Lyder vor 3000 Jahren hat das Geld zahlreiche Entwicklungen durchlaufen. Vor 300 Jahren begannen westliche Staaten, stabilere, von Zentralbanken gestützte Währungen auszugeben. Das legte das Fundament für die Industrialisierung und den ersten Massenwohlstand der Geschichte. Diesen Fortschritt sollten die Menschen nicht einfach für gewinnorientiertes Konzerngeld opfern.

Aktuelle Mängel der etablierten Staatswährungen wie niedrige Zinsen lassen sich durch breitere Geldanlage in Aktien und Immobilien kompensieren. Die Regierungen müssen ihren Bürgern aber dabei helfen, die Anlage zu diversifizieren – und breite Schichten durch Zuschüsse in die Lage versetzen, überhaupt nennenswerte Summen anzulegen. Sie sollten auch das Bargeld für jene erhalten, die es nutzen wollen – und den Datenmissbrauch bargeldloser Zahlungsanbieter stoppen. Und sie müssen verhindern, dass Konzerngeld unser Wirtschaftssystem kapert.

1787 debattierte James Madison mit anderen Gründervätern über die Verfassung der Vereinigten Staaten von Amerika. Madison wählte das Vertrauen ins Geld als Messlatte dafür, ob die Bürger generell staatlichen Institutionen vertrauen können. Nur indem sie das Geld funktionsfähig hält, beweist die Regierung, dass sie die Unterstützung ihrer Bürger verdient.

Das ist eine monumentale Aufgabe, besonders angesichts des epochalen Moments, in dem sich die Menschheit gerade befindet. Angesichts dieses beispiellosen Angriffs auf Zinsen, Bargeld und Staatswährungen, den wir heute erleben. Wenn wir diese Herausforderung in unserem Sinne gestalten, wird das Geld zwar nicht wieder ganz so, wie wir es kannten. Aber es wird doch ein Geld sein, dem wir vertrauen können.[9]

Dank

Am Ende möchte ich mich bei den Wissenschaftlern, Politikern und (Noten-)Bankern bedanken, mit denen ich mich über die Jahre oder speziell für dieses Buch unterhalten durfte – über Geld und einiges, was damit zusammenhängt. Mein Dank gilt Werner Abelshauser, Josef Ackermann, Joaquin Almunia, Michel Barnier, Jens Bastian, Ansgar Belke, Peter Bofinger, Markus Brunnermeier, Burkhard Balz, Angus Deaton, Valdis Dombrovskis, Mario Draghi, Sebastian Dullien, Hans Eichel, Gabriel Felbermayr, Markus Ferber, Marcel Fratzscher, Clemens Fuest, David Graeber, Veronika Grimm, Thorsten Hens, Otmar Issing, Anshu Jain, Jean-Claude Juncker, Hagen Krämer, Ursula von der Leyen, Werner Müller, Max Otte, Edmund Phelps, Ludwig Poullain, Klaus Regling, Jeremy Rifkin, Walter Riester, Wolfgang Schäuble, Olaf Scholz, Georg Simbeck, Monika Schnitzer, Pedro Solbes, George Soros, Moritz Schularick, Peer Steinbrück, Joe Stiglitz, Gerassimos Thomas, Achim Truger, Theo Waigel, Norbert Walter-Borjans, Jens Weidmann, Volker Wieland und Joachim Wuermeling. Möglich gemacht haben dieses Buch Ulrich Nolte und seine Kollegen beim Verlag C.H.Beck sowie die Agentin Rebekka Göpfert. Ich umarme meine Frau Hannah und Juri, Jonah, Jascha und Janis.

Zeittafel zur Geschichte des Geldes

circa achtes Jahrtausend vor Christus
Die Menschen lassen sich allmählich als Ackerbauern und Viehzüchter nieder. Dadurch tauschen sie viel mehr als zu der Zeit, als
sie vorwiegend als Jäger und Sammler lebten.

drittes Jahrtausend vor Christus
Die Sumerer auf dem Gebiet des heutigen Irak setzen den Silber-
schekel ein, um Pacht und Schulden zu kalkulieren.

1500 vor Christus
Völker rund um den Indischen Ozean bis nach China nutzen die
harten Kaurischneckenhäuser als Zahlungsmittel.

700 vor Christus
Die Lyder gießen in der heutigen Türkei Gold in Scheiben und prägen das Bild des Herrschers auf. Die wohl ersten Goldmünzen der
Geschichte verbreiten sich rasch im östlichen Mittelmeer und bis
nach Persien. Den Lydern bringt das sagenhaften Reichtum ein,
von dem ihre Könige Krösus und Midas zeugen.

98 nach Christus
Der römische Geschichtsschreiber Tacitus berichtet in seinem
Werk Germania, dass die Germanen Geld als Sühne für Totschlag
und Verletzung akzeptieren – statt der bisher gebräuchlichen Blutrache.

circa 10. Jahrhundert
Im Mittelalter kommen in Teilen Europas die Münzen wieder außer Gebrauch. Die Menschen benutzen Ochsen als Recheneinheit, teils auch Mägde und Eichhörnchenhaut.

1100–1300 nach Christus
Weil die christlichen Kreuzzüge finanziert werden müssen, kommt das Finanzsystem in Schwung. Der Handel blüht auch dank neuer Kreditpapiere auf. Im nördlichen Italien entstehen bald die ersten Banken.

ab 1260
Kublai Khan führt in der Mongolei und China Papiergeld ein. Wer sich weigert und wie zuvor Salz, Perlen, Eisen und Gold als Zahlungsmittel verwenden möchte, den lässt der Herrscher hinrichten.

1409
In Brügge nimmt Europas erste Börse den Betrieb auf.

1637
Im niederländischen Tulpenwahn spekulieren viele Bürger mit den ursprünglich aus Zentralasien importierten Blumen. Bald kosten Tulpenzwiebeln so viel wie ein Haus. Als die Blase platzt, verlieren viele Menschen alles.

1661
Schweden bringt Europas erstes Papiergeld heraus, als viele Bürger ihre Silbermünzen alten Typs von der Bank abheben wollen.

17. Jahrhundert
In den Niederlanden, Schweden und England nehmen nach einigen Vorläufern erste Zentralbanken ihre Arbeit auf. Ihre Rolle wird es, Währungen stabil zu halten.

19. Jahrhundert

Neuartige Anleihen beschleunigen die Finanzierung von Staaten und Unternehmen. Das britische Empire steigt zur stärksten Wirtschaftsnation auf.

1950

Frank McNamara startet in den USA, die zur weltgrößten Wirtschaftsmacht geworden sind, die erste Kreditkarte – *Diners Club*. Der Geschäftsmann verbreitet, ihm sei die Idee dazu gekommen, als er einmal bei einem Restaurantbesuch sein Portemonnaie vergessen hatte und als Sicherheit seine unterschriebene Visitenkarte hinterließ.

1967

In Großbritannien steht der weltweit erste Geldautomat. Anstehen am Schalter, um Geld abzuheben, wird überflüssig.

1971

Die USA beenden endgültig die Golddeckung des Dollar. Ökonomen kritisieren schon lange, Währungen mit Gold zu decken, behindere die Expansion der Wirtschaft und wirke deflationär – eine der Ursachen der Weltwirtschaftskrise der 1930er Jahre.

1986

Die britische Regierungschefin Margaret Thatcher fordert vor dem britischen Parlament, die Finanzmärkte zu entfesseln. Wie die USA beseitigt Großbritannien Schranken für Banken, die teils nach der Depression der 1930er eingeführt worden waren.

1999

Die Europäische Währungsunion startet mit dem Euro.

2008

Das Platzen einer Immobilienblase in den USA, Spekulationen mit komplexen Anlagen, geringes Kapital der Banken und billiges Notenbankgeld führen zur Finanzkrise, dem größten wirtschaftlichen Einbruch seit dem Zweiten Weltkrieg.

2008

Nach der Finanzkrise startet ein Unbekannter unter dem Pseudonym Satoshi Nakamoto die erste Kryptowährung Bitcoin als Anti-Staatsgeld: Sie soll ohne Banken und Regierungen auskommen.

2009–2015

Der Euro gerät in Schwierigkeiten. Investoren wetten mehrfach auf die Pleite von Staaten wie Portugal und Griechenland. In der Folge senkt die Europäische Zentralbank ihre Leitzinsen unter null.

2019

Facebook stellt erstmals Pläne für die Kryptowährung Libra vor, die als Konkurrenz zu staatlichen Währungen gesehen wird.

2020

Die Corona-Pandemie verursacht eine noch schwerere Wirtschaftskrise als 2008. Die Schuldenberge der Staaten wachsen an.

Anmerkungen

Im Folgenden verwende ich bei den Quellenangaben diese Abkürzungen für Zeitungen: FAZ = Frankfurter Allgemeine Zeitung. HB = Handelsblatt. NZZ = Neue Zürcher Zeitung. New York Times = NYT. SZ = Süddeutsche Zeitung.

Einleitung:
Eine neue Epoche bricht an

1 «Face Pay, die Bezahlung per Gesichtserkennung: In China ist das bereits Realität. Es ist eine Erfindung des WeChat-Konzerns Tencent, einem der Big Player im Bezahl-Geschäft. WeChat ist das größte Soziale Netzwerk in Asien. Es verknüpft Funktionen von Facebook, Facebooks Messenger und WhatsApp auf einer Plattform. Allein in China loggen sich täglich 800 Millionen Menschen bei WeChat ein. Setzt sich ‹Frog Pro› in China und darüber hinaus durch, könnte dies die Art und Weise, wie wir einkaufen, nachhaltig verändern. (…) Jörg Schreiner, Softwareexperte und Managing Partner des Unternehmensberaters co-shift, geht davon aus, dass WeChat Verhaltensprofile der Kunden nutzt, um Irrtümer bei der Gesichtserkennung zu vermeiden. ‹Darüber könnte ich jederzeit feststellen, ob die Person, die eine Identität vorgibt, auch tatsächlich diese Person ist›, sagt er. Profiling im großen Stil also. Vor einem solchen Szenario warnen Datenschützer seit langem. Marit Hansen, Datenschutzbeauftragte des Landes Schleswig-Holstein, befürchtet, dass WeChat zur Beweissicherung einer Bezahlung Gesichtsfotos speichert – samt Zeit und Ort des Kaufs. Dadurch könnten detaillierte Bewegungsprofile von Kunden gezeichnet werden, die wiederum Potenzial für Marketing hätten. Das Geschäft mit den Daten ist in China zwar nicht dasselbe wie in Deutschland oder Europa. Hier gibt es strengere Bestimmungen. Und doch rechnet Datenschützerin Hansen damit, dass Bezahlsysteme via Gesichtserkennung in absehbarer Zeit auch für Firmen wie Facebook oder Amazon ein Thema werden. ‹Wir sind auf dem Weg zu Welt-Datenbanken mit allen Gesichtern von allen Menschen›, sagt sie. Die Datenschutzgrundverordnung (DSGVO) schließt einen solchen Service auch in Europa nicht generell aus. Artikel 9 erlaubt Konzernen wie Facebook, biometrische Daten wie Gesichtsbilder zu verarbeiten, wenn Nutzer in die Verarbeitung zu einem bestimmten Zweck eingewilligt haben. Nur ist die Einwilligung so eine Sache. Laut Artikel 7 DSGVO müssen Nutzer exakt informiert werden, was mit ihren biometrischen Daten geschieht und welche Konsequenzen

deren Verwendung hat. Aus Sicht von Datenschützern erfüllt Facebook diese Vorgabe momentan nicht.» Marcel Bohnensteffen, WeChat prescht in China vor, Business Insider, 20.9.2019. «Despite the concerns over data security and privacy, many consumers seem unperturbed by facial recognition payment in the high street. Alipay – the financial arm of ecommerce giant Alibaba – has been leading the charge in China with devices already in 100 cities. Alipay will spend three billion yuan ($ 420 m) over three years on implementing the technology. (…) ‹There's a big risk … that the state could use this data for their own purposes, such as surveillance, monitoring, the tracking of political dissidents, social and information control, ethnic profiling, as in the case with Uighurs in Xinjiang, and even predictive policing›, says Adam Ni, China researcher at Macquarie University in Sydney.» Smile-to-pay: Chinese shoppers turn to facial payment technology, Guardian, 4.9.2019.

2 Nicolas Baverez, L'âge de l'hélicoptère monétaire, Le Figaro, 5.4.2020. Gérard Vincent aus Philippe Ariès, Geschichte des privaten Lebens, Band V., S. Fischer Verlag 1993. Neha Narula, Does the U. S. Need a National Digital Currency?, Wall Street Journal, 23.2.2020. Paul Vigna, Brace for the Digital-Money Wars, Wall Street Journal, 7.12.2019. Interview Jon Cunliffe, HB, 23.3.2020.

1. Eine kurze Geschichte des Geldes:
Von Blutrache, Tulpenwahn und Fortschritt

1 Wer dagegen einen anderen Gläubigen absichtlich tötet, dem verheißt der Koran die Hölle. «Damit zeichnet sich im Islam ab, was im Christentum zur universalen Botschaft wird, sich aber erst nach einem langen Entwicklungsprozess in der Rechtswirklichkeit durchsetzt: In seiner unantastbaren Würde ist der Mensch über allen Preis erhoben. Folgerichtig werden für Kapitalverbrechen nicht Geldbußen, sondern Freiheitsstrafen verhängt.» Otfried Höffe, Der bestialische Ursprung des Geldes, FAZ, 24.11. 2017. Joachim Mohr, Aufstand der Barbaren, Spiegel Geschichte, 29.11.2011.

2 Dieses Kapitel verdankt viel Quellen wie Niall Ferguson, The Ascent of Money, Penguin 2008. Andre Geicke, Vom Gold zur Buchung, Jan Friedmann, Große Gartenhure, sowie zahlreiche andere Beiträge aus Spiegel Geschichte, 4/2009. Christoph Türcke, Schrecken, Schuld und Schlachtopfer, Neue Zürcher Zeitung, 14.3.2015. Gustav Seibt, Schein-Reich, SZ, 6.2.2016. Otmar Issing, Von Geld und Götzen, FAZ, 24.4.2015. Nikolaus Piper, Ton, Steine, Scherben, SZ, 23.2.2016. Nils Boeing, Geld ist kein Tauschmittel, Zeit, 1.6.2016.

3 David Graeber, Debt. The First 5,000 Years, Melville House 2014. Die lydischen Könige mussten zuvor für ihre Krieger aufwändig Lebensmittel beschaffen. Jetzt gaben sie den Soldaten Münzen, von denen sie sich selbst was kaufen konnten.

4 «Papier war jahrhundertelang bloß Anweisung auf Geld: Wechsel, die auf bestimmte Münzbeträge ausgestellt wurden. Geld selbst aber war nur die Münze», schreibt Christoph Türcke. «Erst als Ende des 17. Jahrhunderts ein privates Konsortium von Kaufleuten die Bank von England gründete, da entstand das Modell der modernen Zentralbank – mit dem Privileg, nationales Papiergeld zu drucken. Zunächst nur so viel, wie durch Münzen gedeckt war.»

5 Zu Silvio Gesell Nikolaus Piper, Wo Hitler Wirtschaft lernte, SZ, 1.3.2019. Heinrich August Winkler, Geschichte des Westens, Band 1, C.H.Beck Verlag 2009. Angus Deaton, The Great Escape, Princeton University Press 2014. Interview Angus Deaton, SZ, 9.1.2017. Henri Pirenne, Sozial- und Wirtschaftsgeschichte Europas im Mittelalter, Francke Verlag 1976. Nils Klawitter, Der deutsche Weg, Spiegel Geschichte, 31.5.2016.

6 Alexander Hagelüken, Alexander Mühlauer, Die Gebote der Gier, SZ, 1.4. 2009. Sheelah Kolhatkar, The Ultra-Wealthy who argue that they should be paying higher taxes, New Yorker, 6.1.2020.

7 Warum? «Rechtspopulisten sind sehr geschickt daran, andere verantwortlich zu machen. Und das passt: Nach der Finanzkrise wollen Menschen einen Schuldigen», sagt Moritz Schularick, der den politischen Fallout von Finanzkrisen für lange Zeiträume untersuchte. Die Globalisierung trage den Keim des eigenen Untergangs in sich. Neben Finanzkrisen meint er damit Ungleichheit. Alexander Hagelüken, Wenn liberal asozial bedeutet, SZ, 14.11.2017. Arbeitslosenzahlen William Dudley, President Federal Reserve Bank of New York: Lessons from the financial crisis, Economic Club NY, 6.11.2017.

2. Münzen und Scheine verschwinden

1 Bei einer Umfrage der schwedischen Riksbank erklärten 2014 87 Prozent, sie hätten vergangenen Monat mit Bargeld bezahlt. 2018 waren es nur 61 Prozent. Dagegen erklärten 62 Prozent, sie hätten mit Swish bezahlt – und 93 Prozent mit Giro- oder Kreditkarte. Interview Markus Brunnermeier, SZ, 29.7.2019. Das Bargeld – eine deutsche Leidenschaft, Deutsche Welle, 29.10.2019. Michael Ossenkopp, Wie die allererste Kreditkarte erfunden wurde, Augsburger Allgemeine, 8.2.2020.

2 «Handel und Warenproduktion haben ein solches Ausmaß angenommen und die Umschlagzeiten eine derartige Geschwindigkeit erreicht, dass Gebirge von Gold und Silber nötig wären, um die Werte abzubilden. Das ideale Geld der globalisierten Wirtschaft ist nicht mehr Gold, sondern der pure Kredit, auf den Cent genau im elektronischen Gedächtnis der Banken verbucht. Gedeckt ist er einzig durch unser Vertrauen, einen vom Konto abzubuchenden Betrag jederzeit gegen einen gleichwertigen Teil des Sozialprodukts eintauschen zu können.» André Geicke, Vom Gold zur Buchung, Spiegel Geschichte 4/2009. «Leider ist die Menge allen Goldes,

das im Lauf der Geschichte abgebaut wurde, so gering, dass eine Unze locker eine Million Dollar wert sein müsste.» Nils Boeing, Geld ist kein Tauschmittel, Zeit, 1.6.2016.

3 Zahlen Gesellschaft für Konsumforschung. «Bargeldzahlungen kommen im Schnitt auf knapp 22 Sekunden.» Dagegen kontaktlos: «Bisherige Untersuchungen deuten darauf hin, dass durchschnittliche Bezahlzeiten zwischen zehn und 15 Sekunden zu erwarten sind, sofern keine Autorisierung erforderlich ist.» Kosten der Bargeldzahlung im Einzelhandel, Deutsche Bundesbank, 2019. Eine Studie der Dualen Hochschule Baden-Württemberg Heilbronn bestätigt den Trend. Demnach dauert Barzahlen länger als kontaktlos, das per Smartphone nur 14 Sekunden dauere.

4 Einlassungen von Volker Wieland, Moritz Schularick und Hagen Krämer in diesem Buch aus Gesprächen zwischen 2018 und 2020, wenn nicht anders bezeichnet. Telis Demos, Cash May Not Be King, Wall Street Journal, 31.1.2020. Umfrage Europäische Zentralbank 2017. Die Verbraucher in Deutschland haben ihre Einkäufe 2018 dem Handelsforschungsinstitut EHI zufolge erstmals häufiger mit Giro- und Kreditkarten als mit Bargeld bezahlt. Laut einer Umfrage der Bank ING-Diba liegt die Barzahlungsquote der 25- bis 34-jährigen Deutschen um bis zu 20 Prozentpunkte unter der älterer Bürger. Weg mit den Münzen, Oberösterreichische Nachrichten, 13.2.2020. Wie zahlen die Schweizer?, Dieostschweiz.ch, 28.2. 2020. Eiszeit fürs Bargeld, Gast.at, 6.2.2020. Umfrage des Vergleichsportals Verivox, Westdeutsche Zeitung, 4.11.2019.

5 Der Virologe René Gottschalk gab öffentlich Entwarnung: Von Bargeld gehe keine große Infektionsgefahr aus. Der Hauptübertragungsweg für Corona sei die Tröpfcheninfektion beim Husten oder Niesen, nicht über Oberflächen. Ausschließen sollte man in der Medizin nie etwas, sagte Gottschalk, aber es sei kein Fall bekannt, in dem die Krankheit über Geldscheine übertragen worden sei. Michael Kläsgen, Felicitas Wilke, Los, los, kontaktlos, SZ, 27.3.2020. Christian Siedenbiedel, Nachfrage nach Bargeld steigt/Einzelne Banken begrenzen Bargeldausgabe, FAZ, 17./20.03.2020. Veronica Dagher, As Coronavirus Spreads, Should You Have More Cash?, Wall Street Journal, 12.3.2020. Elisabeth Atzler, Abschied vom Bargeld, HB, 28.4.2020. Andreas Schnauder, Österreicher bunkern wegen Coronavirus-Krise, Standard, 15.3.2020.

3. Zahlen per Gesicht, Überwachung pur:
Wie Amazon, Alibaba und Apple das Bargeld verdrängen

1 «The filing is a glimpse at Amazon's ideas for putting its own tech-forward spin on how people shop in brick-and-mortar stores. But a new potential method for identifying people using biometrics will also likely raise questions for a company that is already facing increased scrutiny over privacy concerns related to its products, ranging from its Alexa voice assistant to

its», Jason Del Rey, Amazon wants to patent technology, Recode, 26.12.
2019. Konstantinos Mitsis, Amazon lässt neue Bezahlart patentieren, chip.
de 2.1.2020. Zukunft des Einkaufens, Futurezone.de, 2.1.2020.

2 Einlassungen von Achim Truger aus Gesprächen 2019 und 2020. John
Ryan, Tesco und Amazon: Checkout ohne Bargeld, stores+shops, 15.4.
2020. Thomas Magenheim-Hörmann, Ganz ohne Bargeld, Frankfurter
Rundschau, 14.11.2019. Leila Abboud, Worldline agrees deal, Financial
Times, 4.2.2020. Kirstin von Elm, Cashierless Checkout, stores+shops,
21.3.2019.

3 Jon Frost, Leonardo Gambacorta, Yi Huang, Hyun Song Shin, Pablo Zbin-
den, BigTech and the changing structure of financial intermediation, BIS
Working Papers 779, 2019. Laura Noonan, Goldman nears Amazon loans
pact/Lex, Friendly lending, Financial Times, 4.2.2020. Juniper Research,
11.2.2020. Carolin Roth, Tech-Riesen greifen den Finanzsektor an, NZZ,
17.1.2020. Franz Nestler, Philipp Krohn, Roland Lindner, Google mischt
die Finanzbranche auf, FAZ, 15.11.2019. Tobias Kisling, Geld googeln?,
Berliner Morgenpost, 14.11.2019.

4 Paypal-Kunden, die ihr Konto mit Google Pay verknüpft haben, sollten
dringend ihre Umsätze überprüfen. Durch eine Lücke im Sicherheitssys-
tem war es Hackern möglich, Abbuchungen zu tätigen. Der Sicherheits-
forscher Markus Fenske meldete sich über Twitter, die Lücke schon vor
einem Jahr entdeckt und gemeldet zu haben. Doch das Unternehmen
habe nicht reagiert. Nach mehreren Medienberichten gab Paypal nun an,
die Lücke geschlossen zu haben. Fenske dementierte das jedoch: «Wir haben gerade einen Euro auf mein Amazon-Konto geladen, mit einer Karte,
die wir vor 10 Minuten per NFC ausgelesen haben.» heise.de, 25.2.2020.
Ein Zentralbanker lenkt den Blick darauf, dass es Unterschiede zwischen
den Zahlungsanbietern gebe: «Apple Pay hat versprochen, die Kartendaten und die personenbezogenen Transaktionsdaten nicht zu speichern.
Somit gehen die Kartendaten nicht mehr an die Händler. Dies ist ein Vorteil gegenüber anderen Zahlungssystemen.» Der EU-Abgeordnete Markus Ferber gibt aber zu bedenken: «Strategisch gesehen muss Apple an die
Daten ran, weil Google über Android ein Übergewicht hat und Hardware
ausgelutscht ist.» ESMA Report on Trends, Risks and Vulnerabilities 1,
2020. Alexander Hagelüken, Markus Zydra, Interview Burkhard Balz, SZ,
14.4.2020. Ulf Schönert, Wie schütze ich mich?, stern, 23.1.2020. Norbert
Häring, Schönes Neues Geld, Campus Verlag 2018. Christian Blees, Cash
me if you can, Deutschlandfunk, 17.12.2019. Bundesbank-Vorstand Joachim Wuermeling lenkt den Blick darauf, dass unterschiedliche Regeln
gelten. «Für Zahlungen per Kreditkarte gilt das Bankgeheimnis, die Daten
darf niemand weitergeben.»

5 «Over the last half-century, the biggest American companies have captu-
red a fatter share of profits produced by public companies, according to
research from Kathleen M. Kahle, a University of Arizona finance profes-
sor, and René M. Stulz, an economist at Ohio State University. In 1975, the

top 100 public companies snared about 49 percent of the earnings of all public companies. By 2015, that share had jumped to 84 percent», Daisuke Wakabayashi, Matt Phillips, The Gap Between the Haves and Have-Nots of Tech Widens, NYT, 3.2.2020. «Keine einzige Großbank, die angefragt wurde, plant, einen Antrag auf Nutzung von Apples NFC-Schnittstelle zu stellen. Wer Apple Pay bereits im Angebot hat, sieht offenbar keine Notwendigkeit, parallel ein zweites, eigenes Angebot aufzubauen. Möglicherweise hätten sie eine andere Strategie gewählt, wenn das Gesetz früher in Kraft getreten wäre – nun aber sind schon zu viele Ressourcen in Apple Pay geflossen.» John Stanley Hunter, Deutsche Banken haben das Interesse an Apples NFC-Schnittstelle verloren, Finance Forward, 10.02.2020, Moritz Koch, Apple zeigt sich empört über Gesetzentwurf, HB, 15.11.2019.

6 «Auch 20 Jahre nach der Einführung einer gemeinsamen Währung gebe es immer noch kein europäisches Netzwerk für Kartenzahlungen, kritisierte EZB-Direktor Benoît Cœuré. ‹In diesem Umfeld gibt es klare Anzeichen dafür, dass Europa in Gefahr ist, seinen wirtschaftlichen Vorsprung zu verlieren›, warnte der Franzose. So gebe es in zehn europäischen Ländern nationale Systeme, die keine Karten von anderen EU-Ländern akzeptierten. Europas Banken ist es bislang nicht gelungen, auf dem Feld der Kartenzahlungen eine konkurrenzfähige Alternative zu den großen US-Kreditkartenanbietern Mastercard und Visa zu entwickeln. Zudem ist das Geschäft mit Bezahldiensten durch den digitalen Wandel stark im Umbruch. Denn den Finanzinstituten erwächst inzwischen neue Konkurrenz durch mobile Bezahldienste wie Google Pay oder Apple Pay. Unternehmen mit globaler Marktmacht würden nicht notwendigerweise auch im besten Interesse Europas handeln.» Reuters 26.11.2019.

7 «China erlebt gerade einen Entwicklungssprung, den Techniker und Ökonomen als ‹Leapfrogging› bezeichnen: Dabei überholt ein zuvor rückständiges Land mit einem Mal die scheinbar fortschrittlichsten Gesellschaften, um sich an die Spitze zu setzen. Für einen Europäer ist Chinas digitaler großer Sprung eine ernüchternde Erfahrung. Er ruft in Erinnerung, wie Deutschland einst an der ersten Industriemacht England vorbeizog und später dann Amerika an Europa. Auf den ersten Blick wirken Peking und Shanghai heute so modern, wie einem Berliner oder Wiener vor hundert Jahren Chicago und New York vorgekommen sein müssen: Überall scheint die Zukunft, die London, Rom oder Madrid gemütlich auf sich zukommen lässt, schon da zu sein.» Bernhard Zand, Alles unter Kontrolle, Spiegel, 24.10.2018. Ende des 20. Jahrhunderts sprengte die finanzielle Globalisierung die alte scharfe Trennung zwischen reichen Industrie- und armen Schwellenländern: «China wurde Amerikas Banker – der kommunistische Gläubiger des kapitalistischen Schuldners, eine epochale Veränderung», sagt Niall Ferguson. Alexander Trentin, In China vermisst niemand das Bargeld, Finanz und Wirtschaft, 16.10.2019.

8 «Facial recognition is only one part of a broader review that so-called surveillance capitalism badly needs. Google plans to gather vast amounts of

healthcare data from millions of users through sensors in wearables, mattresses and even toilet seats», Financial Times, 22.1.2020. «Die Wettbewerbsfähigkeit großer Industrienationen wie Deutschland wird durch lange Entscheidungsprozesse, veraltete IT-Strukturen, eine verbreitete Skepsis gegenüber Technologie und im internationalen Vergleich unzureichende Investitionen in Zukunftstechnologien beeinträchtigt›, heißt es in einem Strategiepapier des deutschen Außenministeriums. Während die wirtschaftliche Basis und der außenpolitische Einfluss der Bundesrepublik zu erodieren drohten, wüssten autoritär regierte Staaten vom digitalen Wandel zu profitieren. Die Folge: ‹Der in der analogen Welt geltende Rechtskanon von Menschenrechten, Urheberrechten und Datenschutz steht im digitalen Raum unter Druck.› Hinrich Thölken, Hauptautor des Strategiepapiers, bezeichnet digitale Technologien als ‹Doping für Diktaturen›. Moritz Koch, Doping für Diktaturen, HB, 7.11.2019. Stefania Palma, Mercedes Ruehl, Virtual banks face tough test, Financial Times, 22.1.2020. Adam Satariano, Companies Make Their Pitch, NYT, 7.2.2020. Kashmir Hill, The Secretive Company That Might End Privacy, NYT, 19.1.2020.

4. Vom Recht auf Bargeld:
Warum die Bürger zahlen sollen, wie sie wollen

1 Studie der US-Notenbank 2019. Mehr als 86 Prozent der über 50-jährigen Deutschen wünschen sich nach einer Umfrage des Bankenverbands weiterhin Bargeld. Insgesamt bevorzugen danach fast die Hälfte Bargeld gegenüber Giro- und Kreditkarte. Veronica Dagher, As Coronavirus Spreads, Should You Have More Cash?, Wall Street Journal, 12.3.2020. Adrian Lobe, Digital zahlen und trotzdem anonym bleiben, Standard, 16.2. 2020. Caitlin McCabe, Sebastian Pellejero, Robinhood Outage Strands Customers, Wall Street Journal, 3.3.2020. Raphael Zehnder, Sind die Tage des Bargelds gezählt?, SRF Kultur, 8.1.2020. Thomas Öchsner, Girokonten werden immer teurer, SZ, 11.5.2020.

2 Der Kronzeuge erzählte: «Das Wort Schmiergeld war verpönt. Es war immer von nützlichen Aufwendungen die Rede. (…) Die Manager redeten mit einem Augenzwinkern darüber. Einer sagte, ‹Was glaubt ihr, wieso wir alle diese Aufträge für Telekom-Anlagen aus Russland oder Afrika bekommen? Weil unsere Produkte so toll sind? Oder weil wir so nett sind?› Dann lachten alle.» (…) SZ: «2002 wurden Sie endgültig zum ‹Herrn der schwarzen Kassen›, wie die Staatsanwälte sagten. Sie stellten 50 Millionen Euro Schmiergeld bereit?» – «Wir saßen mit fünf, sechs Leuten beim ‹Alten Wirt› in Forstenried. Das Top-Management fürchtete, dass es einen Wildwuchs gibt, man wollte eine zentrale Kasse. Dann hieß es, wer übernimmt das? Alle schauten mich an. Wir haben kalkuliert, ohne Aufträge aus den Ländern, wo man schmieren muss, fällt eine Milliarde Euro Umsatz weg. (…) In Nigeria wurden die Siemens-Geldboten von bestochenen

Offiziellen durch die Kontrollen gelotst und mit gepanzerten Autos abgeholt. Im zweiten Auto saßen die Bodyguards. In Nigeria werden Sie schon für tausend Dollar erschossen, und unsere Leute hatten ja mehr dabei.» Harald Freiberger, Alexander Hagelüken, Klaus Ott, Interview, SZ, 1.8.2008.

3 Aussagen von Joachim Wuermeling in diesem Buch aus meinem Interview, SZ, 5.11.2019. «In einem geharnischten Brief vom 13. Dezember 2019 beschwerte sich der zuständige EZB-Direktor Yves Mersch bei Parlament und Finanzminister Italiens darüber, dass die EZB noch nicht angehört wurde. Italien plant, die Obergrenze für Barzahlungen zu senken: Sie soll von 3000 auf 1000 Euro herabgesetzt werden. Lange Zeit hat die EZB Bargeldobergrenzen einzelner Länder kritiklos durchgewunken. Aber seit 2017 hat sich der Ton deutlich verändert. So kritisierte die EZB die portugiesische Regierung, als diese Strafen für hohe Barzahlungen einführen wollte. Als die griechische Regierung dort 2019 Anti-Bargeld-Maßnahmen verschärfen wollte, fing sie sich eine scharfe Rüge von der EZB ein.» Norbert Häring, Jan Mallien, Die EZB wechselt ins Lager der Bargeldfreunde, HB, 27.1.2020. Markus Zydra, Waschtag, SZ, 14.1.2020.

5. Sparers Alptraum:
Eine Welt ohne Zinsen

1 «Es war ein Akt der Emanzipation, als 1778 die Ersparungsclasse der Hamburgischen Allgemeinen Versorgungsanstalt gegründet wurde und bald andere Sparkassen und Genossenschaftsbanken. Auch Handwerksgesellen und Dienstmägde sollten ihr Geld sicher und verzinslich anlegen, nicht nur Adlige. Als die Industrialisierung die Arbeiter in Gemeinschaftsunterkünfte zusammenpferchte, wird dort der Lohn geklaut. Erst auf dem Sparbuch ist er sicher.» Alexander Hagelüken, Schwein gehabt, SZ, 29.11.2013.

2 Immobilien brachten im Schnitt über 150 Jahre real acht Prozent Wertsteigerung pro Jahr, Aktien knapp sieben. Anleihen brachten nur knapp zwei Prozent, Bankeinlagen nur 0,3 Prozent. Òscar Jordà, Katharina Knoll, Dmitry Kuvshinov, Moritz Schularick, Alan M. Taylor, The Rate of Return on Everything, 1870–2015, Federal Reserve Bank of San Francisco Working Paper 2017–25. Weitere Belege Kapitel Wie Sparer der Zinsfalle entkommen. Realzinsen deutscher Sparbücher Deutsche Bundesbank. Aktionärsquoten Deutsches Aktieninstitut und Philip Plickert, Arme reiche Deutsche, FAZ, 22.1.2018. Monika Graf, Nullzins-Ära, Salzburger Nachrichten, 12.2.2020.

3 «Only two of more than 20 countries in the developed world have real 10-year yields above zero: Portugal and Italy.» Jim Bianco, Central Banks Can't Create Negative Rates by Themselves, Bloomberg, 9.10.2019. Christian Siedenbiedel, Die negativen Zinsen der anderen, FAZ, 16.11.2019. Entgangene Zinsen deutscher Sparer laut DZ Bank 648 Milliarden Euro. Sie

vergleicht die durchschnittlichen Einlagenzinsen bei Banken von 2010–2019 mit den Jahren 1999–2009. Bei Anleihen und Versicherungsleistungen zieht sie einen etwas anderen Vergleichszeitraum heran. Für den Durchschnittswert pro Kopf gehe ich von knapp 60 Millionen Sparern in Deutschland aus. Holger Zschäpitz, Himmel und Hölle, Welt, 22.12.2019. BayernLB-Chefvolkswirt Jürgen Michels, Gewinner und Verlierer in der Welt dauerhafter Niedrigzinsen, Ifo-Schnelldienst, 24.10.2019.

4 Die Deutschen haben mit rund 235 Milliarden Euro mehr als doppelt so viel Bargeld in Banknoten zuhause wie vor zehn Jahren. Gemessen an einer Bevölkerungszahl von 83 Millionen, wären dies im Schnitt rund 2800 Euro pro Person. Das geht aus einer Antwort des Finanzministeriums auf eine Anfrage des FDP-Bundestagsabgeordneten Frank Schäffler hervor. Seit 2016 bis Mitte 2019 sind die Kassenbestände der Finanzinstitute in der Eurozone laut EZB-Daten um 57 Prozent auf 81,5 Mrd. Euro gestiegen, berichtet die Wiener Presse. Allein auf Deutschland seien davon rund 37 Milliarden entfallen. Mit großem Abstand folgen Banken aus Italien, Frankreich und Spanien. Die Bargeldbestände der österreichischen Geldinstitute seien von 2 bis 3 Milliarden Euro Anfang der 2010er Jahre bis Jahresende 2019 auf acht Mrd. Euro angewachsen. «Sehr abraten würde ich davon, sich das Geld einfach bar auszahlen zu lassen und daheim im Tresor aufzubewahren», sagt Hans-Peter Burghof, Bankenprofessor aus Stuttgart. «Wenn viele Menschen große Beträge zu Hause aufbewahrten, werde als Nächstes ein Anstieg der Einbruchzahlen zu beobachten sein.» Christian Siedenbiedel, Wechseln, abheben oder verhandeln, FAZ, 27.11.2019.

5 «A period of protracted low interest rates would adversely affect pension funds and insurance companies», warnte die OECD schon 2011, zu Beginn der Nullzinsphase. Pablo Antolin, Sebastian Schich, Juan Yermo, The economic impact of protracted low interest rates, OECD Journal Issue 1, 2011. Das Problem wird immer schärfer, je länger es dauert, schreibt Jürgen Michels: «In der Frühphase der ultralockeren Geldpolitik konnten die Halter festverzinslicher Schuldtitel noch von substanziellen Kursgewinnen ihrer mit deutlich positiven Coupons versehenen Papiere profitieren. Zehn Jahre nach der Finanzkrise wurde jedoch ein Großteil der fälligen Altbestände durch Papiere mit niedrigerer Rendite, teils mit langen Laufzeiten ersetzt. Diese Entwicklung trifft in immer größerem Umfang die kapitalgedeckten Alterssicherungssysteme im Euroraum, die überwiegend in festverzinsliche Wertpapiere und nicht in Aktien oder Immobilien investiert sind.» «General Electric's recent decision to freeze retirement benefits for 20,000 employees provides the latest unwelcome illustration of the problems confronting millions of US workers battling to secure a decent income in old age. The pain felt by GE's employees is shared by more than half a million workers across multiple US industries that also face cuts to pension benefits, according to the Washington-based Pension Rights Center. Shifting workers out of generous salary-linked defined benefit

pension schemes is a tactic widely adopted across US corporates. Just 16 per cent of Fortune 500 companies offered a salary-linked defined benefit retirement plan to new employees in 2017, down from 59 per cent in 1998, according to Willis Towers Watson, the pension scheme adviser..» Chris Flood, Falling interest rates wreak havoc in US pension system, 3.11.2019. «Die Rendite aus Versicherungen habe seit Anfang 2017 ein besonders niedriges Niveau erreicht», konstatiert die Bundesbank. 31 von rund 130 Pensionskassen standen Ende 2018 unter «intensivierter Aufsicht» der Finanzaufsicht BaFin, weil die Niedrigzinsen sie stark belasten. Das gleiche Elend bei den Lebensversicherern. Der Ausschuss für Finanzstabilität warnte schon 2017: «Es besteht die Gefahr, dass die erwirtschafteten Erträge nicht mehr ausreichen, um den langfristigen Verpflichtungen nachzukommen.» Niklas Hoyer, Christof Schürmann, Sparen in Zeiten des Nullzinses, Wirtschaftswoche, 14.6.2019. Renate Graber, Interview Andreas Treichl, Standard, 1.12.2019. Marija Kolak, Interview Deutsche Handwerks-Zeitung, 30.9.2019.

6 Die Analyse belegt: Wer über mehr Geld verfügt, hat eher die Möglichkeit, mit dem Problem niedriger Zinsen umzugehen, als Menschen mit weniger Geld. «Wir befürchten, dass sich diese Ungleichheit in den nächsten Jahren verfestigt», so Helmut Schleweis. Sparkassen-Vermögensbarometer 2019. Umfrage des Gothaer Versicherungskonzerns, Februar 2020. Nicolas Baverez, Le Figaro, Welt, 3.11.2019. Thomas Fuster, Banken drängen auf Ende der Negativzinsen, NZZ, 26.10.2019. Finanzen.ch, 30.1.2020. Tom Fairless, Lagarde's Diplomatic Skills to Be Tested, Wall Street Journal, 1.11. 2019.

7 «Die realen Zinsen (nominale Zinsen abzüglich Inflation) waren zu D-Mark-Zeiten ein Drittel der Zeit seit den 1970er Jahren negativ – so wie heute auch.» Marcel Fratzscher, 20 deutsche Mythen zur EZB-Geldpolitik, Tagesspiegel, 24.11.2019. Einlassungen von Peter Bofinger aus Gesprächen zwischen 2016 und 2020.

6. Finanzkrise, Alterung, Stagnation:
Was die Zinsen noch lange niedrig hält

1 Gespräch Peer Steinbrück Dezember 2013. Einlassungen von Hagen Krämer aus Gesprächen 2019 und 2020. Dieses und die folgenden Kapitel verdanken ihm viel, ebenso Peter Bofinger, Volker Wieland, Hagen Krämer, Moritz Schularick und mehreren Politikern und Notenbankern, die anonym bleiben wollen. EZB-Chefvolkswirt Philipp Lane sieht auch eine Verschiebung von kurz- zu langfristigen Staatsanleihen, wodurch auch die wenig abwerfen. Christian Siedenbiedel, Die wahren Gründe der Nullzinsen, FAZ, 2.12.2019. Neil Irwin, Your Portfolio Is Probably Doing Great, NYT, 27.11.2019. Thomas Mayer und Gunther Schnabl argumentieren, ein von Zentralbanken unabhängiger niedriger Zins sei so wenig schlüssig

«wie das keynesianische Wirtschaftsmodell». Das sei blind für die Rolle
von Zentralbanken. Doch das ist kein Argument gegen das Sinken des
Zinses, sondern nur die (berechtigte) Warnung vor den Risiken lockerer
Geldpolitik. Wie ist der Zins gestorben?, FAZ, 10.11.2019.

2 «Die Fertilität lag im Weltdurchschnitt bis Mitte der 1960er Jahre konstant
bei etwa 5 Kindern pro Frau. Danach begann sie zu sinken. Dabei unterschritten die meisten Industrieländer schon in den 1970er Jahren die ma-
gische Schwelle von 2,1. Bei dieser Fertilitätsrate bleibt die einheimische
Bevölkerungszahl stabil. Derzeit wird dies in den OECD-Ländern mit 1,8
deutlich unterschritten.» Rainer Münz, Berlin-Institut für Bevölkerung
und Entwicklung. Bruns, Vorstand der Fondsgesellschaft Loys AG, äußert
sich in Capital, 25.02.2020, Enke in Karsten Seibel, Geld anlegen für alle,
Welt am Sonntag, 1.9.2019. Holger Zschäpitz, Himmel und Hölle, Welt,
22.12.2019.

3 Jim Bianco schreibt: «The savings glut is leading to massive bond buying
that is resulting in yields dropping below the inflation rate nearly every-
where in the developed world. Older people are buying bonds. Demogra-
phics tells us the developed world is not running out of old people anytime
soon. The savings glut will continue.» Dagegen weisen Peter Bofinger und
Moritz Schularick darauf hin, dass die private Sparquote in manchen Ländern nicht gestiegen sei, teils habe sie gar abgenommen. Völlig gegen die
Demografie-These argumentiert Thomas Mayer: «Betrachtet man die
Veränderung des Sparverhaltens und den Anstieg des Anteils der Rentner
in den OECD-Ländern von 1995 bis 2018, sieht man, dass die Alterung
eher mit einer Abnahme der Sparquote verbunden ist. Bezeichnend dafür
ist Japan, das Land mit der am schnellsten alternden Bevölkerung. Dort
ist die Sparquote der Haushalte dramatisch gefallen, wofür Untersuchungen vor allem den von der Zentralbank erzwungenen Rückgang der
Sparzinsen verantwortlich machen.» Hagen Krämer deutet die stagnierende Sparquote mancher Industriestaaten so, dass angesichts der niedrigen Zinsen derzeit vielleicht noch der Anreiz fehle, mehr privat fürs Alter
zu sparen. In jedem Fall habe die Demografie aber einen anderen Effekt.
Weil die Alterung die Renten-, Gesundheits- und Pflegekassen leert,
müssten Arbeitnehmer einen höheren Anteil ihres Lohns als Beiträge an
diese Kassen zahlen. «Das stärkere Sparen zeigt sich vor allem im Zwangs-
sparen in die Rentenkasse. Fast die Hälfte des privaten Vermögens in
OECD-Ländern sind Renten-Ansprüche an den Staat, die aus diesen
Beiträgen folgen.» Krämer hat mit Carl Christian von Weizsäcker ein
Buch vorgelegt: Sparen und Investieren im 21. Jahrhundert, Springer, 2019.
Philipp Lane glaubt, dass die Alterung die Nachfrage nach Ersparnis reduziert: Investitionen wirkten in einer alternden und deshalb wenig wachsenden Volkswirtschaft weniger lohnend.

4 Alexander Hagelüken, Das gespaltene Land – wie Ungleichheit unsere
Gesellschaft zerstört und was die Politik ändern muss, Droemer Knaur
2017. «A recent study by Emmanuel Saez and Gabriel Zucman found that

the four hundred richest Americans pay a lower over-all tax rate than any other group in the country.» Sheelah Kolhatkar, The Ultra-Wealthy who argue that they should be paying higher taxes, New Yorker, 6.1.2020. Kalyeena Makortoff, Top FTSE bosses paid typical worker's annual salary in just 33 hours, Guardian, 6.1.2020.

5 Anders als Neoliberale behaupten, heißt das auch: «Mehr Umverteilung nach unten bringt nicht weniger, sondern mehr Wachstum – weil die untere Hälfte mehr konsumiert, also die Firmen mehr verkaufen», so Moritz Schularick. «It is widely documented that the marginal propensity to consume declines with income and wealth.» Mai Chi Dao, Victoria Perry, Alexander Klemm, Shafik Hebous, Wealth inequality and private savings in Germany, IMF Country Report 2019. Karen Dynan, Jonathan Skinner, Stephen P. Zeldes, Do the Rich Save More?, NBER Working Paper 7906, 2000.

6 Der IWF erwartet, dass sich die private Sparquote erhöhen wird, wenn die Firmengewinne die Ungleichheit weiter hochtreiben. Die steigenden Firmenersparnisse kompensieren auch, dass die private Spareigung in manchen Staaten abnahm, so ein früheres Papier: «The average household saving rate followed a downward trend since the mid-1990 s, which was almost fully offset by an increasing corporate saving rate.» Francesco Grigoli, Alexander Herman, Klaus Schmidt-Hebbel, World Saving, IMF Working Paper 14/204, 2014.

7 Seit der Globalisierung profitiert der Westen vom Nachholbedarf von Schwellenländern wie China, aber dieser Effekt nimmt ab. Robert Gordon, Is U.S. Economic Growth Over?, NBER 18 315, 2012. Alexander Hagelüken, Nach all den Jahren, SZ, 21.10.2017.

8 Es gibt weitere Effekte: Kapitalgüter wie Maschinen oder Computer werden durch die Globalisierung eher billiger, also sinken die Investitionssummen. Der Produktwandel zeigt sich darin, dass der Umsatz deutscher Videotheken seit 2010 von 500 auf 100 Millionen Euro schrumpfte. Die Deutschen kaufen zwei Drittel weniger CDs und Videos als vor wenigen Jahren. Statistisches Bundesamt 2010–2017. Früher wuchs der zur Produktion nötige Kapitalstock, als etwa Fernseher populär wurden, während Radios, Zeitungen, Bücher (und ihre Hersteller) blieben. Jetzt wird der Kapitalstock stärker ersetzt statt erweitert. Maschinen wie Rechner oder Roboter werden mächtiger, aber seltener. Fabrikbänder, Druckmaschinen und Faxgeräte schwinden.

9 Jeff Sommer, You now get almost nothing for your money, NYT, 12.6.2020. Christian Siedenbiedel, Zum Anfang der Krise steigen die Sparzinsen, FAZ, 1.4.2020 Auf 0,5 Prozent schätzt die New York Fed den natürlichen Zins, Brendan Greeley, Central banks lack the bazooka to fire up economic growth, Financial Times, 9.1.2020. Paul Schmelzing, Eight centuries of global real interest rates, Bank of England Working Paper 845, 2020. EZB-Kritiker berufen sich auf eine Studie der Bank für Internationalen Zahlungsausgleich (BIZ), die als Zentralbank der Zentralbanken bezeich-

net wird. Demnach prägt über einen langen Zeitraum die Geldpolitik die Zinsen. Aber auch laut dieser Studie drückte zumindest in den vergangenen 30 Jahren das Zusammenspiel von Sparen und Investment die realen Zinsen. «The link between real interest rates and saving-investment determinants appears tenuous. While it is possible to find some relationships consistent with the theory in some periods, particularly over the last 30 years, they do not survive over the extended sample», Claudio Borio, Piti Disyatat, Mikael Juselius, Phurichai Rungcharoenkitkul, Why so low for so long?, BIS Working Papers 685, 2017.

7. Wie Sparer der Zinsfalle entkommen – und warum das gut für die Demokratie ist

1 Elroy Dimson, Paul Marsh und Mike Staunton rechnen vor, dass Aktien seit 1900 im Schnitt real 6,5 Prozent abwerfen, Anleihen zwei Prozent und kurzfristige Anleihen 0,8 Prozent. Triumph of the Optimism, Princeton University press 2002, und spätere Berechnungen, Credit Suisse Yearbook 2018. Das bestätigt Berechnungen wie die in Òscar Jordà, Katharina Knoll, Dmitry Kuvshinov, Moritz Schularick, Alan M. Taylor, The Rate of Return on Everything, 1870–2015, Federal Reserve Bank of San Francisco Working Paper 2017–25 und Rajnish Mehra/Edward Prescott, The equity premium: A puzzle, Journal of Monetary Economics, 1985, vol. 15/2, later updated. Bei deutschen Standardaktien lag die Dividendenrendite in den vergangenen zehn Jahren bei 2,5 bis vier Prozent. Hans-Jürgen Schlamp, Glanz und Niedergang einer Geld-Dynastie/Annette Grossbongardt, Die Broker der Könige, Spiegel Geschichte 4/2009.

2 «Equity market indices were up just over 30 percent in the United States, close to 25 percent in Europe and China, and over 15 percent in emerging markets and Japan. What explains the strong performance of risky assets? One important driving force boosting asset prices was the synchronized monetary policy easing throughout 2019», Tobias Adrian, Fabio Natalucci, A Call for Vigilance, IWF Blog, 28.1.2020. Jürgen Michels über die Nullzinsära: «Dauerhaft niedrige Zinsen in Kombination mit massiver Überschussliquidität sprechen für dauerhaft hohe Bewertungen für Aktien. Daher sind per se Investoren in Aktien, Immobilen und risikoreichere Schuldtitel auf der Gewinnerstraße.» «Während aktive Aktienfonds meist bis zu zwei Prozent Jahresgebühr verlangen, erreichen ETF etwa ein Zehntel dieser Belastung. Das meiste Geld steckt in Produkten auf populäre Indizes wie den S&P 500, den Euro Stoxx 50 oder den MSCI World. Diese Fonds kosten oft nur 0,1 Prozent Jahresgebühr oder sogar weniger. Außerdem gibt es bei ihnen keine Ausgabeaufschläge.» Ingo Narat, Anlageklasse der Rekorde, HB, 9.2.2020. Die Augsburger Zahlen der Fondsorganisation der deutschen Sparkassen waren für Cornelia Kollmer erschütternd: «Es liegt auch am Sparverhalten der Bürger selbst. Es muss daher unser Auf-

trag sein, die Menschen für die Zinsfalle zu sensibilisieren, ihnen zu erklären, welche anderen Möglichkeiten es gibt», Andrea Wenzel, Augsburger verlieren über 100 Millionen im Jahr, Augsburger Allgemeine, 10.10.2019.

3 Die Hälfte der deutschen Arbeitnehmer verdient heute real weniger oder zumindest nicht mehr als vor 20 Jahren, so die Bundesregierung im Armutsbericht. Deutsche Anlagedaten laut Bundesbank 2019 nach Thomas Mayer, Keine Angst vor Aktien!, FAZ, 1.12.2019. Darin schreibt er: «Wir haben 1700 Finanzberater befragt. 94 Prozent meinten, dass Sparer vor Aktienanlagen zurückschreckten, weil ihnen das Vertrauen in die Finanzberatung fehle. 96 Prozent hielten fachliche Mindeststandards und eine ethische Verpflichtung zur Beratung im Interesse der Kunden für wichtig. Berufsverbände können helfen. Seit 2003 gehöre ich dem globalen Verband der Chartered Financial Analysts an. Die Mitglieder durchlaufen eine dreijährige fachliche Ausbildung und verpflichten sich zur kontinuierlichen Weiterbildung.»

4 Wie sehr die Kluft zwischen Arm und Reich mit der Geldanlage zusammenhängt, zeigt Folgendes: Deutsche Immobilienbesitzer haben im Schnitt genauso viel Vermögen wie Hausbesitzer anderer Euronationen. EZB, The Household Finance and Consumption Survey 2013/2017. Stefan Bach, Andreas Thiemann, Aline Zucco, Looking for the Missing Rich, DIW 2018. Markus Grabka, Christian Westermeier, Anhaltend hohe Vermögensungleichheit in Deutschland, DIW 2014.

5 Der Anteil an Kapitaleinkünften ist in Österreich mit 6 Prozent unter OECD-Schnitt von 18 Prozent. Deutsche Vermögensdaten Bundesbank, Monatsbericht März 2016. M. Schularick, Till Baldenius, Sebastian Kohl, Die neue Wohnungsfrage, Uni Bonn, 2019.

6 Wie die Altersvorsorge neu gestaltet werden sollte, führe ich an anderer Stelle genauer aus: «In Deutschland müsste die Förderung der privaten Altersvorsorge per Riester gezielter Aktien und Immobilien fördern – mit einer höheren. Und die zu detaillierten Garantien zurückfahren. Und kostengünstige Standardprodukte etablieren, damit nicht weiter so hohe Anteile in die Taschen der Finanzkonzerne wandern. An Lebensversicherungen sind oft rasch 2000 Euro Provision zu verdienen. Bei Aktiensparplänen sind es oft nur fünf Euro Gebühr pro Monat. Aktuell sind etwa 900 Milliarden Euro in Lebensversicherungsverträgen angelegt. Der Aktienanteil beträgt unter fünf Prozent.» Vermögenspolitik neu gedacht, Bertelsmann-Stiftung, 2018. Die weniger verdienenden 70 Prozent der Deutschen zahlten 2015 mehr Steuern als 1998, die 30 Prozent Bestverdiener weniger, Stefan Bach, Martin Beznoska, Viktor Steiner: Wer trägt die Steuerlast in Deutschland?, DIW Berlin 2016. Rentenlücken nach Markus M. Grabka, Timm Bönke, Rentennahe Jahrgänge haben große Lücke, DIW 2018. Peter Haan, Holger Stichnoth, Entwicklung der Altersarmut bis 2036, Bertelsmann-Stiftung 2017.

8. Fed, EZB & Co.:
Zentralbanken krempeln das Leben der Menschen um

1 Jacques de Larosière, Report of The High-Level Group on Financial Supervision in the EU, 2009. Wissenschaftlicher Dienst des Deutschen Bundestags: Verlauf der Finanzkrise, 2009. Interview Thomas Jordan, FAZ, 5.2.2020. William Watts, Draghi Saved the Euro, Wall Street Journal, 24.10.2019. Michael Maisch, Der große Irrtum, HB, 3.8.2017.

2 Der damalige Fed-Chef Alan Greenspan erfuhr 2001 auf einem Rückflug aus Zürich, dass Terroristen ins World Trade Center geflogen waren. «Long before my flight touched down, I'd concluded that the world was about to change in ways that I could not yet define». Kurz danach senkte er die Zinsen so entschieden, dass die amerikanische Wirtschaft ihre Angststarre wieder abschüttelte. Alan Greenspan, The Age of Turbulence, Penguin Books 2008.

3 «Just als die Bundesbank die Zinsen anhob, begann die Weltkonjunktur zu schwächeln. Auch die deutschen Unternehmen hatten zu kämpfen, mussten aber noch eine zusätzliche Last schultern: Der Kurs der D-Mark stieg abrupt, weil Finanzanleger aus der ganzen Welt nach Deutschland drängten, um von den hohen Zinsen zu profitieren.» Ulrike Herrmann, Deutschland, ein Wirtschaftsmärchen, Westendverlag 2019.

4 «Ähnlich defensiv agierte die Europäische Zentralbank. Bis in den Herbst 2008 hielt sie die Zinsen höher, als es für die Konjunktur gut war. Nachdem EZB-Chef Jean-Claude Trichet Kredite doch noch verbilligt hatte, verunsicherte er mit Andeutungen einer Zinssenkungs-Pause, während die Wirtschaft weiter abstürzte.» Alexander Hagelüken, Europa kommt zu spät, SZ, 16.1.2009.

5 Die Immobilienpreise stiegen im Euroraum 2018 um fünf Prozent. Die EZB bezieht bisher nur Mieten in die Berechnung der Inflation als allgemeine Lebenshaltungskosten ein, die US-Fed Mieten und Kosten fürs Wohnen im eigenen Haus. Proberechnungen zeigten, dass dies die ausgewiesene Preissteigerung nur unwesentlich ändert. Martin Arnold, Bigger role for housing urged in inflation data, Financial Times, 3.2.2020. ECB must make inflation targeting fit for purpose, Financial Times, 24.1.2020. Jan Mallien, Frank Wiebe, Die Tücken der Inflation, HB, 26.11.2019. «Der Ankauf von Staatsanleihen durch die EZB ist illegal und ineffektiv? Fakt: Der Europäische Gerichtshof (EuGH) hat geurteilt, dass diese legal sind und hat alle deutschen Klagen abgewiesen. Die Ankäufe waren effektiv, um die Kreditvergabe an Unternehmen und Bürger zu verbessern, auch wenn diese immer weniger effektiv werden.» Marcel Fratzscher, 20 deutsche Mythen zur EZB-Geldpolitik, Tagesspiegel, 24.11.2019.

6 Die Euro-Regierungen hatten zwar Griechenland, Portugal, Irland und Spanien mit Krediten über Wasser gehalten. Italien aber, das drittgrößte Euro-Land, Draghis Heimat, wäre dafür wohl zu groß gewesen. Da wirkt

es besonders ironisch, dass die Regierung Berlusconi Draghi damals gezielt auf den Posten des EZB-Chefs weglobte – sie fürchtete, der damalige
italienische Notenbankchef könnte für Berlusconi zum Konkurrenten
werden. Ausgerechnet dieser Mann rettete dann den Euro – und insbesondere Italien vor der Staatspleite: In der Logik von Berlusconi und Finanzminister Giulio Tremonti, die Verschwörungstheorien über «jüdisch-
freimaurerische» Komplotte gegen ihre Regierung verbreiten, war Draghi in
Frankfurt besser aufgehoben. Alexander Hagelüken, Claus Hulverscheidt,
Ulrike Sauer/Alexander Hagelüken, Markus Zydra, Kandidat aus Verse-
hen/Interview Mario Draghi, Süddeutsche Zeitung, 1.10.2009/14.9.2012.

7 Das Baseler Prognos-Institut rechnet vor, dass ein Euro-Kollaps allein die
deutsche Wirtschaftsleistung binnen zehn Jahren um 1,2 Billionen Euro
reduzieren würde – das entspricht mehr als einem Drittel der jährlichen
Wirtschaftsleistung. Ohne Wechselkursrisiken zu exportieren, ist einer
der großen Vorteile der Währungsunion. Alexander Hagelüken, Wenn die
EU wankt, SZ, 2.11.2016. Wenn dagegen jeder in Europa seine alte Währung zurückbekommt, steigt der Kurs der Mark gegenüber Lira, Drachme
und Pesete um bis zu 40 Prozent, kalkulierte Michael Heise zum Höhepunkt der Eurokrise. Die Unternehmen verkaufen weniger Audis, Chemi-
kalien oder Maschinen ins Ausland. Jeder dritte Job in Deutschland hänge
direkt oder indirekt vom Export ab. «Eine Million Arbeitslose mehr, das
ist die Untergrenze, weil es noch viele andere Konsequenzen gibt.» Um
ihre Preisnachteile auszugleichen, müssten deutsche Unternehmen die
Jobs ins Ausland verlagern – jeder Arbeitnehmer müsste auf ein Siebtel
seines Lohnes verzichten. Solche Kalkulationen haben reale Vorbilder: In
der Vor-Euro-Zeit werteten andere EU-Staaten öfter ihre Währungen gegenüber der Mark ab. Als Italien 1992 das Europäische Währungssystem
verließ, wertete es die Lira um die Hälfte ab. Audi verkaufte auf einen
Schlag weniger Autos. 1992 waren es 48 000, drei Jahre später nur 35 000.
Der Einbruch hielt bis zur Jahrtausendwende an – bis der Euro kam. Alexander Hagelüken, Hannah Wilhelm, Sehnsucht, SZ, 9.12.2011. «40 Prozent der Deutschen haben praktisch kein Erspartes und viele Jobs und
Einkommen wurden durch die niedrigen Zinsen geschützt», Marcel
Fratzscher. Andere Wissenschaftler argumentieren, nur manche Staaten
wie Deutschland oder die Niederlande profitierten vom Euro, Italien oder
Frankreich hätten dagegen Wohlstandsverluste. Alessandro Gasparotti,
Matthias Kullas, 20 Jahre Euro, CEP, 2019.

9. Globale Risiken und der Corona-Schock

1 Ausgerechnet die BIZ, Überinstitut der Zentralbanken, warnt nun vor den
Risiken der Nullzinspolitik, die Geldhüter wie die Fed oder die EZB betreiben. Tenor: Es drohen neue Finanzblasen. «Die Banken in der Eurozone haben sich mit Staatsanleihen vollgepumpt. Dazu trägt auch die

Geldpolitik bei», sagt Marcel Fratzscher. Alexander Hagelüken, Jan Willmroth, Das große Blubbern, SZ, 1.7.2014. Alexander Hagelüken, Hannah Wilhelm, Das Geld der Anderen, SZ, 22.10.2008. «Japans Zentralbank hatte in den 1980er Jahren die Zinsen stark gesenkt. Das sollte die Wirtschaft beleben, beförderte aber die Bildung der Blase. Nach dem Absturz des Nikkei 1990 haben viele japanische Banken Konzerne finanziert, die Anteil am Aufschwung Südostasiens nahmen. Dann kam der nächste Crash. Nach der Asienkrise zogen viele Anleger ihr Kapital zurück und investierten stattdessen in vermeintlich sicherere Anlagen, vor allem in den USA. Alan Greenspan, Chef der US-Zentralbank, senkte die Zinsen. Das befeuerte die Dotcom-Blase, die im März 2000 platzte – und noch weitere Zinssenkungen auslöste. Danach kamen die Übertreibungen am US-Immobilienmarkt, im Süden der Eurozone und auf den Rohstoffmärkten. Wir haben es mit einer Kette wandernder Blasen zu tun, die von der Geldpolitik getrieben werden. Die Regierungen reagieren auf einen Crash mit schärferen Regeln, aber die Spekulation ist ihnen immer einen Schritt voraus.» Benjamin Bidder, Interview Gunther Schnabl, Spiegel, 12.2.2017.

2 «Die Spekulanten und Vermittler auf den Finanzmärkten – genau die, die uns 2008/09 an die Wand gefahren haben! – erzielen ein mehr als nur angenehmes Einkommen und Provisionen.» Guillaume Duval, Es liegt an Deutschland, HB, 20.11.2019. Gunther Schnabl kritisiert eine Umverteilung von Jung zu Alt: «Mit steil steigenden Immobilienpreisen wird es für junge Menschen sehr viel schwieriger, ein Eigenheim zu erwerben. Hingegen wächst das Immobilienvermögen der Älteren im Wert schnell an. Weil die Mieten mit den Immobilienpreisen wachsen, müssen junge Menschen höhere Mieten bezahlen. Die Altmieter bleiben durch die Mietgesetzgebung gegen höhere Wohnkosten geschützt.» Die anhaltend lockere Geldpolitik hat gesellschaftlich unerwünschte Verteilungseffekte, Ifo-Schnelldienst, 24.2.2019. «Mario Draghis Politik hat die Menschen nicht etwa zusammengeführt, sondern neu gespalten», kritisiert Uwe Jean Heuser in der Zeit. «Wer hat, wer sich Häuser und Aktien leisten kann, dem wird in dieser Welt gegeben. Also sorgt die fortgesetzte Geldschwemme nicht etwa für Ausgleich, sondern droht die Menschen überall in Europa so zu trennen, wie das Griechen oder Italiener schon kennen.» Die Geister, die er rief, 30.10.2019.

3 «The rating agency Moody's cited lower rates as one of the main factors behind its decision to change its outlook for global banks from stable to negative», David Crow, Lenders labour under pressure of negative rates, Financial Times, 22.1.2020. Allein die Deutsche Bank bezifferte ihren Verlust aus den Niedrig- und Negativzinsen 2019 auf 850 Millionen Euro. Die EZB-Anleihekäufe drücken die langfristigen Zinsen. Geld kurzfristig zu leihen, um es langfristig mit Profit zu verleihen, wird für die Banken schwieriger. «Aus den geschrumpften Gewinnen der Banken ergeben sich Risiken», erklärt Volker Wieland. «Ihre Widerstandsfähigkeit wird da-

durch geschwächt.» «Taking a longer-term view, however, the easing of global financial conditions so late in the economic cycle and the continued buildup of financial vulnerabilities – including the rise in asset valuations to stretched levels in some markets and countries, the rise in debt, and large capital flows to emerging markets – could threaten growth in the medium term. For example, default rates have increased in the U. S. high-yield market, as well as in Chinese on- and offshore corporate bond markets, albeit from low levels.» Tobias Adrian, Fabio Natalucci, A Call for Vigilance After a Strong Year for Risky Assets, IWF Blog, 28.1.2020. Prominente EZB-Direktoren wie Vizepräsident Luis de Guindos gestehen die Nebenwirkungen auch unumwunden ein: «Wir sind uns voll und ganz bewusst, dass unsere Geldpolitik einige Nebeneffekte verursacht hat und dass die Nebeneffekte auf dem Vormarsch sind.» Christian Siedenbiedel, Geldpolitik mit starken Nebenwirkungen, FAZ, 21.11.2019.

4 Die BIZ 2014: «Weil Großinvestoren wie Pensionsfonds mit eher sicheren Anlagen wie Staatsanleihen kaum noch etwas verdienen können, machen sie sich auf die risikoreiche Jagd nach Rendite, etwa durch den Kauf von Firmenanleihen mit niedriger Kreditwürdigkeit.» Alexander Hagelüken et al, Das große Blubbern, SZ, 1.7.2014. Firmenschulden weltweit Ende 2019 «driven by the return of more expansionary monetary policies early in the year», OECD, Corporate Bond Market Trends, 18.2.2020. «Amidst the longest economic expansion in recorded history, and spurred by easy financial conditions, corporate leverage has reached historic highs while the buildup of vulnerabilities continues in nonbank financial companies that dominate credit intermediation.» IWF Blog, 31.1.2020. Der IWF fürchtet, Fonds mit Firmenanleihen von 1,7 Billionen Dollar könnten klamm werden und in einer Kettenreaktion das globale Geldsystem runterziehen. Thomas Mayer: «Die mit der Niedrigzinspolitik verbundene Subventionierung von Unternehmen mit geringer Produktivität und Verhinderung von Strukturbereinigungen in den USA, der Eurozone und Japan haben zu einem Fall des potentiellen Bruttoinlandsprodukts und Rückgang des Potenzialwachstums geführt.» «Vor allem wegen der Übernahme von Time Warner gehört AT&T mit 354 Milliarden Dollar Nettoschulden zu den besonders hoch verschuldeten Konzernen der USA, neben General Motors, Delta Airlines und dem Krankenversicherer CVS Health. Die Gesamtschulden der 500 größten börsennotierten Firmen waren mit 4,7 Billionen Dollar 2,6-mal so hoch wie ihr Gewinn. Vor einem Jahrzehnt lag der Faktor nur bei 1,9. Auf der Suche nach Rendite verleihen Investoren ihr Geld selbst an Firmen, die wie Tesla und Netflix hochverschuldet sind und kein Geld verdienen. Die BIZ stufte 2016 7,3 bis 11,2 Prozent der italienischen Firmen als Zombies ein.» Ulf Sommer, Christian Wermke et al, Gefahr in den Bilanzen, HB, 13.12.2019. Alexander Hagelüken, Reden wir über Geld mit Mun Kim, «Mein Gott, ich klinge ja wie ein Sozialist», SZ, 10.5.2019. Niraj Chokshi, Hertz Files for Bankruptcy Protection, NYT, 22.5.2020.

5 Die gesamte Verschuldung der Welt lag Ende 2019 um 43 Prozent höher als vor der Finanzkrise, aber auch die weltweite Wirtschaftsleistung stieg seitdem um rund 30 Prozent. Kenneth Rogoff und Carmen Reinhart nannten ihr Buch über die Geschichte der Finanzkrisen «This Time is Different», weil Politiker und andere Akteure glaubten, sie kämen diesmal mit etwas davon, was – wie hohe Schulden – bei einer früheren Finanzkrise in den Abgrund führte. Der deutsche Wirtschaftsweise Volker Wieland mahnte schon Monate vor der Corona-Krise, plötzlich könnten ganze Staaten wackeln – wenn ihre Schulden schwerer finanzierbar sind, weil die Zinsen doch steigen.

6 «Growth in Asia is expected to stall to zero percent in 2020. This is the worst growth performance in almost 60 years», Chang Yong Rhee, IWF Blog, 16.4.2020. Das Institute for International Finance schätzt die Gesamtschulden Chinas auf 310 Prozent des Bruttoinlandsprodukts. Das lässt wenig Raum für größere Ausgaben. Dana Heide, China schwächt die Weltwirtschaft/Chinas Wirtschaft bricht ein, HB, 16./17.4.2020. In Deutschland dürften die Staatsschulden 2020 im internationalen Vergleich wenig zunehmen, laut IWF von 60 auf 68 Prozent. Martin Greive, Schuldenberge wachsen dramatisch, HB, 16.4.2020. Andrea Cünnen, Jan Mallien, Hilfe für Europa, HB, 20.3.2020.

7 Jeanna Smialek, Peter Eavis, With $ 2.3 Trillion Injection, NYT, 9.4.2020. Frank Wiebe, Anke Rezmer, Wege aus der Schuldenfalle, HB, 7.4.2020.

8 «Die Weltwirtschaft steuert auf eine Liquiditätsfalle zu, die die Versuche der Zentralbanken torpediert, eine Rezession zu verhindern, warnt der langjährige britische Notenbankchef Mark Carney. Eine Liquiditätsfalle entsteht in den raren Momenten, wenn die Geldpolitik jede Wirkung auf die Konjunktur verliert.» Lionel Barber, Chris Giles, Central Banks low on ammunition to fight recessions, Financial Times, 9.1.2020.

9 «Die Leitzinsen werden nach dem Schock noch länger noch niedriger bleiben, als es sonst der Fall gewesen wäre», Holger Schmieding, Chefvolkswirt der Berenberg Bank. Projektionen für die Notenbankbilanzen von JP Morgan, Frank Wiebe, Zwei Risiken für die Kurse, HB, 16.4.2020. Javier Cercas, Nur darauf kommt es an!, FAZ, 15.4.2020.

10. Das Endspiel um den Euro

1 Der Historiker Heinrich August Winkler: «Die deutsche Position war bis dahin eine andere gewesen: Die europäische Währung sollte kommen, aber nur im Rahmen einer umfassenden supranationalen Einigung – einer Politischen Union. Dieses Junktim konnte Bundeskanzler Helmut Kohl bei den Verhandlungen der EG 1990 auch deshalb nicht durchhalten, weil die britische Premierministerin Margaret Thatcher einer Politischen Union im Sinne der deutschen Vorstellungen noch weniger abgewinnen konnte als Mitterrand. Auf einem Sondergipfel in Dublin wurden die

Währungsunion und die Politische Union faktisch entkoppelt. Das war der Preis, den die Bundesregierung für die Pariser Zustimmung zur deutschen Einheit zahlen musste.» Vortrag in Berlin anlässlich der Übernahme der EU-Ratspräsidentschaft durch Belgien, FAZ, 15.8.2010. Alexander Hagelüken, «Weißt du, was die Idioten machen?», Süddeutsche Zeitung, 8.12.2016.

2 Alexander Hagelüken u. a., Athen meldete jahrelang falsche Zahlen nach Brüssel/Griechenland verschwieg Brüssel riesige Etatlöcher/Die unsichtbaren Bomber und der Tzaziki-Boykott, SZ, 21./23./29.9.2004. Jens Bastian, Mitglied der EU-Task-Force in Griechenland, Klaus Regling und Vassilis Bakalis nach Alexander Hagelüken, Ulrich Schäfer, Christiane Schlötzer, Mike Szymanski, Griechischer Schein, SZ, 4.7.2015. Alexander Hagelüken, «Der Euro kam zu früh», Interview Otmar Issing, SZ, 15.6.2018.

3 Die heutige Hoch-Industrieregion Bayern bekam von 1950 bis 1987 vom innerdeutschen Finanzausgleich mehr als drei Milliarden Euro. Nordrhein-Westfalen zahlte von 1952 bis in die zweite Hälfte der 1970er Jahre mit die höchsten Beiträge, 1961 über 350 Millionen Euro. Erst 1985 wurde das Land zum Geldempfänger – und wechselte danach mehrmals die Rollen. Daten Bundesfinanzministerium.

4 Karsten Seibel, Durch Zinstief spart Staat 436 Milliarden, Welt, 21.1.2020. Guillaume Duval, Es liegt an Deutschland, Interview Ken Rogoff, HB, 20.11./ 13.12.2019.

5 So wollten die Regierungen 2019 den Euro-Rettungsschirm ESM stärken, vertagten das aber. Bei der Banken- und Kapitalmarktunion, einem gemeinsamen EU-Finanzmarkt, um Risiken besser zu verteilen und Banken zu stärken, geht es nicht voran. Und irrsinnigerweise konnten sich die Staats- und Regierungschefs im Februar 2020 nicht auf einen neuen Sieben-Jahres-Haushalt für die EU einigen. Stefan Schaaf, Lukas Zdrzalek, Interview Mohamed El-Erian, Capital, 2.2.2020. Steingarts Morning Briefing, 15.4.2020.

6 «Neue Relevanz hat eine Untersuchung zu Überschuldungs-Perioden der US-Ökonomen Carmen und Vincent Reinhart mit Kenneth Rogoff. Sie zeigt: Sehr hohe Schuldenstände von mehr als 90 Prozent des BIP gehen eher selten einher mit hohen Zinsen, zumindest nicht in Industrieländern. Hohe Schulden traten viel öfter zusammen mit niedrigem Wachstum und niedrigen Zinsen auf. Deutschland steht historisch betrachtet derzeit fiskalisch solide da. Für andere Länder gilt dies weniger, insbesondere nicht für Schwellenländer und Länder im südlichen Euroraum wie Italien, Portugal oder Spanien. Sollten die Zinsen in Südeuropa rapide steigen, so könnte der Euroraum als Ganzes, und damit auch die Stabilität Deutschlands, ins Wanken kommen. Es ist daher von entscheidender Bedeutung, dass Europa nun gemeinsam handelt – unter anderem durch einen großen, präventiven Rettungsschirm für schwächere europäische Banken und Länder, aber auch durch die einmalige Ausgabe von Gemein-

schaftsanleihen.» Christoph Trebesch, Kann Deutschland jetzt massiv Schulden machen?, Süddeutsche Zeitung, 24.3.2020.

7 «Die hohen Schulden sind aller Voraussicht nach nur dadurch zu finanzieren, dass die Notenbanken einen großen Teil davon aufkaufen. Die ordnungspolitische ‹monetäre Staatsfinanzierung›, also Finanzpolitik mithilfe neu produzierten Notenbankgelds, ist ordnungspolitisch verpönt und in Europa in direkter Form verboten. Realität ist sie de facto bereits bis zu einem gewissen Grad, seit die Notenbanken mit Ankäufen von Staatsanleihen nach der Finanzkrise und der Euro-Krise begonnen haben. Und für die Zeit der Krise wird sie zur Normalität.» Frank Wiebe, Anke Rezmer, Wege aus der Schuldenfalle, HB, 7.4.2020. Ulrich Bindseil argumentiert, Monetisierung habe Regierungen erlaubt, ihre Mittelaufnahme zu diversifizieren und zu verbilligen, Ausgaben über die Zeit zu strecken und in kritischen Situationen weniger auf einen in Krisen sehr teuren privaten Kapitalmarkt angewiesen zu sein. «Aus diesem Grund kauft die EZB derzeit massenhaft italienische Staatsanleihen auf. Andernfalls könnte der besonders von der Coronakrise gebeutelte Staat seine Anleihen nur noch zu sehr hohen Renditen loswerden. Der traditionelle Einwand gegen solche Maßnahmen ist, dass die Gefahr des Missbrauchs durch die Regierung groß sei. Bindseil entgegnet darauf, dass man nicht von vornherein einen Missbrauch unterstellen dürfe, wenn sowohl eine konstruktive als auch eine schädliche Nutzung dieser Flexibilität der Finanzierung möglich sind. Er nennt Beispiele von Zentralbanken, die Staatsfinanzierung betrieben und sehr lange erfolgreich arbeiteten. Bindseil betont einen Unterschied: der Absolutismus, der in den ersten Jahrhunderten des Zentralbankwesens vorherrschte. Ein Monarch kann sich nicht glaubwürdig verpflichten, den Wert der Währung zu bewahren und nicht etwa der Zentralbank ihr Gold wegzunehmen, wenn er es dringend braucht, etwa um Krieg zu führen. In einer Demokratie mit funktionierender Gewaltenteilung ist es dagegen sehr viel leichter, dafür zu sorgen, dass im Verhältnis von Zentralbank und Regierung Transparenz herrscht und Rechenschaftspflicht gewahrt wird.» Norbert Häring, Zentralbanker will mit Tabus brechen, HB, 20.4.2020. Skeptischer ist der französische Nobelpreisökonom Jean Tirole: Die «Monetisierung» von Schulden sei nur dann gangbar, wenn die sozial Schwachen vor den steigenden Preisen geschützt werden und wenn eine Einigung im Euroraum hergestellt werden könne. Doch durch die Gefahr, dass einzelne Länder unbegrenzt Geld ausgeben und die Lasten dafür vergemeinschaften könnten, müsste der Stabilitätspakt neu erfunden werden. Das hält er für nicht sehr wahrscheinlich. Christian Schubert, Fazitblog, 21.4.2020.

8 «‹This is the time to use the great fiscal power of the USA to do what we can to support the economy and try to get through this with as little damage to the longer-run productive capacity of the economy as possible›, Mr. Powell said, after noting that he himself has been an advocate of lower deficits in more normal times.» Neil Irwin, Fed Chair to Congress, NYT, 29.4.

2020. Markus M. Grabka, Jan Goebel, Realeinkommen steigen, DIW Wo-
chenbericht 18, April 2020.

11. Kryptowährungen greifen Euro und Dollar an

1 Es gibt prominente Finanzforscher wie Markus Brunnermeier, die den
Appeal jedenfalls seriöser Kryptowährungen verstehen. Bitcoin könnte
für das Währungssystem eine Initialzündung werden, wie es die Musik-
tauschbörse Napster für die Internetära war, sagt der Princeton-Ökonom.
«Vielleicht haben wir in zehn bis zwanzig Jahren ein anderes Währungssystem, das auf moderneren Bitcoins basiert. Die moderne Technik erlaubt Überwachung. Wenn der Staat jeden Zahlungsvorgang nachver-
folgt, nimmt er die Freiheit weg. Kryptowährungen erhalten den Freiraum,
auch wenn sie gleichzeitig natürlich gewisse Kriminalität ermöglichen.»
Die Passagen über Harald Seiz in diesem Buch verdanken sich vor allem
der großartigen Recherche der Handelsblatt-Kollegen Jakob Blume und
Lars-Marten Nagel, u. a. Der Absturz des Gold-Coins, 30.01.2020, Finanzaufsicht Bafin stoppt dubiose goldgedeckte Kryptowährung, 11.11.2019.
Oliver Schmale, Dubiose Geschäfte mit Krypto-Gold, FAZ, 12.11.2019.
2 «What is needed is an electronic payment system based on cryptographic
proof instead of trust», Satoshi Nakamoto, Bitcoin: A Peer-to-Peer Electronic Cash System, Mai 2009. Bitcoin P2P e-cash paper, Oktober 2008.
3 Kryptowährungen entstehen unterschiedlich. Die beiden wichtigsten, Bitcoin und Ether, werden durch die Nutzer selbst geschürft. Andere Kryptodevisen wie Ripple geben Unternehmen aus. Paul Vigna, Bitcoin Fans Spy
Opportunity in Facebook Libra Launch, Wall Street Journal, 18.6.2019.
Harald Bögeholz, Fabian A. Scherschel, Währung im Kollektiv, c't, 14.06.
2017. Marc Badertscher, So nutzen Sie Krypto, Handelszeitung, 21.11.2019.
Sebastian Felser, Die Blockchain-Technologie, SWR2 Wissen, 25.11.2019.
4 Der österreichische Analyst Harald Egger von Erste Asset Management
sieht eine große Zukunft bestimmter Produkte, der Security Token: «Im
Gegensatz zu Utility Token, die 90 Prozent der Kryptowährungen ausmachen, sind diese reguliert. Wer einen Security Token auf den Markt bringt
unterliegt der Prospektpflicht und benötigt eine Genehmigung. Security
Token sind Aktien oder Anleihen ähnlich. Der Besitzer hat bestimmte
Rechte, wie z. B. Eigentumsanspruch, Stimmrecht, Dividendenanspruch.
Jeder kann Token generieren, allerdings benötigt man eine Rechtsanwalts-
kanzlei, die eine Verbindung zwischen dem Token und einem realen Asset
herstellt. Derzeit sind es hauptsächlich Immobilien, Kunstwerke, Juwelen.
Es ist zum Beispiel möglich eine Immobile mit einem Gegenwert von
2 Millionen zu tokenisieren. Jemand kauft diese Immobilie, gründet dazu
eine Zweckgesellschaft und begibt 200 Token im Gegenwert von € 10 000.
Der Besitzer eines Tokens besitzt nun 0,5 % dieser Immobile und erhält
den entsprechenden Gegenwert der Mieteinnahmen. Noch sind diese To-

ken schwer handelbar, weil es an funktionierenden Märkten fehlt. Allerdings bereiten sich traditionelle Börsen darauf vor den Handel mit diesen Security Tokens aufzunehmen. Security Tokens haben das Potenzial das Finanzwesen deutlich zu verändern. So wird es in absehbarer Zukunft auch möglich sein, ohne Bankverbindung Aktien oder Fondsanteile in Form von Security Tokens zu erwerben.» Erste Blog, 10/2019.

5 Seit deutsche Banken ab 2020 Kryptogeld für Kunden verwahren dürfen, fragten bereits 40 bei der Aufsicht an. Eva Szalay, Laurence Fletcher, Banks and fund managers come back for another bite at bitcoin, Financial Times, 4.2.2020. Frank Schwab, 8 Faktoren, warum Kryptowährungen Zukunft haben, IT-Finanzmagazin, 30.1.2020.

6 Hagen Krämer: «Bitcoin ist archaisches Geld wie goldgedeckte oder Silberwährung, weil es eine Obergrenze von 21 Millionen gibt. In einer wachsenden Wirtschaft muss aber die Geldmenge entsprechend mitwachsen, sonst gibt es Deflation. Es sind vor allem die Libertären, die Bitcoin toll finden; diese halten staatliche Geldschöpfung für ein grundsätzliches Übel und fordern mit Friedrich August von Hayek stattdessen einen privaten Währungswettbewerb. Dies könnte dazu führen, dass eine Vielzahl von privaten Währungen auf den Markt kommen; dann gibt es aber keine Grenze für die gesamte Geldmenge aller im Umlauf befindlichen Kryptowährungen.» «A single large player manipulated the price of bitcoin as it ran up to a peak of nearly $ 20,000, a new study concludes. About half of that increase was due to the influence of a manipulation scheme.» Paul Vigna, Large Bitcoin Player Manipulated Price, Wall Street Journal, 4.11. 2019. Patrick Herger, Bitcoin: Kryptobörsen täuschen die meisten Transaktionen nur vor, NZZ, 13.11.2019. Peter Bofinger, Warum staatliche Währungen immer noch überlegen sind, FAZ, 7.1.2018. Tweet Nouriel Roubini, 9.3.2020. Stefan Beutelsbacher, Legendärer US-Ökonom bezeichnet Bitcoin als «Mutter des Betrugs», Welt, 11.10.2018. Frank Stocker, Bitcoin-Crash hat 600 Milliarden Dollar ausradiert, Welt, 17.8.2018.

7 «Aktuell existieren 2364 gelistete Kryptowährungen», heißt es in einer Analyse von deadcoins.com. «Allerdings sind nur noch 56 Prozent aller Währungen aktiv. Einige hiervon werden kaum mehr gehandelt, weswegen sogar bis zu 87 Prozent der Coins als faktisch tot gelten. Insgesamt hätten bisher bereits 1839 Kryptowährungen das Zeitliche gesegnet. Der häufigste Grund ist, dass die Betreiber aufgeben (1012 Fälle). 702 Kryptowährungen stellten sich als Betrug heraus, 96 waren in Wirklichkeit nur Parodie-Coins.» Einlassungen von Markus Ferber aus Gesprächen von 2013 bis 2020. Kryptowährungen im Fokus, Die Presse, 24.1.2020. Felix Holtermann, Sönke Iwersen, Was Anleger im Envion-Skandal tun müssen, HB, 28.10.2019. Philip Plickert, Milliarden-Betrug mit falscher Kryptowährung, FAZ, 17.11.2019.

8 Im Herbst 2019 stoppt die deutsche Finanzaufsicht das Kryptogeschäft. Die Vollziehung wird nach Einspruch ausgesetzt, doch die Goldcoin verlieren massiv an Wert. Im Netz äußern Anleger ihre Wut, sie sollen bis zu

100 Millionen Euro investiert haben. Seiz schiebt vieles auf einen Ex-Partner, schildert das Handelsblatt: «‹Ich mache keine krummen Sachen oder
so›, sagt er. Die vielen Vorwürfe, der Absturz des KBC – all das sei Teufels-
werk eines ehemaligen Geschäftspartners, der die Karatbars-ICOs tech-
nisch organisiert haben soll, dann jedoch im Streit ausgeschieden sei. ‹Der
hat seinen Fokus darauf gerichtet, uns zu zerstören.› Seiz wirft dem einstigen Partner vor, bis zu zehn Millionen Euro unterschlagen zu haben. Er
hat ihn angezeigt. Die Staatsanwaltschaft ermittelt gegen den Ex-Partner.
Allerdings ist Karatbars bislang auf zivilrechtlichem Wege erfolglos. Eine
Klage auf Herausgabe angeblich unterschlagener Kryptocoins wurde vom
Landgericht Mainz und vom Oberlandesgericht Koblenz rechtskräftig abgewiesen. Der Anwalt des Ex-Partners, der Strafrechtler Michael Heuche-
mer, sagt: ‹Das sind alles unhaltbare Behauptungen.›»

12. Facebooks Digitalwährung Libra:
Versprechen und Gefahren

1 Ganz anderer Meinung zu Blockchain ist Nouriel Roubini. Nach dem Bit-
coin-Absturz 2018 «hätten sich die Schwindler, er nennt sie Krypto-Schur-
ken, der Blockchain gewidmet. Sie gelte als Heilmittel für die Probleme
der Welt, sei in Wahrheit aber die am wenigsten nützliche Technologie in
der Geschichte der Menschheit.» Interviews Frank Schäffler, Kryptoszene.
de, 4.3.2020, Focus Money, 27.11.2014.

2 Whitepaper, neue Version, Libra.org, April 2020. Das erste Whitepaper
formulierte nach mehreren Updates: «Der Zweck der Association ist die
Koordination und Bereitstellung eines Fundaments für die Steuerung des
Netzwerks und der Reserve. Bei der anfänglichen Gruppe an Organisatio-
nen, die gemeinsam an der finalen Satzung arbeiten und nach deren Ab-
schluss Gründungsmitglieder werden, handelt es sich um:
  • Zahlungsdienstleistungen: PayU (Naspers' fintech arm)
  • Technologie und Märkte: Facebook/Calibra, Farfetch, Lyft, Spotify AB,
    Uber Technologies, Shopify, Tagomi
  • Telekommunikation: Iliad
  • Blockchain: Anchorage, Bison Trails, Coinbase Inc., Xapo Holdings
    Limited
  • Risikokapital: Andreessen Horowitz, Breakthrough Initiatives, Ribbit
    Capital, Thrive Capital, Union Square Ventures
  • Gemeinnützige und multilaterale Organisationen sowie akademische
    Institute: Creative Destruction Lab, Kiva, Mercy Corps, Women's World
    Banking.
Auch wenn der Organisation die finalen Entscheidungen obliegen, wird
Facebook im Verlauf des Jahres 2019 jedoch eine Führungsrolle behalten.
Sobald das Libra-Netzwerk gestartet ist, werden Facebook und seine ver-
bundenen Unternehmen dieselben Pflichten, Privilegien und finanziellen

Verpflichtungen wie alle anderen Gründungsmitglieder haben.» White-paper, Libra.org, Stand März 2020. «The Federal Trade Commission has endorsed a roughly $ 5 billion settlement with Facebook Inc. over a long-running probe into the tech giant's privacy missteps, according to people familiar with the matter. The FTC investigation began more than a year ago after reports that personal data of tens of millions of Facebook users improperly wound up in the hands of Cambridge Analytica, a data firm that worked on President Trump's 2016 campaign. The FTC investi-gation centered on whether that lapse violated a 2012 consent decree with the agency under which Facebook agreed to better protect user privacy. Cambridge Analytica shut down in 2018 after the allegations surrounding Facebook data and other questions about its political tactics. The com-pany had won political consulting work in the U.S. by promising to use data to profile and influence voters with political messages. It contracted for several Republican presidential candidates ahead of the 2016 election, including Mr. Trump's campaign. The user data at issue in the Facebook case reached beyond those who downloaded the app to include about 30 different data points about those people's Facebook friends. Since the Cambridge Analytica affair, other privacy missteps have come to light, adding to Facebook's headaches.» Emily Glazer, Ryan Tracy, Jeff Horwitz, FTC Approves Roughly $ 5 Billion Facebook Settlement, Wall Street Jour-nal, 12.7.2019.

3 «The world is not doing enough to ensure financial access because ‹we're using tools designed 50 years ago to serve people in the 21st century›, said Dante Disparte, deputy chair of the Libra project. Around 1.7 billion peo-ple don't have a bank account, and a total of 1.3 billion are currently under-served by financial institutions, but a billion of them have an internet-connected phone. ‹If you think of that market size, Libra at core represents a market expansion opportunity. It's about pulling more people into basic services where a mobile phone becomes a payment endpoint.› And the most obvious one is remittance, a $ 700 billion business yearly. The aver-age fee is around 7%, with a few global options. ‹We think we can get our fees much below the 3% target›, in line with the UN's development goals.» Jorge Valero, Libra maintains 2020 approval target, Euractiv.com, 10.1. 2020. Maren Peters, Top-Ökonom warnt vor Libra, Schweizer Rundfunk, 17.11.2019. Parmy Olson/Jeff Horwitz, Libra Coin?/Facebook Unveils Cryptocurrency Libra in Bid to Reshape Finance, Wall Street Journal, 18./19.6.2019.

4 «The pitch to merchants is a break on fees, one of the people said. Face-book envisions eliminating swipe and other card processing fees that merchants pay on transactions, which are typically around 2% to 3% and are collected by banks, payments processors and networks such as Visa. It is also working to tie online purchases more closely to ads. One idea being considered is that users could click ads to buy a product and pay with Facebook tokens, which the retailer could then recycle to pay for more

ads, one person said. Facebook rolled out a similar feature—using dollars and traditional card payments—on Instagram, which it owns, in March.» AnnaMaria Andriotis, Liz Hoffman, Peter Rudegeair, Jeff Horwitz, Facebook Building Cryptocurrency-Based Payments System, Wall Street Journal, 2.5.2019. Larissa Holzki, Facebook zeigt Schwächen, HB, 31.1.2020.

5 «Nutzer von Libra erhalten keine Dividenden von der Reserve.» Whitepaper Libra.org, Stand März 2020. James Mackintosh: «The profits would come from interest on the reserve backing Libra, designed to keep Libra's value stable. All interest is diverted to the companies backing Libra's governing body, while holders of Libra itself earn nothing—giving the founders profits akin to the seigniorage made by central banks. It is easy to get carried away. In China the rapid expansion of Ant Financial, Baidu and Tencent pushed mobile payments above 16% of GDP in 2017. If Libra takes 16% of Visa's transactions, it would be processing a cool $ 1 trillion a year; match the velocity of money of the U.S. and Libra would need a $ 200 billion reserve, making $ 2 billion of profits. If Facebook users put in only $ 10 each, returns would be just 3%. And if only a quarter of Facebook users adopt Libra, the income wouldn't cover the (assumed! These are all assumptions!) costs. If regulators get in on the act the costs would be much higher, too; Visa's costs are more than $ 5 billion a year. Even if Libra only breaks even, Facebook and other backers might hope to profit from services built using Libra, or from the (probably fat) fees charged by brokerages, such as Facebook's new Calibra, to convert money in and out of Libra. Still, if Libra follows the pattern of virtually every bank in history, it would recognize that it can be more profitable by taking more risk with the reserve or minting new coins without reserve backing. It says it won't do either, and has a voting structure that would require a supermajority to change the rules. But the voters have a strong incentive to change the rules once Libra becomes established.» Facebook's Libra Is a License to Print Money, Wall Street Journal, 23.6.2019.

6 «Mastercard-boss Banga points to due diligence considerations such as know your client, anti money laundering, data management, ‹all that … every time you talked to the main proponents of Libra, I said ‹Would you put that in writing?› They wouldn't.› He also did not see how Libra would make money, and ‹when you don't understand how money gets made, it gets made in ways you don't like›.» Robert Armstrong, Chief backs Mastercard to stay ahead of pack, Financial Times, 3.2.2020. «The Libra Association is committed to protecting users' data privacy and will ensure the application of data protection laws. The Libra Association members will not be able to access, use, or share personal data regarding end-users of the Libra Blockchain. Companies that interact directly with customers like wallet services and exchanges will be expected to comply with data protection laws, including data portability.» Libra Association Response to G7, Oktober 2019. Einlassungen von Yves Mersch aus Money and private currencies, Speech at the ECB Legal Conference, 2.9.2019. Lukas Mä-

der, Facebook muss ein Datenschutzkonzept für sein neues Zahlungsmittel liefern, NZZ, 30.7.2019. Die internationalen Datenschützer monieren: «To date, while Facebook and Calibra have made broad public statements about privacy, they have failed to specifically address the information-handling practices that will be in place to secure and protect personal information», Hannah Murphy, Facebook cryptocurrency raises privacy questions, Financial Times, 5.8.2019.

7 «Ein wichtiges Thema sind illegale Zahlungen: Geldwäsche und Terrorfinanzierung», sagte mir ein prominenter Notenbanker. «Theoretisch wären alle Zahlungen nachvollziehbar. Die Frage ist aber, ob man bei Kryptowährungen die Zahlungen einzelnen Personen oder Unternehmen zuordnen kann, wie man es bei einem Konto machen kann. Das hängt nicht zuletzt von der Ausgestaltung der zu Grunde liegenden Blockchains ab.» «Libra is being designed to facilitate compliance with global protections around Anti-Money Laundering (AML), Know Your Customer (KYC), and illicit finance», erklärt die Libra Association in Replik auf die G7. «The Libra Association has stated many times it will set standards for its members to maintain AML/KYC and anti-fraud programs, combat terrorism financing and other forms of financial crime. It will also cooperate with law enforcement investigations. Additionally, the Association will be able to analyze prior transactions on the Libra Blockchain and share indications of potentially suspicious activity with law enforcement, recognizing that much of the work of detecting illicit activity will, appropriately, happen at the service provider level.» US-Notenbankchef Jerome Powell meldete ernsthafte Bedenken mit Blick auf Datenschutz, Geldwäsche oder die Stabilität der Finanzmärkte an. Christian Grothoff von der Berner Fachhochschule und Alex Pentland vom Massachusetts Institute of Technology äußern ihre Positionen in Kampf der Kryptowährungen, Netzwoche, 1.12.2019.

8 In der ursprünglichen Version vom Sommer 2019, bei dem es nur einen Libra mit Währungskorb als Sicherheit geben sollte, gibt es Risiken. Weil der Korb unterschiedliche Währungen hat, schwankt das in Libra umgetauschte Geld zur Heimatwährung des Nutzers, ob das nun Euro oder Dollar sind. Ein Korb mit internationalen Währungen etwa verlor von 2000 bis 2008 ein Drittel an Wert. Im April 2020 schlug Libra vor, zusätzlich zur Version mit Währungskorb auf Regionen zugeschnittene Libra herauszugeben, also einen Dollar-Libra für die USA, einen Euro-Libra für die Eurostaaten und so weiter. Damit lassen sich Währungsschwankungen vermeiden. Dass es in der ursprünglichen Version Währungsschwankungen gibt, sagen die Libra-Macher selbst: «An dieser Stelle möchten wir betonen, dass eine Libra nicht immer in denselben Betrag einer bestimmten lokalen Währung umgetauscht werden kann. Stattdessen kann der Wert der Libra in lokalen Währungen schwanken, wenn sich die Werte der zugrunde liegenden Vermögenswerte ändern. Die Bestandteile der Reserve werden jedoch so ausgewählt, dass die Volatilität minimiert

wird.» Whitepaper, Libra.org, Stand März 2020. Das Wechselkursrisiko ist umso größer, je kleiner die Heimatwährung des Nutzers. Denn dann ist der Anteil dieser Währung im Korb gering und der Anteil fremder Währungen groß, argumentiert Peter Bofinger. Besonders riskant wäre es demnach für Schweizer, Briten, Japaner oder Brasilianer. Aber auch für einen Bewohner der Eurozone ist das Währungsrisiko da: «Also das Versprechen von Libra, dass ich damit eine stabile Währung habe, stimmt einfach nicht, weil ich eben meine stabile nationale Währung in einen Korb tausche, in dem auch fremde Währungen drin sind, die ja gegenüber dem Euro ganz ordentlich schwanken können.» Einlassungen Bofingers in diesem Kapitel aus Gesprächen November 2019/Februar 2020, Interview Deutschlandfunk, 20.7.2019.

9 Wenn ein Run kommt, also wenn viele Nutzer ihre Libra in ihre Heimatwährung zurücktauschen wollen, gibt es ein Problem, sagt Peter Bofinger. Dann muss Libra viele Staatsanleihen verkaufen, die Kurse sinken. «Man bräuchte ein verbindliches Einlösungsversprechen, das realistisch sein müsste. Dafür müssten sie Geld direkt bei Notenbanken halten.» Davon ist aber keine Rede. «Ich gebe jetzt Euros an Facebook, kriege Libra, aber – ich habe jetzt die ganzen Unterlagen gelesen, die Libra dazu ins Netz gestellt hat – es ist nicht die Rede davon, dass ich einen rechtlich verbindlichen Anspruch habe, dann auch wieder meine 100 Euro zurückzukriegen. Und damit ist das natürlich ein fundamentaler Unterschied zu einer klassischen Bank, wo ich eben immer den Anspruch habe, 100 Euro wieder zurückzubekommen.» Die Libra-Macher betonten stets die große Stabilität: «Wir glauben, dass die Welt eine globale und wahrhaft digitale Währung braucht, die die Eigenschaften der besten Währungen der Welt vereint: Stabilität, geringe Inflationsrate, starke weltweite Akzeptanz und Fungibilität. Die Libra-Währung wurde geschaffen, um diese globalen Bedürfnisse zu befriedigen und dafür zu sorgen, dass mehr Menschen weltweit Geld besser nutzen können. Libra wurde als stabile digitale Kryptowährung entwickelt, die vollständig durch eine Reserve realer Vermögenswerte (der Libra-Reserve) gestützt und von einem wettbewerbsfähigen Börsennetzwerk unterstützt wird, das Libra kauft und verkauft. Das bedeutet, dass jeder Besitzer von Libra in hohem Maß sicher sein kann, dass er seine digitale Währung zu einem Wechselkurs in ein lokales Zahlungsmittel umtauschen kann – wie beim Geldumtausch auf Reisen. Dieser Ansatz ähnelt der Einführung anderer Währungen in der Vergangenheit. Um Vertrauen in eine neue Währung aufzubauen und in der Frühphase breite Akzeptanz zu erzielen, wurde garantiert, dass die Banknoten des Landes für Sachwerte wie Gold eingetauscht werden konnten. Libra wird jedoch nicht durch Gold gestützt, sondern durch eine Sammlung von Vermögenswerten mit geringer Volatilität, wie Bankeinlagen und kurzfristige Staatsanleihen in Währungen von stabilen und angesehenen Zentralbanken.» Whitepaper, Libra.org, Stand März 2020. «The reserve isn't quite as great as it seems, though», schreibt James Mackintosh.

«Like a money-market fund Libra has no capital and no deposit insurance, so any drop in the value of the reserves should mean the value of Libra falls. Do you trust Facebook and the big corporations and venture capitalists on the governing board not to misuse a license to print money? If so, no problem.»

10 «Libra is being designed to respect national sovereignty over monetary policy in the digital space, not undermine it. The Libra payment system and Libra coin will not be designed to replace the U. S. dollar or any other currency, but to extend the functionality of those currencies by enabling cheap and fast payments. Libra will not diminish the sovereignty of governments to conduct monetary policy. Libra is not intended to change the role and influence of central bankers in the global financial system.» Whitepaper, Libra.org, Stand März 2020. Ein einflussreicher Notenbanker sagte mir dagegen: «Wenn Libra bedeutend wird, wirkt sich das zusätzlich auf die Geldpolitik aus. Zwar wird bereits jetzt Geld von den Banken privat produziert, es ist aber immer rückgekoppelt an das Zentralbankgeld, über das die Geldmenge gesteuert wird.» Bei Libra gibt es keine Rückkoppelung ans Zentralbankgeld. Mit Libra könnte die Wirkung der Geldpolitik über die Banken beeinträchtigt werden, warnt EZB-Direktor Yves Mersch. Guido Schäfer, Kann Kryptogeld Euro und Dollar ersetzen, Standard, 14.1.2020. Ken Rogoff, Es geht um viel im kommenden digitalen Währungskrieg, Finanz und Wirtschaft, 22.11.2019.

11 Greg Ip schreibt: «While the Federal Reserve and European Central Bank can increase or shrink the supply of dollars and euros to meet monetary policy goals, the supply of Libra is to be entirely determined by users' demand. It's modeled on currency boards like the Hong Kong Monetary Authority, which issues Hong Kong dollars fully backed by U. S. dollars. That model appealed to Facebook because it doesn't conduct monetary policy, Mr. Catalini said. Since every Libra will be backed, there can't be a run on the bank: ‹It's not like the last person holding Libra will be unable to convert it.› Roberto Rigobon, a macroeconomist at MIT who advised Facebook on Libra, said in an email: ‹Most currency boards have failed, why not this one? … Not a single currency crisis happens without a government financing a deficit, dealing with unsustainable policies, or having a banking system that goes into crisis. Here we have none of these issues.›» Facebook's Libra Could Give Dollar, Banks Some Welcome Competition, Wall Street Journal, 26.6.2019. «The Libra Association is committed to building a system that replicates or exceeds current standards for financial stability.» «Da die autorisierten Wiederverkäufer jederzeit Libra Coins zu einem Preis an die Reserve verkaufen können, der dem Wert der stützenden Anlagen entspricht, fungiert die Libra Reserve als ‹Käufer letzter Instanz›.» Replik auf G7, Whitepaper, Libra.org, Stand März 2020. «Was passiert aber wenn ein Großteil der Anleger seine Libra zurück in die Heimatwährung tauschen will?», fragt Volker Wieland. «Es könnte zu einem Run kommen. Wenn Libra die Einlagen komplett in Form von Re-

serven bei den entsprechenden Notenbanken halten, könnte es unter allen Umständen den entsprechenden Währungsanteil auszahlen. Aber geplant ist, die Einlagen in Form von öffentlichen Wertpapieren und Bankeinlagen zu halten. Da gibt es Risiken, etwa Gegenparteirisiken, Zinsrisiken, Liquiditätsrisiken, usw.» «Despite its audacious global currency aspirations, Libra lacks a global lender of last resort», warnt Yves Mersch. «Who will stand behind it in a liquidity crisis situation? Libra is also devoid of the equivalent of a deposit guarantee scheme to protect its holders' interests during a crisis. Moreover, the limited liability of the Libra Association members raises serious questions about their resolve to satisfy the claims of Libra holders with their full faith and credit, as central banks do with public money.» Rana Foroohar, Facebook's Libra and the scourge of hot money, Financial Times, 28.7.2019.

13. Wie sich das Konzerngeld stoppen lässt

1 Neu zu Libra stieß unter anderem die Einkaufsplattform Shopify, die eine Million Kunden nutzen, sowie Checkout.com. Es wird auch spekuliert, dass der Abgang von Mastercard, Visa und Paypal weniger mit den Bedenken der Politik zu tun hatte, sondern zwangsläufig war, weil sie Libra inzwischen als Konkurrenz für ihr Kerngeschäft Zahlungen erkannt haben. Dennoch schwächt ihr Abgang die Währung – wie der von Vodafone. «Vodafone betreibt unter der Marke M-Pesa in Afrika seit 2007 einen mobilen Zahldienst. In sieben Ländern nutzen das 37 Millionen Kunden. Vodafones Expertise hätte der Schlüssel für Libra sein können, im Sinne von Mark Zuckerberg die Welt zu verändern.» Sebastian Kirsch, Libra hat noch eine Chance, Wirtschaftswoche, 24.1.2020.

2 Die Libra-Association argumentiert: «The Association has incorporated feedback from regulators and continues to develop a comprehensive framework for financial compliance and network-wide risk management as well as strong standards for Anti-Money Laundering (AML), Combating the Financing of Terrorism (CFT), sanctions compliance, and the prevention of illicit activities. (…) We have had constructive discussions with regulators on how to handle extreme situations — in particular, how the Reserve would function in stressed scenarios and what claims and protections are in place for Libra Coin holders. We have incorporated strategies in the design and structure of the Reserve that are based on approaches in other systems. The Reserve will hold assets with very short-term maturity, low credit risk, and high liquidity. It will also maintain a capital buffer.» Whitepaper, Stand April 2020. «Wir erfinden das Rad nicht um seiner selbst willen neu», so Libra-Vorstand Perez. «Unser Ziel ist, globale Transaktionen zu vereinfachen. Der Zugang zum Internet ist heute ein Grundrohstoff für jeden Menschen. Geld zu empfangen und zu senden ist es noch nicht. Wir arbeiten daran.» Gebühren könnten freilich auch bei Libra anfallen, räumt

Perez ein: «Das hängt von den Konditionen der Banken ab.» Der Think-
tank «Americans for Financial Reform» forderte strengere Gesetze für
Bezahldienste, die außerhalb der regulierten Großbanken operieren.
Facebook könnte sonst «eine Parallelwelt zu den existierenden Finanzdienstleistern» aufbauen. Der Konzern würde als Teil der Libra Association zum einen die Infrastruktur aufbauen, zum anderen die Coins in digitalen Geldbörsen verwahren – und so mit seinen über zwei Milliarden
Nutzern zu viel Macht bekommen, heißt es. Das Beispiel Tencent aus
China habe gezeigt, wie viel Einfluss auf die Preissetzung Firmen hätten,
die Bezahldienste mit sozialen Netzwerken verbinden. Furcht vor über-
mächtiger Konkurrenz hat der Privatbankenverband BdB: «Würden die
neuen Vorschläge in die Tat umgesetzt, könnten sich die Kräfteverhält-
nisse unter den Zahlungsdienstleistern in Europa massiv verschieben»,
erklärte er. «Europa und Deutschland dürfen bei digitalen Zahlungssystemen für ihre Wirtschaft nicht noch weiter in Abhängigkeit von amerikanischen oder chinesischen Anbietern geraten.» Astrid Dörner/Felix
Holtermann/Michael Brächer, Facebook startet Libra neu/Politiker und
Wissenschaftler verschärfen Kritik, HB, 17./22.4.2020. Markus Ferber erklärt: «Ich glaube, dass das Libra-Konsortium nun zu währungsspezi-
fischen Coins übergeht, macht es leichter, Libra zu kontrollieren. Gleichzeitig verliert Libra damit aber ganz entscheidend an Attraktivität. Ob
schnelle, bequeme und kostengünstige Zahlungen über Währungsgren-
zen hinweg in diesem System möglich beziehungsweise attraktiv sein werden, bleibt fraglich. Dass Libra die Bedenken im Bereich Geldwäsche zu
adressieren versucht, sehe ich positiv. Die vorgeschlagenen Lösungen
überzeugen mich aber noch nicht vollumfänglich. Es scheint so, dass ein
wesentlicher Anteil der Nutzerbasis über unhosted wallets auf das System
zugreifen würde. Genau an dieser Stelle bleibt Libra vage, wie die Einhal-
tung der Anti-Geldwäsche-Standards sichergestellt werden kann.» Niklas
Wirminghaus, Was bedeutet die Neuausrichtung von Libra?, Finance Forward, 17.4.2020.

3 «Seit der Wahl von Trump ins Weiße Haus hat sich der Kurs der Face-
book-Aktie fast verdoppelt, der Unternehmenswert liegt nun bei knapp
600 Milliarden Dollar. Im gleichen Zeitraum ist die Zahl der weltweiten
Facebook-Nutzer von 1,8 Milliarden auf 2,5 Milliarden gestiegen. Im vergangenen Jahr wuchs der Umsatz von Facebook um 27 Prozent auf den
neuen Rekordwert von 71 Milliarden Dollar. Der Gewinn betrug fast
19 Milliarden Dollar – die Profitmarge liegt mit 26 Prozent sogar höher als
die von Silicon-Valley-Gigant Apple mit 22 Prozent.» Matthias Hohensee,
Thomas Kuhn, Mareike Müller, Zuckerberg und Peitsche, Wirtschaftswoche, 14.2.2020. Deepa Seetharaman, Emily Glazer, Mark Zuckerberg
Asserts Control of Facebook, Pushing Aside Dissenters, Wall Street
Journal, 28.4.2020. Der deutsche Bundesverband Verbraucherzentralen
schreibt: «Ein deutscher Staatsbürger hatte im September 2018 beim
Landgericht Düsseldorf eine einstweilige Verfügung erwirkt, die Face-

book untersagte, den Mann für das Einstellen eines bestimmten Textes auf Facebook zu sperren oder den Beitrag zu löschen. Er machte zudem die ihm entstandenen Kosten geltend. Diese einstweilige Verfügung ließ er Facebook auf Deutsch zustellen. Facebook machte darauf geltend, das Unternehmen verstehe den Inhalt nicht und benötige eine englische Übersetzung. Beschluss des OLG Düsseldorf vom 18.12.2019 (I-7 W 66/19).

4 Die Cybersicherheitsfirma Recorded Future berichtet, Nordkoreas Präsident Kim Jong-un nutze insbesondere die Kryptowährung Monero, um die internationalen Sanktionen zu umgehen und Waffenprogramme zu finanzieren. «Facebooks CEO Mark Zuckerberg hatte zumindest halb recht, als er vor dem Kongress sagte, die USA hätten kein Regulierungsmonopol für Zahlungstechnologien der nächsten Generation. Eine weithin verwendete, staatlich gestützte chinesische Digitalwährung hätte mit Sicherheit Auswirkungen, besonders in Bereichen, in denen Chinas Interessen nicht mit denen des Westens übereinstimmen. Eine von den USA regulierte Digitalwährung könnte im Prinzip die Nachvollziehbarkeit durch US-Behörden vorschreiben, sodass, falls Nordkorea sie zum Anheuern russischer Atomwissenschaftler oder der Iran sie zur Terrorismusfinanzierung nutzen sollte, diese Länder einem hohen Risiko ausgesetzt wären, erwischt oder gar gestoppt zu werden. Würde die digitale Währung jedoch von China aus betrieben, hätten die USA viel weniger Eingriffsmöglichkeiten. (…) Dass Libra an den Dollar geknüpft wäre, gäbe den US-Behörden zusätzliche Informationen, weil (gegenwärtig) die gesamte Verrechnung von Dollar über amerikanisch regulierte Einrichtungen laufen muss.» Ken Rogoff, Es geht um viel im kommenden digitalen Währungskrieg, Finanz und Wirtschaft, 22.11.2019. Jonathan Cheng, China Rolls Out Pilot Test of Digital Currency, Wall Street Journal, 20.4.2020. Peter Rudegeair, Ryan Tracy, Facebook, Zuckerberg Dig In for Long Haul on Cryptocurrency, Wall Street Journal, 24.10.2019. Dana Heide, Till Hoppe, Moritz Koch, Thorsten Riecke, Hilfe mit Hintergedanken, HB, 23.3.2020.

5 Der EU-Abgeordnete Stefan Berger: «Würde der Zinssatz wesentlich unter null Prozent sinken, ist nicht auszuschließen, dass Verbraucher vom Euro zur Libra abwandern.» Zuckerberg darf nicht zur Zentralbank werden, FAZ, 27.12.2019.

6 «Mit dem Aufkommen des Internets kamen die Gorillas – so nannte man Internetkonzerne, die als de facto-Alleinherrscher in ihrem Marktsegment übrig blieben, wie beispielsweise ebay oder Facebook», schreiben Beck und Prinz. «Der Grund für ihre Monopolstellung waren sogenannte Netzwerkexternalitäten, die darin bestehen, dass ein solches Netzwerk oder eine solche Plattform umso wertvoller für alle Beteiligten wird, je größer das Netzwerk ist. Erreichen diese Netzwerke eine kritische Masse, verdrängen sie alle Wettbewerber und werden zum Gorilla. Dieser Gorilla kann dann weder im Wettbewerb angegriffen noch von der Wettbewerbspolitik zerschlagen oder aufgeteilt werden, ohne dass sein Wert für die Nutzer sinkt. Daraus ist Facebook eine Monopolposition auf dem Markt

der Kommunikationsnetzwerke erwachsen. Und jetzt schickt sich Facebook an, diese Monopolstellung auszunutzen, um einen weiteren Markt zu erobern, ebenfalls mit Hilfe von Netzwerkexternalitäten. Man kann den Standpunkt vertreten, dass Libra ein sinnvolles Instrument zur Erleichterung von finanziellen Transaktionen im Internet ist. Doch eine massive wirtschaftliche Machtkonzentration bei einem einzelnen Unternehmen wie im Falle von Libra könnte unangenehme Folgen haben: Die Libra Association könnte zu einem Großgläubiger von Staaten aufsteigen, sei es über die von ihr gehaltenen Fremdwährungen oder die kurzlaufenden Staatsanleihen, die zur Deckung von Libra dienen. Kauf und Verkauf dieser Papiere können je nach Größenordnung zu deutlichen Preisbewegungen an den entsprechenden Märkten führen. Im Extremfall könnte dies die Geld- und Fiskalpolitik in einigen Ländern und Regionen beeinträchtigen, auch wenn dies von Libra nicht beabsichtigt ist. Es ist kaum zu erwarten, dass eine solche einmal etablierte digitale Weltwährung die übrigen Währungen unverändert zurücklassen würde. Entweder passen sie sich an, oder sie verschwinden, oder aber Libra wird als Weltwährung übernommen.» Hanno Beck, Aloys Prinz, Der doppelte Gorilla, FAZ, 8.7. 2019.

7 John Lanchester, The invention of money, New Yorker, 5.8.2019.

8 Philip Stafford, Central banks hesitant on digital currencies/Richard Milne, Sweden's Riksbank eyes digital currency, Financial Times, 5.2. 2020/15.11.2016. Bloomberg, 7.2.2020. Franz Nestler, Wie wir zukünftig an Bargeld kommen, FAZ, 6.2.2020.

9 Den Vergleich zu James Madison zieht EZB-Direktor Yves Mersch: «It's telling that Madison chose to use public trust in money as the yardstick for trust in public institutions – money and trust are as inextricably intertwined as money and the state. (...) Madison's 18th century remark on the link between money and trust has lost none of its relevance in the 21st century. The issue of trust in money has resurfaced in the public debate on privately issued, stateless currencies. (...) In the field of money, history bears testament to two basic truths. The first is that, because money is a public good, money and state sovereignty are inexorably linked. So the notion of stateless money is an aberration with no solid foundation in human experience. The second truth is that money can only inspire trust and fulfil its key socioeconomic functions if it is backed by an independent but accountable public institution which itself enjoys public trust and is not faced with the inevitable conflicts of interest of private institutions. I sincerely hope that the people of Europe will not be tempted to leave behind the safety and soundness of established payment solutions and channels in favour of the beguiling but treacherous promises of Facebook's siren call.»

Personenregister

Politik und Zeitgeschehen bei C.H.Beck

Thomas Piketty
Kapital und Ideologie
Aus dem Französischen von André Hansen, Enrico Heinemann, Stefan Lorenzer,
Ursel Schäfer und Nastasja S. Dresler
2020. 1312 Seiten mit 158 Grafiken und 11 Tabellen. Gebunden

Yuval Noah Harari
21 Lektionen für das 21. Jahrhundert
Aus dem Englischen von Andreas Wirthensohn
5. Auflage. 2020. 528 Seiten mit 1 Abbildung. Broschiert
Beck Paperback Band 6351

Dani Rodrik
Das Globalisierungs-Paradox
Die Demokratie und die Zukunft der Weltwirtschaft
Mit einem Nachwort von Gabriel Felbermayr
Aus dem Englischen von Karl Heinz Siber
416 Seiten. Broschiert
Beck Paperback Band 6401

Stephan Bierling
America First
Donald Trump im Weißen Haus
Eine Bilanz
2020. 271 Seiten mit 7 Abbildungen und 1 Grafik. Broschiert
Beck Paperback Band 6390

James Bridle
New Dark Age
Der Sieg der Technologie und das Ende der Zukunft
Aus dem Englischen von Andreas Wirthensohn
2020. 320 Seiten mit 25 Abbildungen. Broschiert
Beck Paperback Band 6391

Theo Sommer
China First
Die Welt auf dem Weg ins chinesische Jahrhundert
2020. 496 Seiten mit 12 Abbildungen, 6 Grafiken und 8 Karten. Broschiert
Beck Paperback Band 6405